U0531273

本书获得国家社会科学基金（青年项目）资助（11CFX017）

从责任避风港到安全保障义务

网络服务提供者的中介人责任研究

刘文杰 著

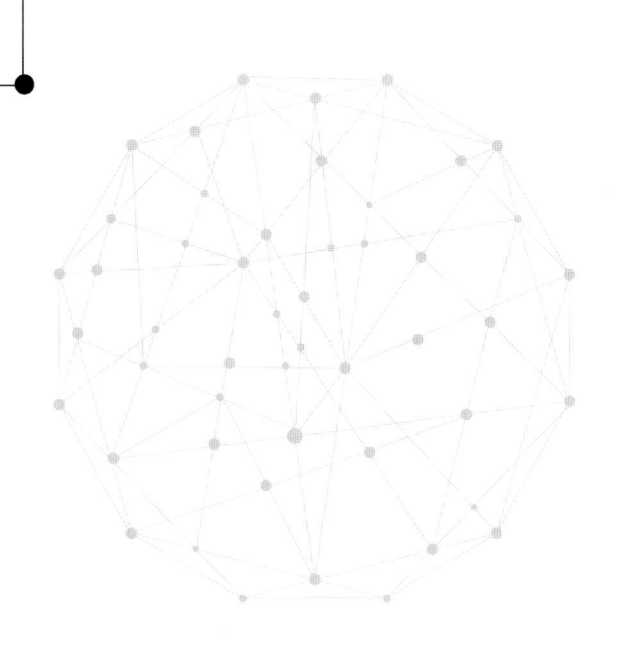

中国社会科学出版社

图书在版编目（CIP）数据

从责任避风港到安全保障义务：网络服务提供者的中介人责任研究／刘文杰著．—北京：中国社会科学出版社，2016.10
ISBN 978-7-5161-9147-7

Ⅰ.①从… Ⅱ.①刘… Ⅲ.①网络服务—版权—著作权法—研究 Ⅳ.①D913.404

中国版本图书馆 CIP 数据核字（2016）第 252521 号

出 版 人	赵剑英
责任编辑	张　林
特约编辑	张冬梅
责任校对	高建春
责任印制	戴　宽

出　　版	中国社会科学出版社
社　　址	北京鼓楼西大街甲 158 号
邮　　编	100720
网　　址	http://www.csspw.cn
发 行 部	010-84083685
门 市 部	010-84029450
经　　销	新华书店及其他书店
印　　刷	北京明恒达印务有限公司
装　　订	廊坊市广阳区广增装订厂
版　　次	2016 年 10 月第 1 版
印　　次	2016 年 10 月第 1 次印刷
开　　本	710×1000　1/16
印　　张	18
插　　页	2
字　　数	303 千字
定　　价	69.00 元

凡购买中国社会科学出版社图书，如有质量问题请与本社营销中心联系调换
电话：010-84083683
版权所有　　侵权必究

序

　　这是一部专业书籍，因此，作者从一开始就不奢望它能拥有多少读者。虽然网络已经渗透到国人生活的方方面面，但是，对于一般人而言，阅读一本有关网络服务提供者责任的法律专著既无动力也无必要。那么，对于耕耘于网络法领域的人士而言，本书提供的知识增量体现在哪里呢？

　　本书对美国法上的网络服务提供者责任展开了力求全面的研究。美国于1998年颁布的《千禧年数字版权法》确立了所谓避风港规则，虽然仅是一项版权法上的制度，该规则仍然成为全世界网络立法的范本，我国也不例外，在国务院于2006年颁布的《信息网络传播权保护条例》中，直接从《千禧年数字版权法》移植了四个责任避风港规定。

　　在此之前的1996年，美国国会通过了另一部法律《通讯端正法》，其中同样为网络服务提供者规定了责任避风港。因此，美国法律在调整网络中间商责任方面走的是双行道，网络人格侵权适用《通讯端正法》中的责任避风港规定，网络版权侵权适用《千禧年数字版权法》中的责任避风港规定。我国法学界的注意力主要放在后者，对前者的涉足相对稀少。本书力求弥补这一领域研究的缺失，对《通讯端正法》中的避风港规则加以全面梳理和剖析。

　　不但如此，单就《千禧年数字版权法》避风港规则而言，国内的研究也有相当大的可补充余地。这首先表现为，对于避风港规则的立法背景与立法理由，国内基本没有介绍，隐藏在条文背后的政策判断为何，国内不甚了解，这样一来，对法律的移植就容易落入知其然而不知其所以然的窘境。其次，美国是判例法国家，如何理解法律规定，通常以司法判例的意见为准，而我国学界对美国法上避风港规则相关判例虽有介绍，却流于零散，有待更新。

例如，避风港规则以美国版权法上传统的直接侵权与间接侵权区分理论为基础，间接侵权又分为帮助侵权和替代侵权，前者以过错为要件，后者则否，然而，当避风港规则引入我国，替代责任却消失了，司法解释中只留下过错责任意义上的间接侵权。美国版避风港规则中原本用以判断替代侵权存在与否的要件，到了中国，却被用于判断帮助侵权的有无。

再如，对于美国涉及 P2P 服务商责任的 Napster 和 Grokster 案，国内进行了反复的介绍和讨论，这些评介甚至让读者产生了错觉，以为美国法院对于网络服务商持不大宽容的态度。恰恰相反，Napster 案判决只是孤例，Grokster 案对服务商的影响亦不明显，YouTube 等案件判决中"仅仅意识到蔓延的版权侵权，不管侵权多么放肆和公然，也不会导致服务提供者承担责任"的司法意见才是事件的真相。

在对美国法上两套避风港规则加以追本溯源之后，本书进一步做了两方面的工作：一是探寻网络服务提供者所承担的注意义务的性质，二是思考作为避风港规则主要内容之一的"通知—取下"程序的性质。

避风港规则已经成为我国法律体系的组成部分，但是，其所规定的内容在我国法律中如何定位，却是一个学界少有涉足的问题。本书结合德国民法中的安全保障义务、妨害人责任理论及中德两国在网络服务提供者责任上的立法与司法实践，对如上问题进行了探索。可以说，美国法提供了好的内容，而德国法提供了好的结构框架，将二者结合的可能性是存在的，何况体系性思考本来也是法律思维的优势与出路所在。

2011 年，作者在国内较早提出，美国《千禧年数字版权法》避风港规则的重大缺陷在于"一切查找定位第三人侵权的义务均由版权人承担"之立场。在美国版权局于今年初启动的《千禧年数字版权法》修订意见征询过程中，来自版权人的主要批评即在于此。不过，作者当时批评这一原则，原因在于其过于绝对，并无全面否定避风港规则之意。应当承认，该规则富含创意，体现了立法者力求实现利益平衡的追求，应予以肯定。其中诸如"通知—取下"程序这样的制度设计，既照顾到权利人的维权需要，也照顾了被投诉一方的申辩机会，而我国最高人民法院在相关司法解释中仅规定通知程序，完全忽略了反通知程序，历史将会证明，这是一个失策之举。

笔者学力疏浅，绠短汲深，难免挂一漏万，谬误多有，尚祈学界前辈、同侪方家不吝指正！

是为序。

目　　录

引　言 …………………………………………………………（1）

第一章　美国法上网络人格侵权的责任避风港
　　　　——以《通讯端正法》第230条及其司法适用为中心 ………（5）

第一节　从Stratton案判决到CDA第230条的出台 …………（5）
　　一　传统的诽谤侵权责任 ………………………………（5）
　　二　CDA第230条出台前的两个重要判决 ……………（10）
　　三　CDA第230条的出台 ………………………………（14）

第二节　有关CDA第230条的主流判决 ……………………（17）
　　一　奠基性判决：*Zeran v. AOL* ………………………（17）
　　二　信息内容提供者的界定：*Blumenthal v. Drudge* …（20）
　　三　"用于互联网发表的意图"：*Batzel v. Smith*案 …（24）
　　四　"中性工具"说 ………………………………………（28）

第三节　否定CDA责任豁免的司法判决 ……………………（34）
　　一　添加标题和编者按构成内容创建：*MCW, Inc. v. Badbusinessbureau.com* …………………………（34）
　　二　CDA第230条未排除发行者责任：*Barrett v. Rosenthal* ……（36）
　　三　网络服务提供者负有安全保护义务：*Jane Doe No. 14 v. Internet Brands, Inc., DBA Modelmayhem.com* …………（41）

第四节　对CDA第230条及相关司法判决的评价 …………（43）
　　一　Zeran案判决对CDA第230条的解释所存在的问题 ………（44）
　　二　重新定位网络服务提供者：网络空间和活动管理人 ………（50）

第二章 美国法上网络版权侵权的责任避风港
——以《千禧年数字版权法》第512节及其司法适用为中心 …… (56)

第一节 《千禧年数字版权法》颁布之前的帮助侵权与替代侵权责任 …… (56)
 一 美国版权法上帮助侵权责任的一般理论 …… (56)
 二 判例法中的替代侵权责任 …… (62)
 三 第一批网络服务提供者版权侵权责任判决 …… (71)

第二节 《千禧年数字版权法》的规定与立法理由 …… (79)
 一 参议院司法委员会的第一次草案及立法说明 …… (79)
 二 众议院司法委员会的草案及立法说明 …… (97)
 三 众议院的最终草案 …… (104)
 四 对DMCA避风港规则的简要评析 …… (108)

第三节 美国判例法中的避风港规则 …… (109)
 一 判例中的避风港规则一般规定 …… (111)
 二 DMCA下的帮助侵权与"红旗"标准 …… (124)
 三 替代责任与"控制加直接经济利益"标准 …… (140)
 四 对避风港规则相关判例的评价 …… (149)

第三章 网络服务提供者注意义务的法理基础
——侵权责任法第36条与第37条之内在关联性 …… (156)

第一节 作为注意义务代名词的安全保障义务 …… (157)
 一 德国侵权法上的"Verkehrspflichten" …… (158)
 二 德国法院创设安全保障义务的原因 …… (169)
 三 安全保障义务在德国侵权法体系中的位置之惑 …… (180)

第二节 我国侵权责任法上的安全保障义务 …… (184)
 一 域外安全保障义务的本土化 …… (185)
 二 合理注意的标准与思考路径 …… (191)
 三 安全保障义务与保护性法律 …… (194)

第三节 网络服务提供者的安全保障义务 …… (198)

一　问题与方案 …………………………………………（199）
　　二　对网络服务提供者适用安全保障义务的正当性 ………（207）
　结　语 ……………………………………………………（213）

第四章　网络服务提供者中介人责任的双轨制：妨害人责任与违反安全保障义务 …………………………………（215）

第一节　责任避风港与安全保障义务的协调 ………………（216）
　　一　传统侵权法中的防范第三人侵权义务 ………………（216）
　　二　责任避风港规定对网络服务提供者防范
　　　　侵权义务的影响 …………………………………（224）
第二节　网络服务提供者安全保障义务的基本特征 …………（234）
　　一　可期待的合理注意 ……………………………（234）
　　二　注意程度与具体场合的侵权危险性相称 ……………（237）
　　三　安全保障义务蕴含组织制度要求 ……………………（240）
第三节　妨害人责任视角下的"通知—取下"程序 …………（242）
　　一　"通知—取下"程序的适用 …………………………（243）
　　二　妨害人责任与过错侵权责任的分工配合 ……………（245）
　　三　"通知—取下"责任避风港的功能及其限度 …………（248）
　　四　反通知程序的必要性 ………………………………（253）
　结　语 ……………………………………………………（255）

参考文献 …………………………………………………（260）

后　记 ……………………………………………………（276）

引　言

本书的研究聚焦于网络服务提供者①作为中介人（Intermediary）的侵权责任承担问题。所谓中介人，一般是指网络服务提供者既不发起亦不干涉网络上的信息传输，仅为网络用户提供诸如接入、缓存、定位、存储等技术与设备支持，在网络生态中扮演的是通道与平台角色。就此类网络服务提供者的侵权责任，我国侵权责任法设有一般性规定，国务院颁发的《信息网络传播权保护条例》则依网络服务功能分设相应的"责任避风港"规定（Safe Harbor rules）。

围绕网络服务提供者的中介者角色，法律上产生出三个问题，它们相互联系，有待理论上的揭示和解决。

首先是责任避风港规则与侵权责任构成之关系问题。作为大陆法国家，我国侵权责任法为责任之承担规定了明确的构成要件，就过错责任而言，当且仅当存在法益损害、加害行为、过错及行为与损害间的因果关系，损害赔偿责任即已成立。②然而另一方面，舶自于美国的责任避风港规则已经规定于我国行政法规，且在司法审判中得到广泛援引。③这套责任排除规则是否能够以及如何纳入我国既有的侵权归责体系，不但是一个具有理论性的问题，也直接影响到实践中的法律适用。

---

① 英文为 Internet Service Provider，简写 ISP，与网络内容提供者（Internet Content Provider，简写 ICP）相对应。——笔者注

② 侵权责任法第二条、第六条、第十五条合起来构成过错侵权责任的请求权基础。——笔者注

③ 参见信息网络传播权保护条例第二十条至二十三条，最高人民法院《关于审理侵害信息网络传播权民事纠纷案件适用法律若干问题的规定》、《关于审理利用信息网络侵害人身权益民事纠纷案件适用法律若干问题的规定》。——笔者注

同样不容回避的问题是，网络服务提供者注意义务的基础何在。作为中介方，网络服务提供者并不主动实施网络侵权，理论实务上通常认为，对于其"知道或者应当知道"的网络用户侵权，网络服务提供者在没有及时防范或制止的范围内承担赔偿责任。由此引出的问题是，网络服务提供者何以负有防范和制止网络用户侵权的义务？我国侵权责任法第37条规定了公共场所管理人及群众性活动组织者的安全保障义务，今天，互联网无疑是一种新型的人类生活空间，从这一视角出发，是否可以认为，网络服务提供者防御第三人侵权的义务也是一种安全保障义务？

第三个有待研究的问题是，网络服务提供者中介者责任规则的统一与分立。美国作为国际上较早对网络服务提供者责任进行立法的国家，针对网络环境下侵犯人格①和侵犯版权采用分别立法的方案，相关的规范在内容上差异很大。欧盟国家则通过将欧盟电子商务指令②转化为国内法的方式，就网络服务提供者的责任避风港加以统一规定。我国侵权责任法第36条就网络服务提供者的中介者责任虽不依受侵害法益而作区分，但条文较为简约，③ 相较而言，最高人民法院仍采用分立的思路，即就网络侵犯版权、人格权各颁布一个司法解释。网络服务提供者作为中介者承担责任的规则在应然的层面上取合一还是分治，遂成为值得研讨之问题。

围绕以上问题，本书的研究分为四章。

第一章为"美国法上网络人格侵权的责任避风港"，研究对象为美国《通讯端正法》第230条及相关判例学说。在美国，为网络服务商提供人格侵权责任限制的是《通讯端正法》，其第230条即是网络服务提供者人格侵权的责任避风港规定。本章的研究揭示，将网络服务提供者理解为

---

① 美国法上并不存在与大陆法相当的"一般人格权"概念，有关侵犯人格权益问题是通过分散的判例法加以调整的，尤其是涉及诽谤（defamation）、侵犯隐私权（right to privacy）、商品化权（right of publicity）的判例法。——笔者注

② 全称为《欧洲议会及欧盟理事会2000年6月8日关于共同体内部市场的信息社会服务，尤其是电子商务的若干法律方面的第2000/31/EC号指令》，简称为"欧盟电子商务指令"。——笔者注

③ 张新宝教授指出，侵权责任法第36条本身仅作出了原则性的规定，对于责任主体的范围、责任承担的限额等问题还需要运用解释论的方法予以进一步明确和细化。参见张新宝《互联网上的侵权责任：〈侵权责任法〉第36条解读》，《中国人民大学学报》2010年第4期。

"好撒玛利亚人",进而为其提供几乎是无限的责任排除,利远大于弊,特别是造成了法律适用的不统一和对市场主体的不平等对待。

第二章为"美国法上网络版权侵权的责任避风港",研究对象为美国《千禧年数字版权法》(DMCA)第512节[1]及相关判例学说。在美国,为网络服务商提供版权侵权责任限制的是《千禧年数字版权法》,该法第512节包含网络服务提供者版权侵权的责任避风港规定。本章首先考察避风港规定赖以立足的版权间接侵权理论,检讨美国早期有关网络服务提供者责任的司法判决,随后进入对责任避风港的探讨。本章研究揭示,作为一整套制度设计,避风港规则为互联网技术和商业模式创新留出了足够的空间,同时,规则在保护版权人利益上有所不足。

第三章为"网络服务提供者注意义务的法理基础"。在前两章研究的基础上,本章集中解决网络服务提供者的义务来源问题。研究首先追本溯源,探究作为侵权法上的注意义务代名词的安全保障义务的沿革,随后将视线转向网络服务提供者。通过考察网络服务提供者的功能和国外、本土理论实务,得出的结论是,仅仅将网络服务提供者类比于报刊媒介甚至电话公司并不准确,实践中其还扮演诸如网络交易平台、社会交往平台等场所管理人、活动组织者的角色。所谓网络服务提供者的注意义务,其本质就是安全保障义务。

第四章为"网络服务提供者中介人责任的双轨制"。在前一章明确网络服务提供者注意义务发生原因的基础上,本章集中探讨网络服务提供者作为中介人所承担之责任形式问题。研究一方面关注责任避风港规定对服务商防范侵权义务的影响,并以此为前提归纳服务商安全保障义务的基本特点;另一方面,则从民法法系传统的妨害人责任理论出发,重新检视作为避风港规则组成部分的"通知—取下"程序。研究揭示,就网络服务提供者的中介人责任而言,制度层面上实际存在着双轨制,即以"通知—取下"程序为代表的不以过错为要件的妨害人责任和以违反安全保障义务为代表的过错侵权赔偿责任。[2] 这一双轨制救济模式并不因

---

[1] 称为第512条亦无不可,循国内既成说法,本书一概称为第512节。——笔者注

[2] 关于网络服务提供者间接侵权场合,还涉及所谓替代侵权责任问题,对此笔者将另撰专文讨论。

侵害的对象是知识产权还是人格权而有所不同,由此可知,就网络服务提供者的中介人责任,立法上没有分而治之的必要。

本研究的文献引用截止于 2015 年 12 月 31 日,部分材料更新至 2016 年 6 月。

第一章

美国法上网络人格侵权的责任避风港
——以《通讯端正法》第 230 条及其司法适用为中心

网络侵犯人格权与传统环境中同类行为的一点重大不同在于,由于网络传播的匿名性,受害人往往难以追诉侵害其权益的直接行为人。此时,作为传播中介的网络服务提供者是否以及如何承担侵权责任,需要合适的解决方案。

美国法律一般不使用人格权概念,有关侵犯人格权益问题是通过分散的判例法加以调整的,尤其是涉及诽谤(defamation)、侵犯隐私权(right to privacy)、商品化权(right of publicity)的判例法。为我国学界所熟知的《千禧年数字版权法》(DMCA)第 512 节规定的责任避风港针对的是版权侵权行为,至于网络空间发生的人格权侵权,则不在其视野之内。在美国,为网络服务商提供人格侵权责任限制的是另一部法律《通讯端正法》(Communication Decency Act,简称 CDA),其第 230 条系网络服务提供者人格侵权的责任避风港规定。

第一节 从 Stratton 案判决到 CDA 第 230 条的出台

一 传统的诽谤侵权责任

诽谤侵权是美国调整人格侵权法律制度中最为重要也是理论发展最为成熟的责任类型,其中的一些基本理念和规则也为其他类型的人格侵权责任所接纳。事实上，CDA 第 230 条的制定首先针对的就是网络诽谤行为。

（一）责任构成中的过错要件

美国第二次侵权法重述将诽谤责任的构成要件概括为：（1）被告的言论指向特定对象，且具有诽谤性；（2）言论向第三人公开，且不存在绝对特权或有条件特权；（3）被告至少存在过失；（4）造成特定损害，但原告不需要证明特定损害的情况除外。① 上述要件构成主要调整针对普通人的诽谤侵权，公众人物若要向他人主张侵权责任，过错等级要证明到"实际恶意"（actual malice）的水平。

在过失责任下，一个信息传播者必须尽到合理谨慎的信息调查与核实义务，才能对失实的陈述免责。过失就是指"未能做到一个理性的谨慎的记者在类似情况下会有的谨慎"。注意义务的主体当然不仅于此，一家报社、电视台、广播电台或出版社也应尽到采编流程中应有的谨慎，通过层层把关把不实报道的风险减到最小。② 美国法院认为，在判断是否尽到了合理谨慎时，应当考虑：a. 消息来源是否可靠，这也包括穷尽各种可能的消息源；b. 是否努力与报道的对象进行了联系和交流；c. 是否努力做到报道的平衡，即也注意收集和公布相反的消息，从而避免使报道呈现出不应有的倾向性。③

在专业媒体的注意义务问题上，发达国家给出的法律答案大同小异。以德国为例，德国巴登—符腾堡州新闻法要求，新闻从业者须运用"具体情况所要求的注意"，对消息的真实性和出处予以核查。德国联邦最高法院指出，这一标准是严格的。④ 法院给出的解释是，表达自由既然在如此之广的程度上受到保障，也就应当在形成和公开报道时特别谨慎。对

---

① Restatement (Second) of Torts § 558 (1977). 原告无须证明特别损害的情形有：(1) 原告可证明被告具有实际恶意； (2) 诉讼类型为无关于公共事务的私人诽谤案件。See Gertz v. Robert Welch Inc. 418 U.S. 323, 349 (1974), Dun & Bradstreet Inc. v. Greenmoss Builders, Inc., 472 U.S. 749, 755-761 (1985).

② [美] 唐·R. 彭伯：《大众传媒法》（第 13 版），张金玺、赵刚译，中国人民大学出版社 2005 年版，第 187 页。

③ 彭伯，前引书，第 185 页。

④ BGH, NJW 1966, 1617, 1619 - Hoellenfeuer.

于大众传媒尤为如此,因为报纸和广播电视因其崇高的声望具有很大的影响力,它们的报道往往被认真对待并受到公众信赖。因此,人们对新闻自由这一基本权利评价越高,新闻从业者就越应认真对待其义务。无论从保护当事人名誉还是从履行公共职责角度,媒体都有义务进行忠实于事实的报道。① 至于传播者事先应进行怎样的调查,这决定于具体情况,尤其是决定于材料、消息来源的可靠性及报道的紧迫性。② 德国法院还在司法实践中确立了一系列具体规则。③

不过,将对公众人物的诽谤责任定性为实际恶意责任,则是美国法律的特色。该原则由美国诽谤法上的里程碑判例"沙利文案"判决所确立。④ 该案的初审法院判决《纽约时报》赔偿原告沙利文 50 万美元,亚拉巴马州最高法院支持初审判决。美国联邦最高法院首次表示,认定针对公众人物的诽谤侵权须有实际恶意的存在,推翻了下级法院的判决。

该案涉及刊登在《纽约时报》上的一则社论性广告,其中大多数陈述都是准确的,但也确实有几处错误。例如,亚拉巴马州立大学的学生餐厅并没有"被封锁,目的是将学生饿至屈服",警方从没有佩着枪支"包围"校园。金博士只被捕过 4 次,而不是 7 次。有证据显示,《纽约时报》在刊出这一社论性广告时没有核查广告中的陈述是否与报社已往的报道相符。但是美国联邦最高法院认为,仅仅拥有相关档案不等于《纽约时报》"知道"广告存在虚假,因为,是否存在实际恶意,要看报

---

① BVerfGE 12,113 - Schmid.
② 参见德国巴登—符腾堡州新闻法第 6 条。
③ 这些一般性规则包括:a. 相对于机构、团体或企业,在报道个人时应运用更大的谨慎;b. 对报道对象的责难性越是严厉,越是应该进行谨慎核查;c. 如果连最低程度的可靠依据都没有,或者对消息本身的准确性存有疑问,就必须放弃报道;d. 要报道的事件的时效性也很重要,时间紧迫可以导致注意要求的减轻,反之则应投入更多的注意;e. 某类事实如属首次公布,须穷尽一切可得的消息源;f. 原则上应对报道对象本人进行询问,尤其是在时效性不强的情况下;g. 未经调查而采纳其他媒体报道,不构成遵守注意义务;h. 怀疑性报道也要报道对当事人有利的事实,乃至给当事人表态的机会;i. 如果公众的信息利益超过了为当事人保密的利益,可以指名道姓,这种特别信息利益通常存在于国家行为与官员的罪行相结合,或涉及其他面向公众的组织如教会、宗教团体和协会等,即便这里不存在严重刑事案件。Siehe Wenzel/ Burkhardt/ von Schmidt, Das Recht der Wort-und Bildberichterstattung, S400ff; Löffler/ Ricker: Handbuch des Presserechts, S298ff.
④ *New York Times* Co. v. Sullivan, 376 U. S. 254(1964).

社负责广告刊登的人员的心态。这些人员没有进行核查，是因为他们信赖在广告上署名者的声誉，这64个人中，许多人都在公共事务、宗教、工会、艺术等领域广为知名，此外一位负责任人士菲利普·伦道夫先生还给报社写了信，信上确认署名均得到了授权。发布广告的行为也没有违反《纽约时报》"不得攻击个人品质"的内部政策。因此，这里最多存在着一项过失（negligence），在宪法上不足以达到实际恶意的程度。

　　换言之，在这个案件中，《纽约时报》的行为不是全无瑕疵的。此前，就漫卷美国南方的民权运动，该报已做了许多报道。如果报社将涉案陈述与其以往报道相对照，就会发现，广告中存在着不实之处，这些不实之处即使没有让整篇广告显得满纸谎言，至少有通过夸大事实渲染恐怖气氛之嫌。出现这种失误，是因为《纽约时报》的内部编辑流程上存在问题，即在复查拟发表材料的真实性上没有完善的制度，使得报社自有的资源都不能得到很好的利用，因此，这里存在着一项组织过失。

　　美国联邦最高法院采取"实际恶意"标准，意味着只要报道者的态度是严肃的，陈述给人的整体印象是准确的，对真实性的核查不是马马虎虎的，哪怕其中有多处错误，仍可以放心地进行报道。这就给媒体传达了积极的信号：如果"真的比假的多或分量严重"，报道将不受追究；或者，如果眼下的消息源可以信赖，就不必再去穷尽一切消息源，以免损失宝贵的时间。这就给受到时间压力和消息源双重限制的媒体广泛报道重大政治、社会事件开了方便之门。正是在这个意义上，"沙利文案"判决可称作媒体的自由宪章。

　　在其后的 Gertz 案中，① 美国联邦最高法院系统论证了对公众人物的名誉保护何以应与对普通人的名誉保护区别对待：首先，名人享有更多的信息传播渠道，更有能力对错误的报道进行驳斥；其次，公众人物主动地参与到公共事件中，将自己投入争论的旋涡，并试图影响事件的解决，因此必须接受这种卷入的不可避免的后果，即错误曝光风险的增加。公众人物与普通人的区分是基于一种规范性的考虑（a compelling normative consideration），即邀请公众注意和评论者，应当承受更大的名誉受损风险。媒体有权利认为，公众人物自愿将自己置于这种风险之下。换言

---

① Gertz v. Rober Welch, Inc. 418 U.S. 323 (1974).

之,美国联邦最高法院提出了一种"自担风险"理论,一个总是"招惹"舆论注意的人,就必须容忍舆论偶尔偏差,正如俗话所云"常在河边走,哪有不湿鞋"。①

(二)"出版者/发行者"二分法

此外,美国法上的名誉侵权责任主体存在出版者(publisher)与发行者(distributor)的区分。两者的区分标准在于是否对传播的内容实施"编辑控制"。诸如报社、杂志社、出版社、广播电台、电视台等传统大众媒体,从事内容生产和发布,对所发布内容实施审核、形式修改、篇幅调整,并决定是否发表,无论是首发内容或转载其他媒体内容,均在性质上属于出版者。诸如书店、图书馆、报刊亭、音像出租者,虽以内容为产品,但其在社会分工中承担的角色仅仅是信息的传递人,对所传递的信息基本上不实施编辑控制,法律上定性为发行者。

区分出版者与发行者的意义在于,出版者的注意义务相对重于发行者。虽然两者均依过失而对诽谤性言论负责,但在过失认定时,发行者一般承担"知情负责"(liability upon knowledge)责任,也就是实际了解到存在诽谤言论时始负责任,而出版者由于对内容实施编辑控制,或者说享有编辑控制权,理应对所发布的内容完全知情,且对内容是否有诽谤性应当具有相应的判断能力与经验,因此在争议言论具有诽谤性时,出版者的过失相对容易认定。与此不同,信息的发行者由于不对内容实施编辑控制,原告若要主张发行者对诽谤言论负责,必须首先证明发行者知道或者应当知道相关信息的内容,证明这一点相对困难。②

区分出版者责任与发行者责任,不但是社会分工的实际要求,更有利于民主社会的信息自由流动,保护公众的知情权。1959年,美国联邦最高法院在史密斯诉加利福尼亚案中强调,要求发行者承担与出版者相同的责任,会造成发行者的自我审查,"每个图书销售商将负有义务去了解每本书的内容,对书商提出洞悉一切的要求,完全有悖常理。"这样一来,加给书商的负担会成为公众的负担,因为对书商施加限制也就是限

---

① 刘文杰:《论新闻侵权的归责原则》,《环球法律评论》2010年第4期,第42页。
② Restatement (Second) of Torts § 581 (1977).

制公众获取阅读材料。如果书店和报刊亭只能经营他们审核检查过的出版物的内容，那么可以出售材料的数量势必锐减。"……书商基于州法采取的自我限制将演变成为影响到全部公众的新闻审查，这一后果的坏处并不因为审查的私人性质而有所减弱。"①

长期以来，"出版者/发行者"二分法在适用于传统媒体时效果令人满意。随着互联网的出现，该二分法是否也应当用在界定网络服务者的身份，引发了司法上的争议。

二　CDA 第 230 条出台前的两个重要判决

在 1996 年 CDA 第 230 条生效以前，美国法院仍然采用"出版者/发行者"二分法来认定网络服务提供者的身份，某种意义上也正是判决之间的分歧催生了 CDA 第 230 条的出台。

第 230 条出台前，有关网络服务商责任最有代表性的当属 1991 年 *Cubby v. CompuServe* 和 1995 年 *Stratton Oakmont v. Prodigy* 两个案件的判决。

（一）否定网络中间商的侵权责任：*Cubby, Inc. v. CompuServe, Inc.* ②

案件中的被告 CompuServe 经营在线论坛、电子公告板、在线会议等服务。被告将一个电子公告板"新闻业论坛"交给合同方 CCI 公司管理，由后者"按照被告的编辑和技术标准以及风格"对论坛上的内容进行"管理、审阅、创建、删除、编辑以及其他形式的控制"。随后，CCI 公司又与另一家企业 DFA 签署协议，由 DFA 向该论坛提供每日通讯"*Rumorville USA*"，内容是有关广播电视业及从业人员的各类消息。CCI 公司与 DFA 的合同约定，由 DFA 对通讯内容承担全部责任，CCI 只允许被告网站的用户中与 DFA 有直接会员关系的人访问通讯。被告 CompuServe 不对通讯的内容加以审核，也不从 DFA 就访问通讯的收费中分得份额，同时也不对 DFA 予以补偿。对全体用户，CompuServe 只收取标准相同的会

---

① Smith v. California, 361 U. S. 147（1959）.
② Cubby, Inc. v. CompuServe, Inc., 776 F. Supp. 135（1991）.

员费和流量费。

1990 年 4 月,"新闻业论坛"的 *Rumorville USA* 中出现了针对原告的诽谤性言论。原告以诽谤、商业诋毁和不正当竞争为由起诉被告。

美国纽约南区联邦地方法院认为,本案应适用"出版者/发行者"二分法来判定责任。依照已经确立的诽谤侵权规则,对转载者应课以与原载者同样的出版者责任,① 对诸如书店、图书馆之类的实体,则适用知悉责任。②

法院表示,本案中,虽然被告有权拒绝材料的发布,但一旦同意发布,便对传送的内容不存在编辑控制,因此,被告网站本质上是一个盈利性电子图书馆。在编辑控制方面,被告与公共图书馆、书店或报刊亭没有区别。基于这一事实,只有在被告明知或应知诽谤性内容时,才能够追究其责任。由于原告未能举证证明被告的明知或应知,法院做出了有利于被告的简易裁判。

原告还主张,在被告、CCI 公司与 DFA 之间存在层层代理关系,故被告应对 DFA 的行为承担替代责任。就此法院指出,代理关系的本质特征是代理人的行为受本人的指示和控制。③ 而独立承包人则在从事工作时,按照自己的方法,除了工作成果外,不受雇主的控制。④ 雇主为独立承包人的行为负责须满足的条件是,要么对其加害行为进行了指示,要么积极参与其实施。⑤

而在本案中,被告、CCI 公司与 DFA 相互独立,CCI 和 DFA 都不是被告的代理人。依据合同,被告将内容控制交给了 CCI 公司,其移除内

---

① Cianci v. New Times Publishing Co., 639 F. 2d 54, 61 (2d Cir. 1980).

② Lerman v. Chuckleberry Publishing Inc., 521 F. Supp. 228, 235 (S. D. N. Y. 1981); accord Macaluso v. Mondadori Publishing Co., 527 F. Supp. 1017, 1019 (E. D. N. Y. 1981); Smith. v California, 361 U. S. 147, 152–153 (1959).

③ In re Shulman Transport Enterprises, Inc., 744 F. 2d 293, 295 (2d Cir. 1984).

④ Murray Hill Films, Inc. v. Martinair Holland, N. V., 1987 WL 14918, * 3, 1987 U. S. Dist. LEXIS 6500, * 7 – * 8 (S. D. N. Y. July 17, 1987) (quoting Dorkin v. American Express Co., 74 Misc. 2d 673, 675, 345 N. Y. S. 2d 891, 894 (Sup. Ct. 1973), aff'd, 43 A. D. 2d 877, 351 N. Y. S. 2d 190 (3d Dep't 1974)); accord Spiro v. Pence, 766 N. Y. S. 2d 1010, 1012 (City Ct. Albany County 1991).

⑤ See Ramos v. State, 34 A. D. 2d 1056, 1056, 312 N. Y. S. 2d 185, 186 (3d Dep't 1970).

容的权利只是对 CCI 工作成果的控制，未达到代理关系的过程控制水平。至于内容的初始出版者 DFA，与被告并无直接合同关系，更谈不上代理关系。

(二) 肯定网络中间商的侵权责任: *Stratton Oakmont, Inc. v. Prodigy Services Co.* [①]

被告 Prodigy 公司于 1990 年设立，至诉讼发生时，其网站拥有至少 200 万用户，开设的"金融论坛"（Money Talk）据称是全美领先的拥有最多读者的 BBS 电子公告板，用户可以上传有关股票、投资及其他金融问题的帖子。被告与论坛管理员（Board Leaders）签订合同，管理员参与论坛讨论，努力增加论坛的访问量。1994 年 10 月，一个匿名用户在公告板上发帖，诽谤原告及其总裁有金融犯罪及欺诈行为。

双方的争议焦点同样在于，电子公告版的运营商 Prodigy 属于出版者还是发行者。被告援引 Cubby 案判决，主张自己作为在线服务提供者不应为用户生成内容承担出版者责任。而原告基于两点事实，主张被告是出版者：（1）被告自己的经营定位是面向家庭的网站，（2）被告在全国性报纸上一贯宣称，其对 BBS 上的内容加以编辑控制，从而区别于其他网站，而自比于一家报纸。原告的依据还包括：（1）被告制定了"内容指南"，要求用户遵守，如果被告发现冒犯性、品位低下或有害于在线社区和谐的内容，将予以移除；（2）使用过滤软件，自动对所有帖子加以过滤；（3）使用论坛管理员，以贯彻内容指南；（4）管理员有权移除帖子。

纽约最高法院[②]认为，与发行人或递送人不同，报纸不是新闻、评论和广告的被动接受者或管道，[③]而是对材料加以选择，对内容作出决定，实施编辑控制和判断。本案的关键是，被告是否对 BBS 上的内容行使了足够的编辑控制从而应被视为出版者。

法院对比本案被告与 Cubby 案中的被告，认为二者有两点不同：首

---

① Stratton Oakmont, Inc. v. Prodigy Services Co., 23 Media L. Rep. 1794 (1995).
② 本案的初审法院，纽约州的最高审级法院名为上诉法院。——笔者注
③ Miami Herald Publishing Co. v Tornillo, 418 US 241, 258.

先，Prodigy 对公众和用户宣称其实施内容控制，被告辩称，其政策也在发展变化，原告援引的 1993 年 2 月的报纸不能反映 1994 年 10 月诽谤发生时被告的政策，但未提供证据加以支持；其次，Prodigy 通过自动的过滤软件、内容指南来实现这一控制。通过积极地利用技术和人工（指论坛管理员。——笔者注）来删除不适当的信息，Prodigy 显然是在做编辑决定。此种控制不够完全，不影响对其身份的认定。Prodigy 事实上建立了管理员组成的编辑队伍（an editorial staff of Board Leaders），他们有能力持续地监控，事实上也这么做了。这样对某些言论可能产生阻吓效果，但看来 Prodigy 恰恰希望如此。基于上述情况，Prodigy 是出版者而非发行者。

法院强调，其完全认可 Cubby 案判决的观点，认可电子公告板原则上应被视为发行者，本案中，是被告 Prodigy 公司为获得编辑的好处而做出的有意识的选择使之应承担比之其他网站更大的责任。被告之所以介入内容的管理，部分时出于塑造其"面向家庭"形象的目的。既然想吸引特定的用户群，也要承担相应的法律后果。关于本案认定会迫使所有网站放弃对 BBS 控制的担忧是建立在以下不正确的假定之上的，即网站加强控制不会得到市场的补偿。法院还提及，CDA 正处在国会讨论阶段，如果其获得通过，会在联邦层面给出问题的解决方案。

就被告与论坛管理员之间的法律关系，法院认为，代理关系是指一方允许另一方代表他，受他的控制，[1] 本案中，是否构成代理关系要看"论坛管理员协议"。协议举了管理员的 11 项职责，包括：（1）每月至少上传 120 个帖子；（2）和用户代表共同工作；（3）提交月度报告；（4）遵循 Prodigy 规定的任何其他程序，所有推广行为均需有 Prodigy 的事先许可。Prodigy 主张，协议还包括如下内容：（1）管理员单独对其行为负责，Prodigy 不承担任何责任；（2）成为管理员不等于 Prodigy 等于的雇员、代表或代理人。

法院认为，代理关系要看实质，一方对另一方是否存在足够程度的指示和控制。Prodigy 的官员证实，Prodigy 要求管理员遵守指南，Prodigy 对管理员行为发挥管理职能。此外，负责管理员的 Prodigy 官员作证，

---

[1] Mauillo v Park Slope U-Haul, 194 Ad 2d 142; Restatement (second) of Agency s1.

Prodigy 和管理员们审核指南，要求后者按指南要求行事。管理员们还得到 28 页纸的《管理员生存指南》（1994 年 10 月版），其中就技术和程序问题进行说明，声明"如果你不了解某事或不知如何去做，先放在一边，直到你可以询问。"上述事实说明，Prodigy 指导和控制着管理员的行动，二者间存在代理关系。

三　CDA 第 230 条的出台

上述两个判决都没有上诉到更高审级的法院，不是有约束力的先例。但是，在一些人眼里，*Stratton* 案判决传递了这样的信息：网络服务提供者如果选择不去理会内容，将免于责任，而那些对内容进行编辑的服务提供者即使是出于善意也将承担全部的出版者责任。这引发了互联网业界的忧虑。

为此，众议员考克斯和怀顿为正在讨论中的 CDA 提出了一项修正案，作为法案的第 230 条。[①] 提案人表示，第 230 条的目的之一就是推翻 Stratton Oakmont 一案和其他类似判决中的意见，这些判决将服务提供者和用户看作他人信息的出版者或发表者，理由是前者限制了对有害材料的访问，这些判决对赋予父母以控制子女网络通信内容的决定权之联邦政策构成了严重的障碍。这一政策考虑被直接写进了第 230（b）（4）。[②]

1996 年，《通讯端正法》作为《电讯法》（*Telecommunications Act*）的一部分，由国会通过，经克林顿总统签署生效。该法在总体上旨在限制未成年人经由远程电子通讯管道接触淫秽或不雅材料。然而，法律生效不久，绝大部分条款即被美国最高法院以未遵守媒介中立原则和管制过于宽泛为由判定违宪，[③] 但第 230 条经受住了宪法审查，一直适用到今天。

[①] Batzel v. Smith, 333 F. 3d 1018 (9th Cir. 2003).

[②] 对 CDA 第 230 条立法史的回顾参见：Blumenthal v. Drudge, 992 F. Supp. 44, 49 – 53 (D. D. C. 1998).

[③] Reno v. American Civil Liberties Union, 521 U. S. 844 (1997).

CDA 第 230 条的规定主要包含四个部分。

（一）立法理由：230（a）、(b)

第 230 条的 (a)、(b) 两款实际上是在陈述立法理由，具体规定是：①

(a) 背景。国会认识到如下情况：(1) 互联网和其他交互式计算机服务的快速发展代表了国民在获取教育和信息资源方面的极大进步；(2) 这些服务给予用户对所接收信息的广泛控制，以及随着未来技术发展而来的更大程度的控制；(3) 互联网和其他交互式计算机服务提供了政治讨论的真正多样化的论坛，文化发展的独一无二的机会，以及智力活动的无穷可能性；(4) 互联网和其他交互式计算机服务因政府的最小管制而获得了繁荣发展，惠及全体美国人民；(5) 美国人民越来越多地依赖交互式媒介获得各种各样的政治、教育、文化和娱乐服务。

(b) 政策。美国的政策是：(1) 推动互联网、其他交互式计算机服务以及其他交互式媒介的持续发展；(2) 保持目前存在于互联网和其他交互式计算机服务的充满活力和竞争性的自由市场，使之不受联邦或州法的束缚；(3) 对帮助使用互联网和交互式计算机服务的个人、家庭、学校实现对信息接收的最大化控制的技术，鼓励其发展；(4) 去除存在于帮助父母限制子女访问不良或不当在线材料的屏蔽或过滤技术的发展和利用之上的抑制因素；(5) 确保联邦刑事法律的严格贯彻以阻止和惩罚借助计算机实施的色情、窥探和骚扰行为。

（二）责任避风港：230（c）

第 230 条的核心条款是 230（c），而 230（c）(1) 则是核心中的核心，具体规定如下：

---

① 相关条文内容均为笔者自译。

(c) 保护"好撒玛利亚人"屏蔽和过滤冒犯性材料

(1) 视为出版者或发言者

任何交互式计算机服务的提供者或使用者不得被视为其他信息内容提供者所提供信息的出版者或发言者。

(2) 民事责任

任何交互式计算机服务的提供者或使用者不因下列情况而承担民事责任:

(A) 自愿和善意地采取措施,对提供者或使用者认为属于淫秽、猥亵、挑动色欲的、污秽的、极为暴力的、骚扰性的或其他不良信息限制接触或者获取,此类材料是否受宪法保护,在所不论;或者

(B) 采取措施,为信息服务提供者或他人提供技术手段,以对前款之材料加以访问限制。

(三) 关键概念: 230 (f)

最后,230 (f) 对条文中的关键概念所下定义具体如下:

(f) 定义。如下:

(1) 互联网:……

(2) 交互式计算机服务: 提供或帮助实现多个用户访问一台服务器的信息服务、系统或访问软件提供者,特别包括提供互联网接入的服务或系统,以及由图书馆或教育机构运营的此类系统或提供的此类服务。

(3) 信息内容提供者: 对于经由互联网或者其他交互式计算机服务来提供的信息,对其制作或发展负有完全或部分责任的个人或实体。

(4) 访问软件提供者: 是指能够发挥以下一项或多项功能的软件 (包括用户端软件和服务器端软件) 或类似工具的提供者: (a) 过滤、屏蔽、允许或不允许内容; (b) 挑选、选择、分析或提炼内容; (c) 传输、接收、展示、转发、缓存、搜索、子命令、组织、

从新组织或翻译内容。

需要指出的是，CDA 就其整体而言本来是一部限制网络色情内容传播的法律，然而，第 230 条却在其"政策"部分暗示，它不限于对色情内容的规范。经由法院的解释，该条事实上成为几乎一切类型信息传播活动中网络服务提供者的强大保护伞。

第二节 有关 CDA 第 230 条的主流判决

自 CDA 第 230 条生效至今，近二十年间，美国各联邦巡回上诉法院对该条内容的解释在大方向上基本一致，由于联邦最高法院始终拒绝就该条文表态，因此这些上诉法院的判例就是各自司法辖区内有效的法律。

一 奠基性判决：*Zeran v. AOL*[①]

该案为适用 CDA230 的第一个判决，也是适用该条款问题上最有影响力的判决。原告 Zeran 起诉美国在线，主张美国在线不合理地迟延移除其开设的电子公告板（BBS）上来自匿名者的诽谤性信息，拒绝作出更正（retraction），没有对其后出现的同类信息加以过滤。地方法院依据 CDA 第 230 条驳回原告请求。第四巡回上诉法院维持了一审判决。

（一）案件的基本情况

1995 年 4 月 25 日，有匿名用户在美国在线的 BBS 上发帖，兜售"俄克拉荷马下流 T 恤衫"，帖子中充满讥笑辱骂几天前发生的俄克拉荷马联邦政府大楼爆炸惨案的言辞。帖子中以"Ken"的化名留了原告的住宅电话号码。原告随之收到公众大量愤怒来电，其中包括死亡威胁。由于原告宅电也是其营业号码，无法更改。当日，原告打电话给美国在线，将

---

① Zeran v. AOL, 129 F. 3d 327 (4th Cir. 1997).

此事告知一位公司代表，该代表称帖子将被移除，但公司政策不允许发布更正消息。当天发布的这个帖子具体是什么时间删除的，对此双方有争议。

次日，新的帖子出现在 BBS 上，同样充满有关政府大楼爆炸案的污言秽语，留有原告的电话号码并自称为"Ken"，还称由于销售繁忙，"如果电话占线，请稍后再拨"。于是，打给原告的声讨电话进一步增加。在接下来的 4 天里，匿名用户如法炮制，所列卖品增加了车尾贴、钥匙链等，冒犯性言语也更多。在此期间，原告反复打电话给美国在线，被告知上传这些帖子的很快将会关闭。原告报了警。到 4 月 30 日为止，原告大约每 2 分钟就接到一个漫骂电话。

与此同时，俄克拉荷马城电台得到了第一个帖子的内容，并在 5 月 1 日加以广播，公开了"Ken"名下的原告电话号码，并呼吁听众拨打。原告随即被俄城听众的死亡威胁和其他恐吓电话所淹没。

原告继续联系美国在线和电台，并向当地警方求助。警方随即派人巡视原告住所，以保护其安全。到 5 月 14 日，在俄城报纸发表了关于 T 恤广告骗局的报道，电台公开致歉之后，打给原告的电话减少到每天 15 个。

原告于 1996 年 1 月起诉电台，于 4 月起诉了美国在线。原告认为，美国在线一旦接到侵权通知，即有义务迅速移除诽谤内容，将内容的性质向用户公告，并有效地阻止再出现类似的诽谤内容。

(二) 法院判决：CDA 第 230 条取消了网络服务提供者的出版者责任和发行者责任

第四巡回上诉法院对第 230 条作了极为有利于网络服务提供者的解释。

1. 第 230 条取消了网络服务提供者的出版者责任

第四巡回上诉法院认为，第 230 条就第三方信息的传播为交互式信息服务提供者创设了责任豁免，它排除了将服务提供者视作出版者的可能性，因此，基于服务提供者行使出版者的传统职能，例如，决定是否出版、撤回、推迟以及改动内容（such as deciding whether to publish, withdraw, postpone or alter content），而要求其负责的主张不能成立。首席法官威尔金森强调，一切认为服务提供者应为其实施传统的出版者的编辑功能而负责的主张都不成立。

法院表示，CDA 设立责任豁免的目的不难觉察。国会认识到，侵权诉讼将会对新兴的正在崛起的互联网媒介上的言论自由构成威胁。要求服务提供者为他人的通讯承担侵权责任，这在国会看来属于另外一种形式的政府对言论的干预。而第 230 条在一定程度上正是为了保持互联网通讯的繁荣以及相应地将政府干预控制在最低程度而颁布的。

当然，这不意味着最初发表诽谤性言论的当事人可以逃脱责任。一方面，国会致力于将政府对互联网的管制控制在最低程度，另一方面，它也追求严格贯彻联邦刑事法律，以遏制和惩罚计算机网络上的淫秽和骚扰性信息的传播，230（b）（5）的规定体现了这一宗旨。只不过，国会选择的政策路线是不通过让中介人为他人的有害言论而负责来遏制有害的网络言论。

2. 第 230 条也取消了网络服务提供者的发行者责任

原告认为，第 230 条取消了服务提供者的出版者责任，但未取消其发行者责任。通常，服务提供者可被视为发行者，就像传统的报刊亭或书店。Cubby 案判决即区分出版者和发行者。本案中，原告发出了充分的侵权通知，美国在线在因之了解到侵权内容的存在后，应承担知情责任。

上诉法院认为，发行者责任只是出版者责任的一个亚种，从而也在第 230 条的责任排除范围。出版者和发行者的区分是在诽谤法的语境下获得法律意义的。出版（publication）不但指作者的公开其创作，将内容加以传播以及不去移除内容同样构成出版行为。就诽谤法的目的而言，发行者也被视为出版者。

Cubby 案判决使用了两个概念，只是用以描述大的出版者类别内部两种不同的责任标准，并没有否定发行者是出版者之一种的意思。一旦服务提供者收到侵权通知，他就被置于传统出版者的地位。他必须决定是否出版或撤回内容。在这方面，原告要求美国在线承担的正是第 230 条特意排除的向第三方传播诽谤材料的（包括发行者在内的）出版者责任。

3. 第 230 条取消发行者责任的理由

法院认为，知情负责标准将会挫败第 230 条的立法目标，它将推动服务提供者限制言论，不进行主动的内容审查。具体而言，如果服务提供者承担发行者责任,那么每次收到侵权通知,都要进行细致而快速的调查,对信息是否违法作出法律判断,当场就是否保留信息作出编辑决定。虽然这对传统印刷媒体或许可行,但网络上帖子的数量会让审查成为无法承受的负担。由于服务提供者只对信息的公之于众负责,不对移除负责,因此它们会自然地一接到通知就加以移除,而不管内容是否真的有诽谤性。知情负责标准从而像严格责任一样对互联网言论自由造成寒蝉效应。

不但如此,知情负责还会阻碍服务提供者主动对有害材料传播加以管控,因为主动调查和过滤会导致知情,进而可能导致责任。服务提供者因而很可能避免采取任何主动的管控措施。

最后,知情负责还会起到鼓励第三方提起诉讼的效果。一旦谁对网上的他人言论不满,认为自己受到冒犯,就可以简单地通知服务提供者,而服务提供者则会无休无止地陷入移除还是走向法庭的选择。由于这些后果与第230条的立法目的直接相悖,因此不能认为国会保留了知情负责标准。

二 信息内容提供者的界定:Blumenthal v. Drudge[①]

本案同样是有关 CDA 第 230 条的重要判决。案件中,被告美国在线为其网站约请第三方担任提供专栏文章,但不对专栏加以审核,原告认为,被告应为第三方发表的诽谤言论负责,哥伦比亚特区地方法院认定,被告是网络服务提供者而非内容提供者,故享受 CDA 之下的责任豁免。

(一) 案件的基本情况

被告之一德拉奇经营着一家网站,还是一份名为"德拉奇报告"的电子期刊的制作人,每期报告均由德拉奇本人创建、编辑、更新和管理,报告的内容是来自好莱坞和华盛顿的小道消息。德拉奇在网站上放置了历次"德拉奇报告"的链接,网站上还有对其他在线新闻和文章的链接。德拉奇还通过电子邮件向其注册用户发送"德拉奇报告"。

---

① Blumenthal v. Drudge, 992 F. Supp. 44, 49 – 53 (D. D. C. 1998).

1997年6月，德拉奇与美国在线签订了授权许可协议。协议约定，由德拉奇向美国在线提供"德拉奇报告"，为期一年，德拉奇每月收取3 000美元版权许可费。协议还约定，美国在线有权移除报告中美国在线合理地认为违反标准服务条款的内容。根据协议，德拉奇将每一期"德拉奇报告"通过电子邮件发送给美国在线，后者再把报告放在美国在线网站上。

1997年8月10日，发布在美国在线网站上的"德拉奇报告"中，有一则消息称，白宫新任总统助理布鲁门撒尔存在虐妻行为（布鲁门撒尔的妻子也是白宫成员）。消息称，该信息来自一位有影响力的共和党人士，该人士表示，布鲁门撒尔的虐妻行为有法院记录为证。该消息同时说明，一位匿名的白宫人士称布鲁门撒尔的虐妻传言纯属虚构，是克林顿总统的政敌所为。消息还说，一切试图联系布鲁门撒尔的努力都没有成功。

原告在得知该消息后，向德拉奇发出了律师函。德拉奇在网站上和电子邮件上公开收回其陈述，并通知了美国在线。随后，德拉奇向布鲁门撒尔夫妇公开道歉。美国在线也移除了"德拉奇报告"中的相关内容。

（二）法院判决：第230条的立法意图是给予网络服务提供者以广泛的责任豁免

1. 认可 Zeran 案判决对 CDA 第 230 条的解读

法院表示，正如国会在1996年通讯端正法中所认识的那样，互联网和其他交互式计算机服务的快速发展代表了国民在获取教育和信息资源方面的极大进步。随着互联网带来的信息革命的发展，在控制淫秽色情材料传播、保护个人隐私和名誉权方面也出现了空前的挑战。国会在1996年2月颁布通讯端正法的目的在于应对这些挑战。面对不同的政策选项，国会选择以推动互联网和其他交互式计算机服务及其他交互式媒介的持续发展、保持此类服务市场的生机勃勃和有竞争力、不被联邦或州的法律所束缚为目标。

不论是否明智，国会都做出了自己的判断，即在涉及由他人创建但由交互式计算机服务提供者所传播的材料时，免于此类服务提供者的侵权民事责任。在认识到此类信息的传播速度之快以及规制信息内容的几乎不可能性，国会决定不把此类服务提供者与其他信息提供者如报纸、期刊或广播电视台作同样看待，后者会因为出版或发行由他人制作的色情或诽谤性材料而承担责任。虽然国会本来可以作出不同的政策选择，它还是选择了让交互式计算机服务不对未能编辑、撤回或限制通过其媒介传播的冒犯性材料负责，这就是通讯端正法230（c）所规定的，交互式计算机服务的提供者或使用者不被视为来自其他信息内容提供者的信息的出版者或发表者。

就责任豁免而言，正如Zeran案判决所说，第230条并不区分出版者和发行者。因接到通知而可能发生的责任会阻碍服务提供者对冒犯性材料传播的管理，因为这会让他们在压制争议性言论还是承担责任风险之间面临不断的选择，而这正是国会希望避免的。

2. 信息内容提供者的含义

根据CDA230（f）（3）的定义，信息内容提供者是指对通过互联网传播的信息的创建或发展全部或部分地负有责任的个人或实体。根据这一规定，美国在线在法律上的身份不同于华盛顿邮报，后者即使没有对德拉奇报告加以编辑、修改甚至阅读，同样要对出版德拉奇报告承担责任，但是美国在线则不然。

要让美国在线承担责任，前提是它对网站上登出的"德拉奇报告"的"制作或发展负有完全或部分责任"。然而，美国在线并不满足这一条件。本案中没有证据证明，美国在线参与了德拉奇报告的写作或修改。本案中也没有证据证明德拉奇是美国在线的雇员或代理人。因此，美国在线只是交互式计算机服务的提供者，根据CDA第230条，它不能被视为出版者或发表者不承担此类主体责任。

（三）法院针对CDA第230条流露出的无奈

不过，法院在判决中也流露出对CDA规定是否妥当的怀疑。

和Zeran案的情况不同，德拉奇并不是借助美国在线网络传播信息的匿名用户。他与美国在线订有合同，获取报酬，美国在线则保留了移除或要求德拉奇移除在美国在线看来不合适的内容的权利。按照合同条款的表述，美国在线还有权要求对内容进行合理的修改，达到不会对美国在线网络的运营产生消极影响的程度。

而且，在德拉奇与美国在线签订合同后，美国在线公开发布了一则消息，称名气响当当的"德拉奇报告"将由美国在线向其用户提供。消息的标题是"美国在线雇用了出走的小道消息大王德拉奇"。消息中说，八卦专栏作家德拉奇和美国在线达成了协议，让德拉奇报告在美国在线安家，向用户打开了消息的闸门。

面对这些事实，法院也表现出了无奈，表示如果存在白纸黑字的规定，它会支持原告的主张，判令美国在线承担责任。不可否认，美国在线并不像一家电话公司那样是一个消极的管道，作为公共管道方，电话公司不控制，因此也不对电话线上的内容负责，对于由德拉奇提供、美国在线传播的内容，美国在线拥有某些编辑权利，包括要求改动内容及移除的权利，它还积极地将德拉奇作为未经证实的流言的消息源加以宣传。"由于美国在线拥有编辑权利，看起来唯一公平的选择就是让美国在线承担起出版者的责任，或者至少像一家书店或图书馆那样承担起发行者责任。但是，国会已经作出了不同的政策选择，它赋予交互式计算机服务提供者以责任豁免，哪怕他们在传播他人制作信息方面扮演了积极的甚至是喧宾夺主的角色。"

表达无奈的同时，法院又重弹 Zeran 案判决的老调，称第 230 条是国会与服务提供者群体达成的默示交换条件，它给予提供者以责任豁免，以此推动服务提供者对互联网上的色情和其他冒犯性材料进行自我审查，即便在那些自我审查并不成功或者从未实施的场合，也是如此。换言之，为了最大限度消除服务提供者进行自我主动管理的顾虑，国会选择给予其广泛的责任豁免。虽然法律的这一规定本来是针对色情和暴力材料，但是其措辞已经足以涵盖诽谤性言论。从第 230 条的立法史来看，该条的制定是为了推翻纽约州法院在 Stratton Oakmont 一案中的判决意见，该案涉及的正是诽谤性材料。

最后，法院再一次无奈地表示，尽管美国在线在本案中获得了法律所赋予的所有好处，又没有扛上国会希望的负担，可是法律的语言是清楚的，那就是美国在线享有责任豁免。

三 "用于互联网发表的意图": *Batzel v. Smith* 案[①]

2003年,第九巡回上诉法院讨论了"信息内容提供者"的界定问题。在 *Batzel* 案中,原告请来的装修工人因怀疑原告藏有第二次世界大战时的抢掠文物,而向一家文物追索网站的管理人发送了一封电子邮件,后者将邮件公布在网上。原告起诉了网站。

(一) 案件的基本情况

1999年夏天,被告网站收到来自一个名叫史密斯的手工师傅的电子邮件。史密斯在邮件中称,他为巴策尔女士(本案原告)进行房屋装修时,原告对他说,原告是阿道夫·希特勒身边亲信的孙女,史密斯还听到原告说,原告和纳粹领导人希姆莱有亲戚关系。原告还说,家里悬挂的一些油画是她继承而来的。史密斯在邮件中表示相信,那些油画是第二次世界大战中的劫掠品,是犹太人的财产。史密斯在邮件中提供了原告的地址,并称被告可以通过邮件和他联系。

被告网站的管理者克莱莫斯是阿姆斯特丹一家著名博物馆的安全主管,在业余时间管理"博物馆安全网"。该网络包括一家网站,发放通过电子邮件传递的有关博物馆安全和失窃艺术品的电子通讯。克莱莫斯定期把网络订阅用户发给他的邮件以及他自己所做的评论编成一个电子文件,此外还包括从新闻报道中摘录的有关失窃艺术品的消息。克莱莫斯挑选放入群发内容的用户邮件,删除和主题无关的邮件,以及其他不值得发给订阅用户的材料。经过克莱莫斯编辑的材料会放置在网站上,自动群发给订阅用户。网站上的内容和群发的通讯被全世界数以百计的博物馆安保人员、保险调查员和执法人员所阅读,他们利用这些信息追查失窃艺术品。

收到史密斯的邮件之后,克莱莫斯把邮件通过网络加以公布,其中作了小的文字修改。后来,克莱莫斯在把邮件群发给用户时还加了一条评语,说联邦调查局已经了解到史密斯的邮件内容。在克莱莫斯将邮件上传到网站之后,史密斯写邮件给网站的一个用户,解释说,他并没有

[①] Batzel v. Smith, 333 F. 3d 1018 (9th Cir. 2003).

打算把邮件群发给客户或放到网站上。

原告巴策尔在几个月后发现了上传的内容,并向克莱莫斯提出投诉。克莱莫斯随后联系了史密斯,向史密斯询问更多的信息。史密斯坚持说,他的陈述是真实的,但同时也说,如果他想到他的邮件会被放到网上,他是绝不会发出邮件的。在发现史密斯不打算上传信息之后,克莱莫斯对他的误会表示了歉意,并解释说,他每天收到很多邮件,有些邮件的内容在他看来值得群发给用户,史密斯的邮件就是其中之一。

巴策尔表示,她不是,也从没有说过自己是纳粹领导人的后裔,自己也没有继承过任何艺术品。巴策尔称,史密斯对她进行诽谤,不是因为他相信那些艺术品是偷来的,而是出于怨恨,因为巴策尔拒绝为史密斯写的一个剧本联系好莱坞制作人。

(二) 法院判决:对 CDA 第 230 条"内容提供"的新解

1. 第 230 条是对传统规则的颠覆

法院首先申明,从互联网的内在技术特征来看,没有理由认为第一修正案和诽谤法在网络空间的适用应当不同于线下世界。然而,国会却出于政策上的原因,对于他人提供的诽谤性或色情材料,选择给予交互式计算机服务的提供者和用户以责任豁免。本案涉及的问题是,基于以上原则,在何种情况下,群发服务的管理者和网站经营者对于他人制作的诽谤性邮件负责。

地方法院认为,只有互联网接入服务才属于交互式计算机服务。上诉法院否定了这一意见,认为根据第 230 条的文意,提供互联网接入只是交互式计算机服务的一种而已。230(c)(1)不但给予服务提供者,而且给予服务使用者以责任豁免。在本案中,被告网络适用交互式计算机服务来分发电子邮件,上传材料至网站。被告网络也必须接入互联网,因而,需要适用某种形式的交互式计算机服务。因此,被告的网站和群发服务都属于第 230 条下的免责范围。

针对地方法院支持原告诉请的立场,第九巡回上诉法院认为,如果没有 CDA 第 230 条的规定,他们也会认可地方法院的意见,即责任豁免不适用于克莱莫斯和网站。然而,CDA 的规定推翻了传统的法律中有关出版者、发行者和发言者的认定,不将交互式计算机服务提供者视为信息提供者。国会作出这一立法选择，系出于两项根本目的。其一是鼓励互联网上不受约束和不受管制的言论自由，推动电子商务的发展，将国家干预控制在最低程度，这一考虑见于230（a）和（b）。其二是鼓励服务提供者和用户对网络上色情及其他冒犯性材料的自我管控，从而帮助父母限制孩子接触此类材料，这一目的见于230（b）（4）。

2. 对第230条内在矛盾的辩护

法院承认，在推动言论自由和给予父母限制接触互联网材料工具这两个立法目的之间，存在着表面上的紧张关系。就此法院辩解说，法律经常包含不止一个目的，这些目的之间存在矛盾也并不罕见。平衡互相冲突的价值本来就是立法的基本动机。一部法律内部存在紧张关系，经常不是缺陷，而是表明立法者的立法意图。

于是，法院一方面认可CDA在整体上有着限制内容传播的目的，另一方面又强调其第230条同时追求两个目的，且实现这两个表面上互相冲突的目标是可行的，因为父母可以在网络服务提供者和其他服务提供者及用户的配合与帮助下控制孩子接触材料。一些屏蔽和过滤软件依靠网站经营者和接入提供者的配合，后者对经由其网络的材料加以标记。没有230（c）规定的责任豁免，服务提供者和使用者会因为审查材料而对第三方言论负责，而不进行审查的提供者和使用者却可以免于责任。这样一来，网站经营者和网络服务提供者就会放弃删除此种材料的努力。Prodigy案判决就对实现父母对孩子接触材料的控制这一政策目的构成了严重的妨碍。

3. 对"内容提供"的新解

法院强调，选择和编辑材料的同时保留其基本形式和内容，属于出版者职能，在CDA免责范围之内。本案中，史密斯的邮件不是克莱莫斯创建的。克莱莫斯对邮件在上传前的微小修改也达不到"发展"的程度。"发展信息"意味着比仅仅对电子邮件的部分加以编辑和选择发布更为实质性的参与。由于克莱莫斯只不过进行了选择和小的改动，因此不能被认为是史密斯邮件的内容提供者。

但是，本案中另外一个事实引起了法院的注意，史密斯表示，从来没有想象过他的邮件会被上传于网络。由此，法院提出了关于"信息内容提供者"的一套新理论。

法院认为，内容"提供"至少意味着提供者在将材料提供给交互式计算机服务的提供者或使用者过程中扮演某种积极的角色。如果一个作者允许作品以印刷形式发表，就不存在第 230（c）意义上的"提供"，因为作品没有提供于互联网使用。从 230（c）（1）的结构和目的来看，责任豁免仅仅适用于第三方将信息提供给互联网或其他交互式计算机服务使用的情形。换言之，内容必须提供给网络服务提供者，才符合本条的内容"提供"。这样一来，史密斯是否构成 230（c）下的"其他内容提供者"就成为一个问题。如果史密斯不属于其他内容提供者，那么，作为出版者的克莱莫斯是否免责也成了问题。

在本案中，史密斯是邮件的作者，并不意味着他必然是信息的内容提供者。信息的创建者或发展者如果没有传播信息的意思，则不对不能预见的公开而负责。法院认为，对提供作出这样的限制，符合第 230 条的目的，如果交互式计算机服务的提供者和使用者知道或者有理由知道他人信息不打算用于互联网发表，那么，这里就不存在对言论自由和互联网发展的推动，也就不需要责任豁免。

法院认为，第 230 条所设想的情况是，用户发送信息给电子公告板，这一行为表明用户希望将上传的信息公开。而在本案中，史密斯发送的是私人电子邮件，并坚持说没有公开发布的意思。如果不尊重发送人的意思，互联网言论将受到抑制而不是推动，从而有悖于第 230 条的立法意图。如果给予未经许可发表他人言论于互联网的人以免责，反而会提高色情和诽谤性材料传播的可能性。法院给出的理由是，当一个人知道他的言论会广泛传播时，会更加注意言论的内容，当其不打算公开材料时，材料具有诽谤性或不良属性的可能性相对较大，在线出版者如果可以公开他人本不打算公开的材料，等于法律鼓励更有可能将在内容上有所不当的材料对外公开。

法院紧接着又表示，如果服务提供者或使用者不能分辨用户是否希望公开内容，互联网上的信息自由也会受到抑制。为了排除这种可能性，关注的重点不应当是信息提供者的意图或知晓，而是服务提供者或使用者对这些意图的合理认知。法院认为，当第三方创建或者发展信息并将它发送给服务提供者或使用者，考虑当时的情况，如果一个通情达理的人处在服务提供者或使用者的位置上，会认为信息的发送是为了在互联网或其他交互式计算机服务上公开，那么服务提供者或使用者就享受责任豁免。由于在上述一点上地方法院没有查明事实，故撤销一审判决发回重审。

4. 判决存在的逻辑问题

上诉法院对第 230 条和 Zeran 案判决进行了辩护，却没有意识到，它已经在反对 Zeran 案判决，因为决定是否出版恰恰是出版者的一个职能，即便网站行为有所不当，也是对发送邮件的史密斯的意志违反，相对于原告巴策尔，其身份仍然是出版者，依 Zeran 案判决，其应享有责任豁免。此外，该判决也存在偷换概念的问题，先是把内容提供者界定为"对内容进行创作/制作的人"，随后又更改为"将信息主动上传于网络的人"，无论后者是否创作或制作了信息。

四 "中性工具"说

Batzel 案之后，第九巡回上诉法院又处理了另外一个特殊问题：网站为用户生成信息而提供设计好的答题选项，是否构成内容提供者？法院在 Carafano 案和 Roommates. com 案中对此给出了回答。

（一）*Carafano v. Metrosplash.com*[①]

1. 案件基本情况

本案中，被告是一家商业性交友网站。会员缴纳费用，可以在网站上匿名上传简历材料，其他成员可以浏览，并通过简历上提供的地址与上传者联系。通常，简历包括一张或多张上传者的照片，个人情况的描述如年龄、外貌和兴趣爱好，以及对网站问卷的答案，问卷中的问题是为了揭示上传者的个性特征和选择网站服务的原因。网站的问卷包括两个部分，第一部分是对 50 个问题的多项选择，有些选项是表明性取向的，第二部分是个人陈述，回答者需要回答 18 个附加的问题。网站禁止会员公开姓氏、地址、电话号码或电子邮箱地址。网站会先行对照片加以审查，以确定适于公开，但对会员的答卷和简历信息并不审查，而是由会员自觉遵守服务指南。

---

① Carafano v. Metrosplash.com, 339 F. 3d 1119 (9th Cir. 2003).

1999年10月23日，一位匿名用户使用位于柏林的一台计算机上传了原告的个人简介。原告不知道上传行为的存在。作为电影女明星，原告主演和参演过诸多电影电视剧，如《星际迷航》等。原告的照片广泛存在于互联网，被告网站上出现的照片有些就属于此类。在匿名上传者填写的个人简介中，原告被描绘成放荡不羁，寻求一夜情，渴望一个有统治欲的男人，简介中还有其他不堪入目的措辞。但是简介中没有提到原告的真实姓名，只是罗列了她的两部电影。简介中提供了原告的家庭住址，还提供了一个有自动回复功能的电子邮箱地址，自动回复中包含原告的家庭住址和电话号码。

原告起初对此一无所知。10月31日，原告在旅行中，查询语音留言，听到两条性挑逗信息。11月4日，当她回到家中，发现了一份极具威胁和性挑逗色彩的传真，传真对她的儿子也发出了威胁。原告还收到了大量来电、语音留言、来信以及粉丝们通过工作信箱发来的电子邮件。有一些男人表示了对原告公开住址和电话的关注，同时表示有兴趣和原告见面。原告报了警，因为感到不安全而数月待在旅馆或洛杉矶之外。

11月6日，原告的助理得知虚假交友简介的存在，并将这些信息通知原告。原告与网站联系，要求立即移除简介。起初，网站的雇员表示，由于原告不是上传者，不能要求移除简介，但随后网站屏蔽并删除了虚假的交友简介。

2. 法院立场：问卷不构成内容提供

法院再次申明，通过CDA230（c）（1），法律给予互联网出版者以不同于相应的印刷、电视和广播出版者的对待。国会制定CDA第230条，出于两项根本的政策考虑：其一是推动互联网上的信息和思想的自由交换，其二是鼓励对冒犯性或色情材料的自愿监控。基于以上考虑，各家法院均以相同的态度解释230（c），对交互式计算机服务采取了相对广义的理解，对信息内容提供者采取了相对限缩的界定。

就本案而言，法院指出，被告网站设计了一张调查问卷，通过回答问卷，用户可以清晰地展现自我，但是，对内容的选择是完全由用户完成的。所有的问题和陈述均来自用户。因此，被告网站不属于第230条意义上的信息内容提供者，因为直到用户创建简介，没有具体的内容发布。

在这一点上，法院认为被告网站所扮演的角色与 Gentry 一案①中用户评论系统的经营者相似。在 Gentry 案中，易趣网站设置了一个高度结构化的用户反馈栏，还引入了星级评价方法。原告据此声称易趣是信息内容提供者，但审理法院认为，由于用户反馈栏和星级评价栏中的信息均为用户生成，因此，易趣并不属于信息内容提供者。同样地，本案中的交友网站将用户特征加以分类，通过设计问题收集信息并没有使之转变为信息的发展者。

法院还强调了结构化用户信息作为一种互联网服务的好处，交友网站对用户信息加以结构，使其能够提供附加的服务，例如，根据相同的个人特质提供"匹配"服务，或者根据用户选择的组合提供高度结构化的搜索。没有标准化答案的设计，被告网站可能就无法提供此类服务，而互联网和其他交互式服务的持续发展恰恰是国会所希望的。

（二）*Fair Housing Council of San Fernando Valley v. Roommates.com, LLC*②

2008 年，在 Fair Housing Council 案中，第九巡回上诉法院以全席判决（en banc）再次探讨 CDA 第 230 条的含义。在本案中，第九巡回法院第一次将网站对用户生成信息发挥的影响纳入内容提供者认定的考量之中，从而部分地推翻了 Carafano 案判决确立的规则。法庭意见分裂为两派，多数意见代表法庭作出判决，认为被告网站因索取、鼓励非法内容提供而构成内容"发展者"，因而不享有责任豁免。

1. 案件的基本情况

被告网站是一家房屋出租中介平台，至一审时，每天有约 15 万个活跃报价和 100 万次浏览量。被告收取广告费和会员费作为收益。用户在搜索或发布信息之前，须先创建个人简介，包括两部分。

第一部分是回答问题，除基本信息如姓名、地址和电子邮箱外，还

---

① Gentry v. eBay, Inc., 99 Cal. App. 4th 816, 822, 835 (2002); also see Mazur v. eBay, No. C 07-03967 MHP, 2008 WL 618988 at *9 (N.D. Cal. Mar. 4, 2008).

② Fair Housing Council of San Fernando Valley v. Roommates.com, LLC, 521 F. 3d 1157 (9th Cir. 2008) (en banc).

要披露本人性别、性取向和是否携有子女，此外还须说明对未来室友在上述三个方面的要求。网站使用下拉式菜单（drop-down menu），要求用户在男、女之间选择性别，拟出租房间的用户需回答房子里是否住着直男、同性恋男、直女、同性恋女，求租的用户则必须在直男或同性恋男、仅直男、仅同性恋男、非男之间选择意向室友。出租方须说明房内是否住有儿童，求租方须说明是否携有儿童。网站利用这些信息来分流用户。

第二部分是以一段话的形式描述自己和意向中的室友。用户完成申请后，网站将用户答案汇成个人主页（profile page），其中列出用户的假名和偏好。被告网站提供免费和收费服务，免费服务内容包括创建个人主页，搜索他人主页及发送电子邮件，接收网站定期发送的有关合适租房信息的电子邮件。每月支付一定费用的用户还可以读到其他用户的电子邮件和一段话自我介绍。

美国圣费尔南多河谷和圣迭戈两地的公平居住委员会起诉被告网站，称其服务违反联邦《公平居住法》（FHA）和加州居住反歧视法律。原告称，被告实际上是房屋中介，其营业内容在线下会构成违法。地区法院认定被告依第 230 条免责，从而未讨论是否存在违反 FHA 的情况就驳回了原告请求。

2. 法院观点：索取、鼓励非法内容构成发展内容

法院首先表示，本判决不考查被告设计的问题是否违反 FHA 或加州法律，而是考查 CDA 第 230 条是否适用。不过，提问题当然可能违反 FHA 和物理世界的类似法律。如果此类问题在面对面或电话交谈中是违法的，它们不会因在线提出而奇迹般地变成合法。制定 CDA 并不是要在互联网上制造一块法外之地。互联网对现代生活和商业的积极性应当强调，但互联网已经不再是脆弱的新型通信手段，可以被原本调整实体世界的法律规章的过分热心的干预轻易扼杀在摇篮里，它已经成为商务经营的支配性手段。由于其广泛进入亿万人的生活，恰恰要认真防止超越国会给予的免责范围，使在线营业获得不公平的竞争优势。

判决认为，用户是内容提供者，并不排除网站通过帮助"发展"信息，至少"部分地"帮助发展信息，从而也成为内容提供者的可能性。Batzel 案判决即声明，决定将信息放到网上可能要承担责任，即便信息起源于他人。在本案中，通过将用户提供信息作为获得服务的条件，通过

预置有限的答案选项，网站大大走出了他人信息的被动传输者角色，而至少部分地成为信息的发展者。

少数法官认为，网站所做的不过就是提供了一张有标准答案选项的表格。判决否定了这种观点，认为网站的所为远远超出了提供选项。

首先，网站提出带有歧视性的问题。FHA禁止提出这样的问题，理由是"违法的问题召唤（"发展出"）违法的答案"。网站还将给出回答作为用户获得服务的条件。其次，被告的搜索服务也不享有豁免，因为它对用户报价进行过滤，其电子邮件系统也是如此，因为它依据歧视性的标准向用户配发邮件。被告的搜索程序设置使其可以依据强制用户披露的偏好和个体特征来引导用户，从而与谷歌、雅虎等一般性搜索引擎存在实质不同。换言之，被告的搜索在设置上使得带有某些受保护特征的人难以或不可能找到住房。相比之下，普通搜索引擎不使用违法标准以限制用户搜索结果，也不通过设置获取非法结果。如果被告歧视性问题的提出不享有豁免，那么利用用户的答案来限制用户接触范围当然也不享有。例如，自我标识为同性恋男者将不会收到只接纳其他性取向类型房客的房主的报价。

判决表示，第230条使用"创建""发展"两个术语，因此各有其含义。"发展"不但指一般地增加内容，而且指对内容被指称的违法性作出实质性贡献。① 举例来说，使用普通搜索引擎查找"白人室友"，搜索引擎对用户行为的违法性没有贡献，而仅提供了中性工具。一家约会网站通过下拉菜单要求用户填写性别、种族、宗教和婚姻状态，并提供搜索工具，仍享有责任豁免。房屋中介网站允许用户自行设置接收或拒绝邮件的标准，同样如此。对用户生成内容加以编辑，如改正拼写错误，去除淫秽内容或删节，只要编辑与违法性无关，亦当免责。相反，编辑的方式有助于违法性的生成，例如，将"某人没有盗窃该艺术品"改为"某人盗窃了该艺术品"，使信息具有了诽谤性，则直接参与了违法性的生成，不享受豁免。

---

① 在判决中，两派法官的争执到了咬文嚼字的地步，多数意见认为，少数意见没有完整理解《韦伯斯特大辞典》关于"发展"的解释。此外，《韦伯斯特大辞典》是网络前时代的理解，少数意见忽视了维基百科对"（网络）内容发展"的解释，即"研究、写作、收集、组织和编辑供网站发布之信息的过程"。

判决还指出，Carafano案判决错误地表示，网站永远不会负责，因为只有用户才会创建主页内容。事实上，即使数据由第三方提供，服务提供者仍可能对内容的违法性有贡献，从而作为发展者而负责。Carafano案中的被告网站对用户特征的分类完全没有提高信息的诽谤性，鼓励诽谤或令诽谤变得容易，其中性工具在设置上根据用户的自愿填写来匹配，因此可以享受免责。而本案被告则在网站设置上造成索取和强迫用户披露受保护的个人特征和歧视性偏好（原告指控此为非法），并依看来为FHA所禁止的标准去匹配。披露用户偏好的可预见后果。总之，"向网站经营者传递的信息是明确的：如果你没有鼓励违法内容，没有在网站设置上要求用户提供违法内容，你将享有豁免。"

3. 判决的逻辑缺陷

根据多数意见制作的判决存在着明显的自相矛盾。就像少数意见所指出的，判决一方面声称不对网站设计的问题是否违法加以审查，另一方面又频繁断定这些问题或指向的答案带有法律禁止的歧视性，并以此为由认定网站"强迫用户提供违法内容"，否定CDA豁免的适用。事实上，在2012年法院就网站问题设计是否违反FHA所作判决中，这些问题恰恰被认定为合法。[①] 这样一来，本案判决从整体上都站不住脚了。

判决中另一个经不起推敲的观点是，CDA并不支持线下承担责任的行为搬到线上可以免责的结论。然而，正如少数意见正确指出的那样，国会在CDA的效力问题上恰恰就是这个意思。在少数意见看来，这部在互联网刚刚兴起之际制定的法律相对于今天的技术的确不是完美搭配。

---

① 案件发回重审后，地方法院认定被告违反FHA，禁止其使用原来的问卷。被告再次上诉。第九巡回上诉法院认为，住所（dwelling）是用于家庭的居住单位，将住所解释为一个独立的居住单位，对于将FHA挡在家门口具有现实意义。国会并不打算干涉家庭内的个人关系。联邦最高法院多次申明，建立和维系亲密或私人关系是权利法案保护的一种基本自由，具有宪法权利属性。家是私人生活的中心。由于室友可以自由出入居所，选择室友就成了重大的私人和案例考虑。政府对个人选择室友的规制因而侵入了"作为私人生活中心而有权受特别保护的"家庭。例如，女性经常为礼节或安全考虑而寻找女性室友。一个犹太教徒希望找到有同样信仰和饮食戒律的室友。美国住宅与城市建设部最近驳回了针对一位女士在教堂告示栏发布寻找"女性基督徒室友"广告的投诉。由于FHA既可以解释为涵盖挑选室友，也可以作相反解释，故应作出与宪法一致的解释，即选择室友不在FHA的规制范围。于是上诉法院再次撤销了地方法院的判决。See Fair Housing Council of San Fernando Valley v. Roommate.com, LLC, 2012 WL 310849 (9th Cir. February 2, 2012).

但是，国会的基本意图并未改变。传统上应当承担责任的行为，当其由网站在网络中实施，则享受免责，这种反常情况（anomaly）恰恰是国会制定 CDA 第 230 条的目的。至于 CDA 优先于 FHA 是否合适，那是国会的政策选择问题。

其实，多数意见如果将注意力放在问题本身是否违法，其说服力会大得多，因为网站肯定是问题的"创建者"。由此可以排除 CDA 的适用而求诸传统规则：要求披露他人账户及密码，这时问题本身作为内容而违法；如果用户的回答确实披露了隐私，服务提供者也要为用户的回答负责，此时它是共同侵权人；如果问题的答案既可以是合法也可以是违法，且违法的可能性并不明显，则问题创建者一般不负责任。

不过，本案判决所确立的如下法律规则并未遭到异议：鼓励违法内容的上传，或在网站设置上追求导致用户提供违法内容的效果，则服务提供者的行为超出了出版者的范畴，而成为内容的参与创建者，即所谓"发展者"。

第三节 否定 CDA 责任豁免的司法判决

在近二十年的司法实践中，美国法院也作出了少量拒绝适用 CDA 责任豁免的判决。上文提到的 Roommates 案就是一例，不过，该判决存在着明显的推理缺陷。本节将要讨论的三个判决则在逻辑上比较能够自圆其说。

一 添加标题和编者按构成内容创建：*MCW, Inc. v. Badbusinessbureau.com*[①]

2004 年，得克萨斯北区地方法院在 CDA 第 230 条的解释上实现了一次小的突破。在 MCW 案中，网站给用户发来的信息加上标题和按语。原

---

① MCW, Inc. v. Badbusinessbureau.com（RipOff Report/Ed Magedson/XCENTRIC Ventures LLC）2004 WL 833595, No. Civ. A. 3：02 - CV - 2727 - G,（N. D. Tex. April 19, 2004）.

告吸取了 Zeran 案等先例中原告的失败教训，转而主张被告为网帖所加标题构成诽谤。法院支持了原告的主张。

（一）案件的基本情况

原告 MCW 公司从事求职中介和咨询服务。被告拥有两个网址，分别是 www.ripoffreport.com 和 www.badbusinessbureau.com，网站上辟有消费者申诉论坛。被告将消费者申诉上传到网站上，设置不同标题，在公司列表之下按申诉的地理方位来编排申诉。以支付不等的费用为条件，被告允许受到投诉的公司提出反驳意见，网站的"条款与条件"中就此有具体规定。除了接收、上传消费者申诉和公司声辩，被告网站还谋求捐赠、出售广告位，协助和鼓励发起集团诉讼，从消费者募集资金中收取推广费，宣传和出售鼓励消费者报复公司的"报复包"。

原告称，被告上传有关原告的虚假、误导、诋毁性言论，尤其是为帖子创建诋毁和诽谤性标题。被告辩称，其属于行使出版者传统编辑功能的存储服务，享受 CDA 赋予的责任豁免，上传、移除、鼓励用户发帖、未能更正等行为不构成创建或发展信息。

（二）法院观点：网站对自己添加的标题和按语负责

法院认为，根据 CDA 第 230 条规定，服务商并非只有作为中介者或单纯管道才能享受责任豁免，对网帖有编辑权和编辑行为不会将服务商排除于 CDA 保护伞之外。

但是，本案中被告显然属于信息内容提供者。理由是，被告通过自行确定标题和小标题的方式，撰写、创建了诸多诋毁、诽谤原告的信息，被告还创建和上传了其他诋毁原告的编者按（editorial messages），例如说原告"骗取了成千上万受害者数以百万计的金钱"，声言"不会停止声讨"，直到原告"改变欺诈式经营"，并会"尽力帮助受害者讨回损失"。第 230 条并不区分创建和发展报告正文与创建和发展标题、主题，而标题和主题显然也是网页内容的一部分。

此外，被告还在邮件里鼓励消费者去拍下车主、车主带有牌照的车辆、车主在原告办公地分发《宰客报告》的照片，以便被告可以将这些内容纳入网页。就其积极索取（solicit）诋毁性材料的行为，被告同样不能免于责任。被告积极鼓励和指导消费者去收集特定信息，这已经超越了传统出版者的编辑角色。被告显然不只是对消费者帖子加以小的修改，而是加入到发展信息的过程之中。

基于以上事实，被告不享有第 230 条下的免责。①

（三）对判决的点评

将本案判决与 Zeran 案、Blumenthal 案、Batzel 案判决相对照，前者与后三个判决在立场上存在着差异。为没有标题的内容加上与内容相符的标题，为内容加上带有提示性的编者按，都属于编辑常规工作的一部分，法院将这些行为排除在 CDA 之外，显然收窄了 230（c）（1）中"出版者"的范围，如果网站围绕用户生成内容有所点评，有所议论，即被逐出 CDA 保护伞之外，这与 Zeran 案等判决所持的出版职能包括"决定是否出版、推迟、撤回以及改动内容"的立场拉开了一定的距离。

二　CDA 第 230 条未排除发行者责任：Barrett v. Rosenthal

自 Zeran 案判决作出以来，一些法官表达了对该判决或 CDA 第 230 条本身的疑虑。在 Doe v. AOL 案中，佛罗里达州最高法院三位少数派法官对该判决提出了异议，② 布鲁门撒尔案的审理法院也表达了无奈。2003 年 10 月，在 Barrett 案判决中，加州上诉法院就 CDA 第 230 条径直发表了与主流观点不一致的理解。

（一）案件的基本情况③

原告是内科医生，致力于揭露和批判"替代性"和"非标准"医疗

---

① 2005 年 12 月，在被告相同的案件中，美国亚利桑那地方法院作出了与得克萨斯北区法院在 MCW 案中同样的认定，即被告为用户上传的内容添加标题和按语，自己也撰写了《宰客报告》中的内容，此外，被告还向消费者征求此类报告，并许诺消费者最终会得到赔偿。Hy Cite Corp. v. badbusinessbureau.com （Rip-Off Report/Ed Magedson/XCENTRIC Ventures LLC），418 F. Supp. 2d 1142（D. Ariz. 2005）.

② Doe v. America Online, Inc. （Fla. 2001）783 So. 2d 1010, 1018, dis. opn. of Lewis, J.

③ 出于讨论的需要，对当事人有所简化。——笔者注

方法和产品，为此，原告开设了曝光保健欺诈的网站，并为消费者提供医疗服务咨询，因此，在国内拥有广泛的知名度。被告是一家基金会组织的负责人，热衷于"替代性"和"非标准"疗法，参加了 Usenet 上两个以替代性医疗为主题的新闻组，并积极散发信息。原告称，到 2001 年 5 月 21 日为止的两年时间里，被告一共上传了 10 900 个帖子，平均每天 15 个，其中有 200 个帖子含有毁损原告名誉的内容。[①]

一审法院驳回了原告的请求，认定被告的发帖是行使请愿权或言论自由的行为，受美国联邦或加利福尼亚州宪法有关公共事项讨论的特权保护，基于 anti-SLAPP 法[②]而免责。一审法院还认定，原告没有证明胜诉的可能性，理由是：（1）被告的陈述未证明为假；（2）被告将他人的言论上传，受到 CDA 第 230 条的保护；（3）原告未证明被告有实际恶意，原告在本案中是公众人物；（4）原告未证明存在实际金钱损失。原告不服一审判决，提起了上诉。加州上诉法院推翻了一审法院判决。

（二）法院判决：CDA 第 230 条未改变传统的诽谤侵权规则

加利福尼亚上诉法院首先认为，考虑到互联网为大众言论提供了迄今为止的最大参与可能，因而构成"公共论坛或向公众开放的场所"，随之就 CDA 第 230 条与传统侵权法中出版者、发行者责任的关系展开了论述。

1. 文义与立法史考察

加州上诉法院认为，第 230 条唯一无疑义的是禁止对限制访问有害材料的服务提供者或使用者施加初始出版者责任。由于没有明确是否取消

[①] 一审法院认定，具体由被告上传的 5 个帖子分别是：（1）被告将收到的一封电子邮件上传，邮件中称，原告跟踪一位支持替代性疗法的电台明星，还通过电子邮件对她进行恐吓。该名女士报了警，警方派了两名警察保护她的安全。邮件指控原告实施了犯罪，呼吁读者促请政府展开犯罪调查。（2）被告上传以上信息后，原告要求被告撤回，并威胁说，如不撤回将诉诸法律。被告拒绝撤回，又陆续上传了 32 个帖子，将原告的要求公开，并附上了此前上传的邮件信息，还将原告称为"江湖大夫"。这些帖子的标题含有"肮脏的"、"骗局"、"防骗的人行骗"字眼。（3）被告上传的其他帖子里声称，原告谋取不当利益，是江湖骗子。Barrett v. Rosenthal, 40 Cal. 4th 33 (2006) 112 Cal. App. 4th 749.

[②] 一般译为"反策略性诉讼法"，英文为 anti-slapp（Strategic Lawsuits Against Public Participation）law. See also http://www.anti-slapp.org/。

发行者责任，需要考察立法史来发现线索。而 CDA 的文本和其单薄的立法史支持出版者不包括发行者的结论。

在美国以往的判例法中，对公开他人诽谤言论者区分三种法律处理方式，分别针对初始出版者如出版社或报社，通道提供者如电话公司，以及发行者如书店、图书馆或报刊亭。初始发行者因为积极实施出版行为，因此承担与作者一样严格的责任标准。通道提供者因没有能力过滤和控制内容，通常免责，电子邮件服务就是如此。发行者有时又称为"二级出版者"，其控制内容的能力介于初始出版者和通道提供者之间，承担中介者责任，只在知道或者应当知道内容的诽谤性时才作为出版者负责。

上诉法院认为，上述判决法原则也适用于网络空间。从权威学者的著述来看，即便谈论网络传播，出版者一般也仅仅指初始出版者。在 Stratton 案判决中，出版者同样仅指初始出版者。由于国会专门针对这一判决制定了 CDA 第 230 条，因此，没有理由认为，它不是同样在传统意义上使用出版者这一概念的。在 Cubby 案中，法院对被告适用的就是发行者责任标准，反对将编辑内容的网站视作初始出版者，第 230 条的立法者了解这一点，没有提出反对。从 CDA 的提案者的议会发言来看，他们同样以是否对内容进行编辑控制来区分出版者和发行者。Stratton 案判决没有适用传统责任标准，国会才感到有必要予以推翻。值得指出的是，CDA 之后颁布的 DMCA 第 512 条对网络中介服务商施加的正是发行者责任。

2. 立法目的论

针对第 230 条维持互联网通讯繁荣的立法目的和鼓励对有害材料自我管控的立法目的，加州上诉法院认为，Zeran 案判决将免责范围扩大到了超出实现第 1 个立法目的所必要的程度，与第 2 项立法目的则完全背道而驰。

首先，从 CDA 第 230 条的立法目的来看，正如上诉人所言，如果将第 230 条解释为保护故意散发第三方诽谤言论的网络中介商，那么，一个聪明的诽谤者就可以通过先让别人发出诽谤言论，自己再转发的方式，逃避法律制裁，这样的法律不是推动通讯的庄重，而是成了不当言论的挡箭牌。因此，不应认为该条取消了发行者责任。

在 Zeran 案中，第四巡回上诉法院不无遗憾地表示，国会选择不通过对中介者施加侵权责任来防范有害网络言论，对交互式计算机服务的提供者和使用者不但免除出版者责任，也免除发行者责任。然而，这一概括属于误导。该判决只注意到第二次侵权法重述第 577 条之下的出版者责任，没有注意 581（1）下的发行者责任。判决将导致的严重后果是，即使网络服务提供者或使用者出于明知而散发诽谤言论，甚至从中获利，也享受免责。

其次，第 230 条是 CDA 的修正案，而 CDA 的总体目标在于保护未成年人免受网上有害材料的伤害。CDA 为此提出的解决方案是，明知而向未成年人传播色情材料者构成犯罪。第 230 条的规定旨在服务于这一目标，即让努力识别和移除材料却归于失败的网络服务提供者或使用者免于责任之虞。但是，免除发行者责任会与立法目标背道而驰，因为这会保护那些不但不努力去识别和移除有害材料，而且在知道了有害材料的存在以后也不去或拒绝移除的服务提供者和使用者。

3. 法律解释规则

Zeran 案判决认为，有关发行者责任只是出版者责任的一个子类，第 230 条使用的出版者概念因此也涵盖发行者，因而制定法明确废除了判例法规则，加州上诉法院将这一观点看作是对法律解释规则的错误应用。

加州上诉法院承认，无论是初始出版者还是发行者所进行的公布都是出版，也正因为如此，发行者又被称为二级出版者，但是，判例法对二者施以不同的责任标准，由于初始出版者通常对内容施加控制，有义务管理内容，而发行者不能控制内容，也不承担相应责任。完全有理由假定，国会明了这一重大的已经确立的法律区分，如果他真的打算免去两种责任，会在法条中出版者和发言者之后加上发行者。

因此，法院认为，对第 230 条只能理解为取消了判例法中与该条文两个目的相冲突的规则。如果适用初始出版者责任，但保留发行者责任，并不会如此，至少国会没有表示出相反的意思。依照联邦最高法院的规则，除非制定法明确表示废除，否则相关的判例法规则应视为予以保留。第 230 条没有明确地免除交互式计算机服务提供者和使用者的一切责任，从 230（c）（1）来看，没有明确甚至暗示排除发行者责任。从 230（c）（1）对出版者、发言者的列举中更应该推出，国会有意不列发行者，从而不排除发行者责任。

无论如何，对出版者至少可以做两种合理解释，此时，按照解释规则，应取符合判例法原则的解释，也就是将第230条中的出版者解释为初始出版者。

4. 联邦最高法院的判例法

加州上诉法院认为，遵循Zeran案判决对CDA的理解，等于完全抛弃利益平衡这一根本原则，有违于联邦最高法院的判例精神。

联邦最高法院指出，无条件免责确实可以去除媒体对责任的担忧，但这是以完全牺牲名誉保护为代价的。由于名誉关系到每个人的基本尊严与价值，而这正是任何有秩序自由的根基所在，因此不能轻易放弃名誉保护。对个人人格（private personality）的保护虽然基于宪法第9、第10修正案主要留给了州法，但这不意味着此项权利作为宪法体系的一项基石受到法院的较少承认。① Zeran案判决忽视了联邦最高法院的这一告诫，给予网络服务提供者和使用者以绝对保护恰恰是要求完全牺牲名誉保护。

最终，在发行者责任是否会不当地妨碍在线言论这一问题上，加州上诉法院强调自己并不持有立场，其只是指出问题的存在，并没有试图解决。解决问题所需要的信息法院尚未占有，那就是服务提供者或使用者能否以相对较低的成本查明争议材料是否有诽谤性并加以移除，或者相反，知情负责是否会给服务提供者和使用者造成无法承受的负担，除非对被指控为诽谤的言论自动加以移除，从而导致一些甚至很多受宪法保护的言论也消失。对这个问题的回答依赖于互联网技术的发展状况，当事人对此未予触及。

但法院也不认为，现在可以断定，中介者责任对在线言论会产生比之其他形式言论更大的阻抑效果。在这种情况下，法院不应当创立明显偏离于既有规则的新规则。保留发行者责任并不会让第230条失去价值。基于这个原因，不应当将第230条解释为取消了判例法中的发行者责任或者说知情负责责任。②

---

① See Rosenblatt v. Baer (1966) 383 U. S. 75, 92 [15 L. Ed. 2d 597, 86 S. Ct. 669] (conc. opn.); Gertz v. Robert Welch, Inc. (1974) 418 U. S. 323, 341 [41 L. Ed. 2d 789, 94 S. Ct. 2997]。

② 然而，本案最终被加州最高法院推翻，仍以Zeran案原则为依据驳回原告（上诉人）的请求。See Barrett v. Rosenthal, 40 Cal. 4th 33 (2006)。

（三）对判决的评价

常识告诉人们，如果不去管控无须担责，那么风险的制造者和管理者是不会浪费时间和金钱去管控内容的。如果给予网络服务提供者在传播第三方诽谤言论的绝对豁免，服务提供者同样也不会费心去过滤内容。相反，如果对了解到的不当信息疏于监控或移除，将导致承担责任，服务提供者就有更大的动力去过滤内容。加州上诉法院正确地指出，Zeran 案判决起到的效果正好是让 CDA 的目的落空。

此外，从 CDA 的条文体系来看，230（a）和（b）宣示欢迎政治讨论的多样化、文化发展的机会、生机勃勃的互联网市场等，并没有任何在线言论需要（特殊）保护的表示。230（c）（2）也没有推动言论自由的表述，而是对限制访问或提供此类技术手段给予免责待遇。如果立法者适用出版者来涵盖发行者，实现绝对免责，230（c）（2）就没有必要规定了。从这一点也可以看出，加州上诉法院对 CDA 第 230 条的解释更具合理性。

三 网络服务提供者负有安全保护义务：Jane Doe No. 14 v. Internet Brands, Inc., DBA Modelmayhem.com[①]

在绝大多数司法判决中，法院都是将服务提供者当作"不承担出版者责任的出版者"或"不承担发行者责任的发行者"来看的，而在 2014 年审理的 Jane Doe No. 14 一案中，第九巡回上诉法院尝试将其视为安全义务人。

（一）案件的基本情况

被告是 modelmayhem.com 网站的所有人，该网站是一个为职业模特和希望进入这一行业的人提供自我推广机会的平台，拥有超过 60 万注册会员。原告也是其中之一。

自 2006 年起，两个男子就在该网站上物色犯罪对象，这二人并不在

---

① Jane Doe No. 14 v. Internet Brands, Inc., DBA Modelmayhem.com, No. 12 - 56638 (9th Cir. Sept. 17, 2014).

网站上创建主页，而是浏览网站上的模特个人主页，锁定目标后，使用假身份，以猎头为名，诱使受害者到南佛罗里达参加所谓模特面试。一旦受害人抵达，二人就使用药物将其麻醉，实施强奸，并录下过程，再将视频打上色情片标签出售。原告对此并不知情。2011年2月，两犯罪人假冒星探与原告联系，自称通过被告网站了解到原告的自我介绍，邀请原告"面试"。原告信以为真，赶赴佛罗里达，遭到麻醉、强奸和录像。①

网站由被告于2008年从其创立人处购得，交易完成后不久，被告即了解到两名罪犯的行径。2010年，被告起诉网站创始人，指责其未充分进行信息披露，导致被告面临潜在的民事诉讼风险。

根据加州法律，当一方与另一方存在特殊关系时，应就自己可预见的第三方加害风险向另一方做出警示。原告主张，被告在明知有人利用网站实施犯罪的情况下，未能尽到对原告的安全保护义务，在其网站上发出警告，致使其沦为强奸犯罪的受害者，应当承担责任。

（二）法院判决：主动警示义务与出版者职责无关

上诉法院指出，以往的判例没有与本案情况类似的。这里也不存在雇主—雇员关系，从而可能构成监督过失，另一方面，原告并未主张被告未能移除特定内容，或寻求将被告视作网站上他人内容的"出版者或发言者"，因此推翻了地方法院关于被告享受CDA第230条豁免的认定。

法院给出的理由是，两名罪犯并没有上传任何内容。加州法律下的警示义务也不要求被告移除用户内容或作出出版者的决定。为用户的利益，被告只需要发布一个警示，例如放在网站上，或以电子邮件形式群发给用户，通报其了解到的犯罪活动，这样的通知虽然属于出版行为，但不属于230（c）（1）调整的"他人内容"。因此，对原告的主张不适用CDA的责任排除。

---

① 2007年，两个犯罪人曾被逮捕并被指控引诱加害至少五名女性，其行为方式表现为通过包括modelmayhem.com在内的互联网模特网站联系受害人，引诱其参加假的面试。2011年12月，两名犯罪人在迈阿密被提起公诉，2012年2月，被判处12年监禁。参见加州中区地方法院2012年4月26日判决，Jane Doe No.14 v. Internet Brands, Inc., DBA Modelmayhem.com, case 2：12-cv-03626-JFW-PJW.

法院进一步指出，230（c）（1）的政策目标支持上述结论。该规定是为了鼓励服务商的"好撒玛利亚人"行为，而支持原告的主张并不会影响网站像好撒玛利亚人那样主动过滤第三方材料的意愿。第230条的另一个政策目标是防止自己不创建内容、仅充当信息中介的服务商因承担责任而引发"寒蝉效应"，法院承认，广义地说，被告是原告与罪犯之间的信息中介，但原告并未主张被告传输有害信息。从稍稍增加运营成本的角度，为网站施加任何侵权责任都可以说存在"寒蝉效应"，但是，"我们已经指出，CDA不是就有关第三方内容的全面责任豁免。"

（三）对判决的评价

犯罪分子从网站上个人自愿公开的信息中寻找合适的受害人，网站是否应当担责，值得讨论。一般来说，网站只是信息平台而非安保公司，用户在与第三人接触时，应自行甄别，自我保护。不过，倘若网站已经了解到具体的犯罪信息乃至同类事件的频繁发生，要求其以合适方式警示用户并不造成过重负担，却可能避免严重伤害的发生。本案的重要意义在于，法院肯定网站对其注册用户可能负有安全保护义务，从而跳出了将网站仅仅看作信息中介，类比于数字图书馆的窠臼。但这样一来，CDA自身的缺陷也昭然若揭：如果网站对用户的线下安全尚且负有保护义务，为何对其线上安全却可以置若罔闻？

第四节　对 CDA 第 230 条及相关司法判决的评价

纵观美国学界和司法界的争论，焦点落在对 CDA230（c）（1）的理解上，也就是，该条款是否排除了信息中介服务商的发行者责任。以 Zeran 案判决为代表的司法观点认为，230（c）（1）的本意是：即便服务商干的是出版者的事，却不承担出版者的法律责任，于此不区分服务商主动约稿、自己上传还是第三方自行上传。230（c）（1）的适用条件因而可以归纳为：（1）被告是交互式计算机服务的提供者或使用者；（2）原告寻求将被告视为出版者或发言者；（3）信息由其他内容提供者提供。此外，因提供限制访问的技术手段而有可能构成内容发展者的服务提者还可以寻求 230（c）（2）（B）的庇护。

按照 Zeran 案等判决的解释，可以排除责任避风港的情况只有服务提供者"创建"或"发展"了内容。如果服务提供者"对内容的违法性做出了实质贡献"，则作为内容提供者负责。鼓励违法内容的上传，或在网站设置上追求导致用户提供违法内容的效果，则服务提供者的行为超出了出版者的范畴，而成为内容的参与创建者，即所谓"发展者"。不过，这种情况显然少之又少。①

而加州上诉法院的 Barret 案判决和相当一部分学者则认为，CDA 第230条并没有对中介服务商排除发行者责任。② 那么，对于 CDA 第 230 条尤其是 230（c）（1）作怎样的解释更为妥适呢？

一 Zeran 案判决对 CDA 第 230 条的解释所存在的问题

沿着 Zeran 案判决的思路，CDA 允许互联网服务商编辑冒犯性或违法的用户生成内容，而不必因未移除这些内容而担责。这种判决思路存在什么问题呢？

（一）缺陷之一：对网络生活的过度简化

Zeran 案判决的一个明显特点是对信息与服务、活动的不加区分，将互联网空间内动态、多元的活动简单化为单纯的信息发布。以网络的社交功能为例，当用户在利用网络平台进行互动时，却仅仅被视为信息上传者。法院并不考虑，提供社交平台的网站完全不同于报纸、期刊、书店、图书馆和数据库。

---

① 在与 Roommates 案类似的 Craigslist 案中，第七巡回法院即认定，分类广告网站不对用户上传的歧视性广告负责，因为网站的分类不构成引诱，Chicago Lawyers' Committee For Civil Rights Under Law, Inc. v. Craigslist, Inc., 519 F. 3d 666 (7th Cir. 2008).

② See Patel, Immunizing Internet Service Providers From Third-Party Internet Defamation Claims: How Far Should Courts Go? (2002) 55 Vand. L. Rev., p. 684; Erlich, Communications Decency Act § 230 (2002) 17 Berk. Tech. L. J. 401, 411; McManus, Rethinking Defamation Liability for Internet Service Providers (2001) 35 Suffolk U. L. Rev. p. 668; Susan Friewald, Comparative Institutional Analysis in Cyberspace: The Case of Intermediary Liability for Defamation, 14 Harv. J. L. & Tech 569, 637 – 42 (2001).

以发生在聊天室互动过程中的侵权为例,在 John Green v. America Online① 一案中,原告是美国在线的注册用户,使用网名 Lawyerkill。原告称,在一次访问"新泽西罗曼司"聊天室时,网名为 LegendaryPOLCIA 的用户向原告发送了一条计算机病毒(称为 punter),导致原告电脑死机达 5 个小时。这之后,该用户又向原告 5 次发送病毒。当天晚上,另一个网名为 Lawyerkiii 的用户进入聊天室。当 i 大写时,和小写的 l 非常像,Lawyerkiii 亦假扮成原告,向聊天室内其他男性发信息,寻求发生同性关系,随后又向聊天室内的女性发信息,自称双性恋。这些举动毁掉了原告与聊天室内女士约会的机会。原告相信,两个网名背后是同一个人,并通知美国在线上述情况,但美国在线未采取措施制止。美国新泽西地方法院于 2000 年 12 月作出一审判决,依据 CDA 驳回了原告的请求。法院援引了 Zeran 案和 Weinstein 案②判决,认为本案情况与 Weinstein 案类似,美国在线同样享受 230(c)(1)下的责任豁免。2003 年,第三巡回上诉法院维持一审判决。

本案中,网络聊天室并非报刊的版面,而是虚拟世界中的生活社区,甚至美国在线也将其发布的行为准则称作"社区指南"而非"投稿指南",然而法院仍然将网站视作单纯的信息发布平台。

再以社交主页及聊天室中的侵权为例,在 Barnes v. Yahoo!, Inc.③ 一案中,原告 Cecilia Barnes 与其男友分手后,前男友私自制作了原告的雅虎个人主页。以原告之名创建并向全世界公开的个人主页上有原告及前男友的裸照,这些裸照是在原告不知情的情况下拍摄的,还有或直白或含蓄的性交邀请,以及原告的工作地址、电子邮箱、办公电话。接着,前男友在雅虎的多个聊天室以原告名义出现,引导男性用户访问其假冒原告创建的个人主页。不久,原告就收到来自陌生男性的电子邮件、电话和登门拜访,目的都是希望与原告发生性关系。原告根据雅虎网站的

---

① John Green v. America Online 318 F.3d 465 (3rd Cir. 2003).

② 该案中,美国在线上传了原告股票的错误信息,但信息是由第三方提供的,第十巡回上诉法院适用了第 230 条,给予美国在线豁免。Ben Ezra, Weinstein & Co. v. America Online, Inc., 206 F.3d 980 (10th Cir. 2000), cert. denied, 531 U.S. 824 (2000).

③ Barnes v. Yahoo!, Inc. No. 05-36189 D.C. No. CV-05-00926-AA (9th Cir. Jun. 22, 2009).

规定邮寄了有照片的身份证复印件和签字的声明，表示个人主页非其创建，要求予以删除。雅虎迟迟没有行动。

　　第九巡回上诉法院表示，一方面，针对原告的行为显然是出于报复、危险、残忍和极为不道德的，另一方面，就 CDA 的目的而言，重要的不是诉由的名目，而是原告的主张是否属于将被告视为第三方内容的出版者或发言者。具体来说，法院要考察，原告声称被告所违反的义务是否属于一个"出版者或发言者"应负的义务，如果是，那么 230（c）（1）的责任豁免就适用。本法院此前在 Roomates 案中申明，出版包括审核、编辑、决定是否出版或撤回。从韦伯斯特大辞典的解释来看，出版者的工作包括审核提交给它的材料，或许为风格或技术流畅起见而加以编辑，然后决定是否出版。本案中，原告主张雅虎未能善尽的义务就是移除前男友创建的主页，然而对内容加以移除正是出版者的行为，也就是说，原告要求将被告作为出版者对待，因此不能得到法院的支持。

　　这样，法院再次忽略了社交主页和聊天室等网络社区所具有的即时互动、社交和社区属性。

　　再以对未成年人的安全威胁为例，在 *Jane Doe v. MySpace*[①] 一案中，原告13岁的女儿谎称自己18岁，在 myspace.com 上创建了个人主页。这样，小姑娘就绕开了网站的安全措施，公开了主页上的个人信息。一个19岁的注册用户 Pete Solis 借此与女孩建立了联系。在女孩提供电话号码后，二人进行了线下交流。之后，在线下的见面中 Solis 性侵了女孩。原告向警方报案，Solis 随后遭到逮捕，并被指控犯有二级重罪。原告主张，Myspace 网站未能采取基本的安全措施，以防止性侵者与网站上的未成年用户建立联络。

　　地方法院认为，原告所谓网站如果采取合理措施，就不会有性侵害的发生，涉及的正是网站的出版、编辑和/或过滤能力，是在将网站视作出版者，从而落入 CDA 第 230 条责任排除范围。[②] 联邦第五巡回上诉法院同意地方法院的意见，于 2008 年 5 月维持原判。

[①] Jane Doe v. MySpace, 528 F.3d 413 (5th Cir. 2008).
[②] 法官在庭审时指出，更为重要的是，父母没有对孩子的上网等行为加以监督。换言之，问题出在原告身上。

换言之，法院根本不认为网站有义务采取任何安全保护措施，哪怕网站明知乃至积极招揽未成年用户的加入。如果网站自愿采取某些措施，则属于好撒玛利亚人行为。然而，甚至 MySpace 网站也认识到自身的社区管理人属性，为此采取了多项措施。① 基于 CDA 第 230 条，传统侵权法上受害人的合理安全期待理论完全被法院抛在一边。

（二）缺陷之二：无视网站提供商业服务的本质

美国法院适用 CDA 第 230 条的案件不仅涉及 Zeran 案和 Blumenthal 案这样的名誉侵权类型，Green 案的社交聊天室侵权类型，还包括网站提供商业服务过程中发生侵权的情况。而在判决时，法院并不区分网络服务的性质，无论是推动政治讨论和社会批评，还是谋求纯粹的商业利益，一律给予 CDA 之下的责任豁免。Jenna Goddard v. Google, Inc. 案②是这方面的一个典型案例。

该案涉及谷歌网站的 AdWords 服务，其在功能上与中国的百度推广类似。AdWords 项目允许广告主制作简短的广告，并挑选与广告内容有关的关键词，用户搜索相应关键词时，这些广告就会显示。参与 AdWords 项目的第三方服务商中，有些在网上提供诸如手机铃声、赛事消息、天气预报、股票贴士、支付服务、互动广播等可以在移动设备上消费的服务。消费者点击订阅后，服务商将其产品传输至消费者的移动设备，并向一家计费集成商提供消费者的手机号，集成商再指示移动运营商将费用计入消费者的手机话费。

案件的原告诉称，其因点击谷歌搜索页面上的移动订阅服务广告而遭到服务提供者的欺诈，欺诈者使用了谷歌 AdWords 功能，虽然谷歌的内容政策含有排除欺诈性移动内容订阅商广告的规定，但谷歌故意不执

---

① 其中包括：（1）网站提醒所有用户谨慎公开信息，并特别禁止公司电话号码、街道地址、姓氏或电子邮箱地址等个人信息公开；（2）不满 14 周岁的儿童不得创建个人主页，创建个人主页时，用户必须保证已满 14 周岁；（3）网站鼓励用户举报错误的、不良的及淫秽信息；（4）特别地，14 周岁和 15 周岁的用户的个人信息默认状态下自动列为"隐私事项"，以限制其信息被朋友列表之外的人获取，防止陌生人与之接触；（5）网站使用一种电脑程序查找隐瞒真实年龄创建个人主页的用户，但是目前的科技水平还无法做到万无一失。

② Jenna Goddard v. Google, Inc., C 08 - 2738 JF (PVT), 2008 WL 5245490, 2008 U. S. Dist. LEXIS 101890 (N. D. Cal. Dec. 17, 2008).

行这一规定。

加州北区地方法院先后于 2008 年 12 月 17 日和 2009 年 7 月 30 日作出两个判决。2008 年 12 月 17 日的判决中，法院在回顾了以往的判例后指出，为第三方提供创建内容的中立工具属于免责范围，即使服务商知道第三方正在使用此类工具创建违法内容而不加以干预，亦得享受免责。按照 Roommates 案全席判决阐述的原则，不适用 230 条责任豁免的条件是，案件事实必须十分清楚地显示，网站直接参与发展了内容的违法性。如果没有出现网站鼓励违法内容，或者网站的设置导致要求用户上传违法内容的情况，即适用 230（c）（1）下的免责。因此，除非原告能够证明，谷歌全部或部分地参与了 AdWords 检索关键词的创建或发展，否则适用第 230（c）（1）的责任排除。

2009 年 7 月 30 日的判决中，法院考察了 AdWords 检索关键词的创建是否有谷歌的协作、控制或强制，最终认定不存在此类情况。即使谷歌知道移动订阅中的欺诈，仍然向广告主推荐"免费铃声"关键词，也不构成"发展"。法院援引 Carafano 案判决，当选择权完全在于用户时，事先备好选项的菜单，哪怕可能被用来建立诽谤性简历，亦属于中性工具（neutral tools）。和 Carafano 案的菜单一样，谷歌的关键词工具也是中立工具，仅仅为广告主提供其自行决定的选项，选择与否完全在用户，因此享有责任豁免。

谷歌的 AdWords 服务完全是一种面向第三方的商业服务，这一服务的结果是第三方广告出现在网络用户搜索页面的靠前位置。法院对谷歌适用 CDA 豁免，意味着谷歌的本项商业服务只有利益而无风险，造成网络用户与商业网站之间的利益的完全失衡。不但如此，它还在线下广告平台商与在线平台商之间造成了不平等的竞争地位。[①]

（三）缺陷之三：激励网络服务提供者自查自纠的目的落空

Zeran 案判决认为，完全免除网络服务提供者的出版者及发行者责任，合乎 CDA 第 230 条的立法目的，即鼓励服务提供者主动进行内容审查，同时又不会因为侵权通知而自动删帖。然而耐人寻味的是，针对

[①] 在其他案件中，法院判决门票转售平台网站对第三方的欺诈完全不负责任，Milgram v. Orbitz Worldwide, LLC, ESX – C – 142 – 09（N. J. Super. Ct. Aug. 26, 2010）。

Stratton 案主动审核模式的 CDA 出台后，网站的主动审核却消失了。在 CDA 出台后法院审理的案件中，极少有服务提供者主动审核第三方内容的情况，基本上都是相反，即服务提供者根本不审核。这验证了加州上诉法院在 Barret 案判决中的看法，如果不去管控而无须担责，那么服务提供者不会浪费时间和金钱去管控内容。

不但如此，虽然 CDA 因违反媒介中立原则和调整过泛而被宣布违宪，但联邦最高法院对其防止未成年人接触网络不良材料的初衷却是认可的，未被宣布违宪的第 230 条承载着这一重任，有讽刺意味的是，这一任务完成得恰恰不尽如人意。

例如，在 *Jane Doe v. America Online* 案[①]中，一个名叫 Russel 的人引诱原告 11 岁的儿子和另外两个男孩相互发生性行为，和 Russel 发生性行为。Russel 对过程进行了拍照和录像，并在美国在线的聊天室兜售这些照片和录像。原告主张，美国在线知道或应当知道 Russel 及类似的家伙使用其服务兜售儿童色情制品，本应当运用合理注意，以防止对原告儿子的可合理预见的伤害。原告向美国在线发送了投诉，尽管美国在线在其规定中保留了不经通知而终止对违反规定者的服务的权利，却没有警告，也没有停止服务。即便如此，2001 年 3 月，佛罗里达最高法院照样维持了下级法院关于美国在线享有第 230 条责任豁免的判决。

CDA 本来是为了打击儿童色情而制定的，经由法院的解释，却走到了自己的反面。

另一个代表性案件是 *Kathleen R. v. City of Livermore* 案[②]，被告是利物莫尔城公立图书馆，馆内有向所有人开放的可上网电脑。图书馆规定，为公众提供免费和平等的使用机会，互联网可能含有有争议内容，图书馆不对网上信息加以监控也没有控制。父母和监护人应监督好自己孩子的上网行为，图书馆不提供监督或看护。原告 12 岁的儿子在原告不知道的情况下，使用馆内电脑上网，将色情照片下载到携带的软盘上，并打印出来，这样的情形发生了约 10 次。孩子还向其他未成年人展示这些照

---

① Jane Doe v. America Online, 783 So. 2d 1010, 1013 – 1017（Fl. 2001），cert. denied, 122 S. Ct. 208（2000）.

② Kathleen R. v. City of Livermore, 87 Cal. App. 4th 684, 692（2001）.

片。原告认为，未成年人需要在图书馆上网完成学校作业，图书馆也允许未成年人上网，因此图书馆有义务不让未成年人暴露在下流色情内容之下。

法院认为，公立图书馆处在两难之中，如果安装过滤软件，会被指责违反宪法第一修正案；不进行过滤，又被指责疏于保护未成年人。230 (c) (1) 的责任豁免涵盖公立机构，免除一切无论基于联邦法还是州法而生的责任，本案中，图书馆满足本条要求。

显然，Zeran 案等主流判决所期待的通过豁免网络服务提供者审查责任而鼓励其主动审查的效果并没有发生。在其他案件中，虽然警方称网站的"色情服务"专区（"erotic services" section）引发或诱使卖淫，从而构成公共滋扰，法院亦认定其享受 CDA 第 230 条的保护。①

二　重新定位网络服务提供者：网络空间和活动管理人

如何为网络空间的人格权侵权确立责任避风港，或者说如何认定网络服务提供者在第三人侵权中的过错，需要以其在网络空间中扮演的角色为出发点，吸收传统规则中的合理成分。

（一）发行者责任是否网络言论自由的极大障碍

以 Zeran 案判决为代表的主流观点认为，第 230 条旨在推动互联网上不受束缚的言论，而发行者责任会抵消这一宗旨，因为知情负责（liability upon notice）会对言论产生噤声效果（chilling effect）。

Zeran 案判决称，首先，发行者责任会让服务提供者去过滤百万数量级的每个帖子。Carafano 法院表示，通过交互式计算机服务传输的信息数量是惊人的，如果就转载信息存在着潜在的责任，服务提供者会选择严格限制信息的数量和类型。这些判断并不合乎事实。Barret 案二审判决就此质疑道，没有证据证明，知情负责真的会对网络言论产生不当的阻抑效果。发行者责任并不要求服务提供者在信息上传之前加以审查，而只是要求，在材料上传之后了解到材料的诽谤性时采取合理行动。一般来

---

① Dart v. Craigslist, Inc., 665 F. Supp. 2d 961 (N. D. Ill. Oct. 20, 2009).

说，互联网中介者不大会了解到信息的诽谤性，要等到上传一段时间之后才可能获知。以往的判例仅仅要求，发行者只在了解到特定来源可能传播不当材料时才有义务对来自该信息源的信息加以事前审查。① 这对服务提供者而言难说是什么不可承受的负担。

其次，原告在诽谤案件中胜诉并获得实质赔偿，其实存在着极大的难度，Zeran 案判决高估了此类诉讼给网络中介者造成的风险，从而夸大了过度自我审查的风险。在美国，名誉侵权诉讼中的原告不但要证明陈述不是意见、讽刺或仅仅夸张，而是关于事实的断言，还要证明被告对陈述的知晓和相应等级的过错。经常出现的情况是，被告是公众人物或言论涉及公众关注事项，原告就要证明中介者有实际恶意，这一证明责任非常之重。基于此类原因，正如实证研究所证实的那样，在诽谤诉讼中，原告极难甚至不可能胜诉。②

再次，Zeran 案判决疏于对互联网诽谤信息传播的不同方式和中介者控制传播的不同水平进行区分。有些场合，服务提供者不了解所传播信息的性质，实际上也无法控制传播，例如电子邮件服务。但在其他场合，服务提供者能够而且事实上实施着对信息的控制。根据中介者对内容施加的控制水平给予责任豁免有其合理性，对控制水平这一关键事实不加考虑而给予免责则失之武断。对于电子公告栏的管理者而言，问题在于管理者在多大程度上介入了信息的编辑处理，网站和网络管理员实施多少编辑控制，与其是否承担责任应当直接相关。

最后，绝对免责不但忽视了互联网给予不负责任的发言者以伤害他人名誉的力量，而且低估了诽谤法可以给互联网讨论带来的好处。③ 有学者强调诽谤法的"教化力量"，它使得有意义的公共讨论成为可能，中介者完全免责会让公民因惧怕受伤害而远离互联网讨论，会加剧"相对于

---

① See Sheridan, Zeran v. AOL and the Effect of Section 230 of the Communications Decency Act Upon Liability for Defamation on the Internet (1997) 61 Alb. L. Rev. 147, p. 173; Auvil v. CBS "60 Minutes" (E. D. Wash. 1992) 800 F. Supp. 928, 931–932.

② Lidsky, Silencing John Doe: Defamation & Discourse in Cyberspace, (2000) 49 Duke L. J. 855, 875, citing Bezanson et al, Libel Law and the Press (1987).

③ Lidsky, ibid, 855, 865.

网络有意义讨论的最大单一威胁：无条理。"①

Zeran案判决最大的硬伤是缺乏利益平衡。在解释CDA第230条时，判决极少或根本不考虑诽谤受害者的利益。主张互联网技术为自由社会讨论创造了独一无二的机会，必须同时考虑到这些技术也会推动诽谤，加剧其伤害。简言之，鼓励网络中介者承担某种责任的发行者责任在社会意义上是有效的，因为诽谤减少而得到的好处会在很大程度上超过中介者因此承担的成本。

（二）网络服务提供者并非好撒玛利亚人，而是信息和交往平台的终极控制人

按照Zeran案判决的立场，服务提供者明知一项内容应该移除，却可以放任不管。这已经有悖于一般人起码的法律意识。问题还在于，如服务提供者拒绝移除，在侵权人为匿名的情况下，考虑到诉讼的困难和拖延，受害人几无救济之途。另一方面，服务提供者却可以任意移除其明知不该删除的内容，这种恶意删帖行为直接戕害网络言论自由，却为标榜推动言论自由的CDA所允许。一条法律如此表现，的确令人瞠目结舌。出现这种局面，原因在于法院受到230（c）"好撒玛利亚人"标题的误导。

CDA230（c）名为保护"好撒玛利亚人"，② 在立法者的眼里，服务提供者与网络用户本无关系，其主动移除不良内容属于助人为乐的善举，然而，好撒玛利亚人对于被救助者本无义务可言，而服务提供者与受害人的关系却不是如此。信息是通过服务提供者管理下的媒介传播的，在线互动发生在服务提供者开设并保持最终控制的平台上，虽然不能一概将服务提供者断定为网络空间的管理义务人（landlord），但它们也绝对不

---

① id. at p. 886, citing Post, The Social Foundations of Defamation Law: Reputation and the Constitution (1986) 74 Cal. L. Rev. 691, 713 and Post, Constitutional Domains (1995).

② "好撒玛利亚人"语出《圣经·路加福音》中耶稣所讲的故事：一犹太人遭到打劫，身受重伤，有犹太人祭司和利未人路过却不闻不问，只有一个撒玛利亚人不顾隔阂，好心相助，后遂以"好撒玛利亚人"指代"积德行善之人"。美国大多数州制定有"好撒玛利亚人保护法"（good-Samaritan law），旨在使那些对处于紧急危险中的他人施予援手，但又在救助中误致他人伤害者得以免责。CDA使用"好撒玛利亚人"概念，意在说明网络服务提供者对不当内容的筛选、限制属于志愿行善，亦应给予免责保护。

是好撒玛利亚人，后者所以在法律上无救助义务，在于危险的发生与之无任何关联，而服务提供者却是网络平台的开设者和终极控制人。[①] 因此，CDA 的天生缺陷在于，其对网络服务提供者的定位从一开始就存在误导性，"好撒玛利亚人"最多只能做 230（c）（2）的标题，却不恰当地成为 230（c）的总标题。

（三）对 CDA 第 230 条的合理解释：回归"出版者/发行者"二分法

Zeran 案判决的思路是，从立法史来看，国会的立法目的在于推翻 Stratton 案判决，就网络服务提供者的内容编辑行为给予责任豁免。出版者的知情通常多于发行者，在实施编辑控制时更有机会发现材料的诽谤性，如果此种行为能够享受免责，那么原本不了解材料内容的发行者更应享受免责，简言之，编辑行为享受免责，则散发行为享受免责为题中应有之义，将第 230 条解释为排除发行者责任显然更符合逻辑。

不过，这一解释可能是对 Stratton 案判决的矫枉过正，因为国会的意图完全可以是"像 Prodigy 那样管理内容的方式不得视为出版者行为"。Stratton 案判决也强调，它完全同意 Cubby 案判决有关服务提供者责任适用"出版者/发行者"二分法的观点，而 Zeran 案判决等于把 Cubby 案判决一起否定了。

Stratton 案判决认定被告为出版者的根据有二，一是被告对外声称其对 BBS 实施严格的内容管理，二是动用自动过滤软件和论坛管理员实际进行内容过滤。然而，这两个事实均不足以支持法院的认定。首先，被告是否为出版者要看其是否实施编辑控制，如果不存在，而只是口头宣称，可能构成虚假宣传，却不能使被告成为出版者。其次，自动过滤软件的工作除非与人工再筛选结合，否则不导致对侵权的知情，也不能认定为编辑控制，至于论坛管理员，除非其与被告存在雇佣关系或代理关系，或被告积极干预管理员的具体工作，否则管理员

[①] Delfino v. Agilent Technologies, 145 Cal. App. 4th 790（2006），cert denied, 128 S. Ct. 98（2007）（雇员使用雇主的电子邮件系统发送威吓邮件，雇主构成交互式计算机服务提供者，依 CDA230 而免责）。

的行为也不能归责于网站。换言之，Stratton 案判决的问题在于对"出版者/发行者"二分法的错误适用，而不在于揭示了二分法本身的不当。

因此，将 CDA 第 230 条解释为保留"出版者/发行者"二分法及相关的传统规则，在利益平衡上更为合理，亦不违背立法者的可推知意思。对所谓内容提供者也可以这样解释，创建是指初始制作，而发展则指续造，包括实质性地添加、更改、删节、编排。其实，从 CDA 的总体目的出发，第 230 条本来只应限于调整如下情况，即服务商使用中性（不针对特定主体、媒介）的色情内容过滤软件或向家长提供此类软件时应当享有免责，却不恰当地充当了超出其能力的角色。

（四）结合网络服务的特点鉴别其法律身份

即便在网络服务提供者提供平台服务的场合，其服务往往与传统媒体如报刊或传统信息分销商如报刊亭有很大区别。网站上的信息处在不断更新、变化之中，用户与网站、用户与用户处在互动之中，网站是新型的信息和活动管理者。

CDA 第 230 条的发展历程给予人们的最大启示是，在网络空间至少应当坚持"出版者/发行者"二分法。不但如此，网络服务提供者要对他人权利和安全承担合理的保护职责，这尤其是指设置类似"通知—取下"程序的救济机制。由于诽谤侵权的判断不是在所有场合都容易判断，因此借助"通知—反通知"程序来平衡各方利益有其合理性。

当然，在救济机制的设计上可以采取开放原则，既顾及被侵权人及时获得救济的诉求，也结合网络技术和经营的实际。"通知—取下"程序不仅意味着任命一个通知受领人或开通受理通知平台，而且意味着一个可能是非常庞大的反侵权部门的建立，因为法律要求对侵权通知予以处理，如果侵权通知数量很大，相应地需要多雇人手。规定"通知—取下"程序本身就等于承认，网络服务提供者不是传统的电话公司（common-carrier），而是相当于发行者（distributor）甚至更为积极意义上的安全保障义务人。

在 CDA 之后颁布的 DMCA 在立法科学性上得到大幅提高，它坚持了

"出版者/发行者"二分法，按照服务提供者对信息的不同控制水平分别规定免责条款，取消了所谓交互式计算机服务的"使用者"概念，并为权利救济规定了"通知—取下"程序和放回程序，较好地实现了权利人、服务提供者和网络用户之间的利益平衡。

同时，DMCA的出台也加剧了CDA的尴尬处境。同一网站提供商业服务，当服务涉及第三人版权侵权时，适用DMCA的过错标准，而当服务涉及其他类型第三人侵权，则适用CDA而免责。以谷歌搜索服务为例，当搜索结果涉及版权侵权，须依权利人通知而移除或断开链接，如果涉及其他侵权，却可以对受害人的通知不必理会。这种发生在同一主体身上的注意标准分裂再好不过地证明，Zeran案判决对CDA第230条的解读殊非允当。

第 二 章

美国法上网络版权侵权的责任避风港

——以《千禧年数字版权法》第512节及其司法适用为中心

美国版权法只有直接侵权的规定，但是法院长期以来确认，在某些情况下可以适用替代责任（vicarious liability）或帮助责任（contributory liability）。规定于《千禧年数字版权法》（DMCA）的责任避风港正是基于司法实践所发展出的间接侵权理论而制定。为准确理解避风港规则，有必要梳理 DMCA 出台之前判例法中与间接侵权有关的规则。

第一节 《千禧年数字版权法》颁布之前的帮助侵权与替代侵权责任

一 美国版权法上帮助侵权责任的一般理论

美国版权法上的帮助侵权起源于侵权法，其理念是直接助成他人侵权者也应当负侵权责任。[1] 在法院的判决里，帮助侵权是企业责任（en-

---

[1] 在索尼案里，美国联邦最高法院指出，替代责任实际上适用于所有法律领域，帮助侵权则属于让一个人为另外一个人的行为负责这一更为广泛的问题的一个分支而已。Sony Corp. of America v. Universal City Studios, Inc., 464 U.S. 417 (1984).

terprise liability)的一个发展,要求知情而助成他人侵权者负责。这方面的经典表述是 Gershwin 案判决:"知道侵权活动而对其加以诱导、促成或实质上提供帮助者,得作为帮助侵权人负其责任。"

(一)责任构成要件:明知/应知+实质性帮助

Gershwin 案是帮助侵权责任的经典判例。[①] 原告称,被告应该为由它支持的社区音乐会上发生的版权侵权行为负责。被告承认,由它管理的艺人在华盛顿港湾社区音乐协会举办的音乐会上营利性地演出了原告拥有版权的音乐作品,且未经任何许可。但被告认为,侵权责任应由演出的艺人们和当地音乐会协会承担,而不是被告。

联邦第二巡回上诉法院认为,虽然法律没有专门规定什么方式或程度的参与是可诉的,但判例早已确立,即使一个人自己没有表演音乐作品,也可能构成侵权。知道行为的侵权性、引诱、引起他人侵权行为或为之作出实质性的贡献,则作为帮助侵权人而负责。例如,为侵权唱片做广告的广告公司、播放广告的电台和运送唱片的企业如果知道或有理由知道唱片的侵权性,均作为帮助侵权人负责(contributory infringer)。这一责任是基于"知情地参与或推动一个侵权行为者与第一侵权人负连带责任"的普通法原则。[②]

在本案中,被告明知旗下的艺人在音乐会上演奏有版权作品,仍为其招揽华盛顿港湾社区的观众,为其创造了市场。被告对社区演出协会的创建及运营上的广泛参与足以让法院认定,是他引起了涉案的版权侵权。被告知道,在涉案音乐会上演奏了有版权作品,且地方协会和演出者都不会去申请许可。因此,被告作为帮助侵权人承担连带责任。

[①] Gershwin Publishing Corporation v. Columbia Artists Management, Inc., 443 F. 2d 1159.

[②] Screen Gems-Columbia Music, Inc. v. Mark Fi Records, Inc., 256 F. Supp. 403 (S. D. N. Y. 1966); also see Gross v. Van Dyk Gravure Co., 230 F. 412 (2 Cir. 1916),该案中,侵权照片的制作者、印刷者和销售者被判令承担连带责任。法院表示,"由于各方联合侵权,均对侵权所致损害负责。" See also Universal Pictures Co. v. Harold Lloyd Corp., 162 F. 2d 354, 365-366 (9 Cir. 1947); Select Theatres Corp. v. Ronzoni Macaroni Co., 59 U. S. P. Q. 288, 291 (S. D. N. Y. 1943).

在另一个经典判例 Fonovisa 案中，① 被告经营一个跳蚤市场，市场上的卖家不断出售侵犯原告版权和商标权的录音制品。卖家付给被告租金，以租得一块场地，被告则提供停车位，发布广告，并保留在任何时间出于任何原因驱逐卖家的权利，如果卖家有侵犯知识产权的行为，被告可以将其清退。此外，被告还从每个光顾跳蚤市场的买家那里获得门票收入。被告知道跳蚤市场里存在着出售侵权录音制品的行为。1991 年，警方突击搜查市场，缴获了 3.8 万件盗版录音制品。1992 年，警方发现侵权行为仍在继续，便发函给被告，提醒被告曾经同意将每个买家的信息提供给警方。1993 年，原告自己派出了调查员，在市场内查找到盗版录音制品。

地区法院认为，实质性帮助必须是被告明确宣传或鼓励侵权品的销售，或是掩盖侵权人的身份，被告没有实施这些行为，因此，其身份仅仅是土地出租人，不对土地承租人的行为负责，故驳回原告主张。第九巡回上诉法院推翻了初审判决，认为，在本案中，被告无疑知道侵权活动的存在，被告的实质性帮助也同样存在，如果没有被告的支持包括提供场地、设施、停车场、广告、管道（plumbing）和顾客，侵权活动就难以发生。被告没有向警方提供卖家的身份，可以认为是掩盖侵权人的身份。考察相关判例，第三巡回上诉法院在 Columbia Pictures Industries, Inc. v. Aveco, Inc.② 案中的观点更值得赞同，即知道侵权活动存在而为之提供场地和便利足以认定帮助侵权的存在。本案中被告的行为满足这些条件，因此构成帮助侵权。

从判例来看，在早期涉及帮助侵权的案件中，提供侵权工具者对工具被用于侵权用途的明知较容易认定。例如，在 Elektra 案中，③ 被告是一家唱片店，出租音乐制品给顾客，顾客会购买空白录音带，使用唱片店的复制设备将租来的音乐转录在空白带上。被告显然知道顾客同时租用和购买的意图，也能控制顾客使用复制设备。在 RCA 案中，④ 被告的

---

① Fonovisa Inc. v. Cherry Auction, Inc., 76 F. 3d 259 (9th Cir. 1996).
② Columbia Pictures Industries, Inc. v. Aveco, Inc., 800 F. 2d 59 (3rd Cir. 1986).
③ Elektra Records Co. v Gern Electronic Distributions, Inc., 360 F. Supp. 821 (E. D. N. Y. 1973).
④ RCA Records v All-Fast Systems, Inc., 594 F. Supp. 335 (S. D. N. Y. 1984).

雇员干脆使用翻录设备按照顾客的请求为其转录，这样帮助侵权就更容易认定。

（二）工具、手段提供者的抗辩事由：实质性非侵权用途

然而，Fonovisa案留下了一个疑点，即帮助侵权者明知或应知的对象是什么。泛泛地知道有人在利用他提供的工具、场所实施侵权，但并不具体知道特定侵权行为，是否构成明知或应知。当便利侵权的工具离开了提供者的直接控制，从而提供者难以知道该工具被用来做什么，该问题就凸显出来了。

索尼案是此类问题的代表性案件。[①] 20世纪70年代，日本索尼公司开始在美国销售名为Betamax的录像机。该录像机既可以录下正被观看的电视节目，也可以通过自带的接收器在用户观看一个频道时录下另一个频道的节目，还可以通过定时器在观众不在家时按照自动预先设定的时间对某一特定的频道节目进行录像。此外，Betamax录像机还有"暂停"和"快进"的功能，观众在一边观看一边录制节目时，可以通过按下暂停键避免将广告录进去，而在播放录像带时，则可以通过按下快进键跳过广告。美国环球电影制片公司和迪士尼制片公司于1976年向加利福尼亚州中区地区法院起诉索尼公司，认为消费者未经许可使用Betamax录像机录制其享有版权的电影构成版权侵权，而索尼公司制造和销售这种录像机的唯一目的就是引诱未经许可地购买者翻录电视节目，包括其享有版权的电影，因此应该作为帮助侵权人为消费者的版权侵权行为承担责任。

美国联邦最高法院经审理认为，用户使用索尼录像机录制电视节目以便择时观看的行为属于合理使用，这样一来，录像机就有了重要的合法用途。在此基础上，[②] 法院确立了如下标准：如果被告仅仅提供了可用于实施侵权活动的产品，但这一产品可被广泛地用于合法用途，也就是

[①] Sony Corp. of America v. Universal City Studios, Inc., 464 U.S. 417 (1984).

[②] 由于索尼公司只是出售录像机，对于用户如何使用录像机无法控制，故不具有监督他人侵权行为的权利和能力，因此，大法官们一致认定索尼公司不承担替代责任。Sony Corp. of America v. Universal City Studios, Inc., 464 U.S. 417 (1984).

具有"实质性非侵权用途",那么提供行为就不构成帮助侵权。据此,多数法官认定索尼公司不承担帮助侵权责任。

索尼规则提出以后,在下级法院得到了适用。

在 Vault 案中,① 原告出售保护软件 Prolok 给客户,客户将其用在向公众出售的软盘上,以防止公众复制软盘上的内容。被告制造一种叫 CopyWrite 的软件,该软件的设计用途是使防复制保护措施 Prolok 失效。原告声称,购买软盘的用户会使用被告的 CopyWrite 软件,解除软盘的复制保护,从而未经许可地拷贝软盘内容,被告对其软件的宣传和销售构成了帮助侵权。原告还称,由于被告的产品可以使原告的产品失效,原告的客户遂放弃了使用原告产品保护其软盘。

被告称,虽然其知道其产品被用来实现未经许可的复制,但是产品具有实质性非侵权用途,这就是让用户制作备份(archival copies)。版权法 117(2)允许这一复制。地区法院认可这一主张,否定了帮助侵权的存在。

原告称备份许可应限于防范机械或电力故障,然而,第五巡回上诉法院认为,国会的立法报告中没有这样的表述,而是只是禁止用户在复制后又将复制件出售给他人。因此,软件的购买人依法有权为任何风险制作备份。对有原告软件复制保护的内容,通过被告的软件加以复制可以使买主防范各种损坏风险,而不使用被告软件进行复制,则只能防范机械和电力故障损害,故被告的软件有实质性非侵权用途,不构成帮助侵权。

(三) 如何看待索尼规则

本书的看法是,实质性非侵权用途原则其实是一项排除"知道"(knowledge)要件的抗辩事由。应该这样理解该原则:当一个技术、设备具有重要的非侵权用途,且用户的使用脱离了提供者的控制,一般来说,提供者就无从确定使用者到底用来做什么,从而也就不构成应知。本案中,索尼公司仅仅出售可用于侵权的录像机,产品出售以后就与其无关了,索尼公司的"知道"仅限于购买者可能会将产品用于合法用途,但

---

① Vault Corp. v Quaid Software Ltd., 847 F. 2d 255 (5th Cir. 1988).

可能也有购买者将产品用于制造盗版，具体谁会以及在什么时间什么场合实施侵权，索尼公司无从得知。换言之，实质性非侵权用途规则最适合的对象是如本案中索尼公司这样的纯粹技术提供者。而当工具提供者知道使用者就是利用工具侵权时，实质性非侵权用途标准就不应再予适用。

这方面的一个例子是 A & M 案，① 在该案中，被告出售了数十万盒"量时定做"录音带给顾客，后者用这些空白录音带制作和出售盗版音乐。这种录音带的特点是，磁条的长度和顾客的要求恰好吻合，不会像使用标准的空白录音带那样出现过长或过短的问题。除了顾客会向被告提出时长的要求，应一些顾客的要求，被告还会对拟复制的音乐进行测量，以确定磁带长度。被告辩称此种录音带具有实质性非侵权用途，故不构成帮助侵权。

法院驳斥了被告的主张，提出了三项理由：首先，实质性非侵权用途规则是从专利法里借来的，依据专利法 271（c），如果一件通用商品适于实质性非侵权用途，那么销售它不构成帮助侵权。因此，索尼规则只适用于通用商品如录像机、复印件、空白标准长度录音带，不适用于为盗版活动专门制造的产品，哪怕其具有实质性非侵权用途。第二，即使索尼规则可以适用于专门用于盗版用途的产品，该规则仍然要求产品有实质性非侵权用途。量时定做录音带虽可用于合法用途，相对于将其用于侵权用途的用户数量而言，所谓合法用途可谓微不足道。即使索尼规则对出售专门用于侵权的产品给一个明显侵权者的行为也予以保护，本案证据也显示，被告的行为已远远超出单纯出售空白的量时定做录音带，被告在其顾客与其他侵权材料供应者（例如翻印磁带封皮）之间，扮演了连接角色，被告出售复制设备，帮助顾客开展或扩展盗版营业，为顾客测量正版磁带的长度以便其购买量时录音带，在顾客因警方查抄而陷入窘境时提供经济帮助。因此，即便索尼规则倾向于赦免被告的出售行为，本法院也要认定被告知情地为盗版行为提供了实质性帮助。

上述判决印证了本书的观点。归根到底，关键在于提供技术、设

---

① A & M Records, Inc. v Abdallah, 948 F. Supp. 1449 (C. D. Cal. 1996).

备者是否有理由知道他人具体怎样利用技术、设备，即便相关技术、设备有实质性非侵权用途，如果提供者有理由知道某个用户获得它的目的在于侵权，那么仍构成帮助侵权。换言之，索尼规则只是明知/应知标准的一个辅助规则，对这一规则的解释必须服从于明知/应知标准。一般来说，以下两种情况均构成侵权法上可归责的应知：（1）知道特定第三人在使用特定作品，有理由怀疑使用行为没有经过授权；（2）知道特定第三人利用自己的服务从事侵权行为，但不知道具体的侵权对象。

二 判例法中的替代侵权责任

版权间接侵权的另一分支是替代侵权。正如 Fonovisa 案二审法院所指出的，美国版权法上的替代侵权由联邦第二巡回上诉法院在 Shapiro 案中予以确立，属于代理法中"归责于上"原则（respondeat superior）的一个发展。

（一）Shapiro 案：当事人之间的利益纠缠[①]

在该案中，连锁百货店的加盟商（concessionaire）出售盗版录音制品，百货店遭到版权人起诉。由于加盟商并非百货店的雇员，第二巡回上诉法院发展出这样的原则，被告虽不是直接侵权人的雇主，但其经济利益与直接侵权人的经济利益纠缠在一起，仍要承担替代责任。

法院指出，就本案而言，没有完全合适的先例，而本案涉及的商业模式又是如此寻常，以至于先例的缺乏令人费解。法院需要逐

---

① 法院查明，加盟店与被告 Green 公司之间的许可协议规定：加盟店及其雇员遵守 Green 公司的所有规章制度；Green 公司有不可异议的权力辞退其认为有不当行为的雇员；唱片销售的争议由加盟店自担；Green 公司从唱片销售中提成 10% 或 12%。在日常运营中，加盟店自己决策、订购唱片和付款，销售由加盟店的雇员负责，每天的唱片销售由 Green 公司统一收银，按会计期间扣除提成和加盟店雇员工资，交给一个雇员去发放，并扣除雇员的社保和税，余额返回给加盟店主，财物收据只有 Green 公司的名称，不显示加盟店。Green 公司不参与唱片的销售，也不知道唱片存在盗版的情况。Shapiro v. Green, 316 F. 2d 304（2d Cir. 1963）.

案考察当事人之间的商业关系，确定是否应当为他人行为负责。显然，雇主在雇佣范围内为雇员的行为负责，为此法院并不僵化地在代理和独立合同、许可、租赁之间划线。适用归责于上原则的许多元素可能出现在并非技术意义上的雇主——雇员关系中。当监督的权利和能力与从版权作品中获得明显和直接的经济利益相结合，即使缺乏对侵权的知晓也要给受益人施加责任，如此才能最好地实现版权法的目的。

与本案最相关的两类案例是房东类案件（the landlord-tenant cases）和歌舞厅类案件（dance hall cases）。如果房东不知道侵权的存在，没有监控房客的行为，收取固定租金，没有其他来自于权的得利，也没有参与侵权，则不负责任。而在歌舞厅场合，歌舞厅出租场地（entertainment venue）给表演团体或雇用表演团体，表演团体的侵权表演反过来又给被告带来顾客和收入增加。此时，乐队的老板不论是为雇员还是独立承包人只是技术问题，雇主不论知道或实施控制与否，都要承担责任。

法院认为，本案应适用歌舞厅类案件的规则，此类案件和本案都更贴近雇主——雇员关系。实际上，Green公司把它多样化业务的一个方面许可给第一被告，有的长达13年，而Green公司保有对唱片销售部及其雇员的最终控制权。Green公司就第一被告的业务有极为明显的经济利益，它从第一被告的每一张唱片销售收入中抽取10%或12%，无论唱片是正版还是盗版。综合这些事实，Green公司是否有侵权意图或知晓侵权已经无关紧要，施加替代责任不算严厉。Green公司有权力仔细巡查第一被告的行为，本案判决则会促进其切实行动。①

---

① 法院还延伸论证说，本案中如果不认定Green公司的责任，可以预见到，大的连锁和百货商场会建立木偶加盟店，对侵权的可能闭眼不看，在收取侵权收入的同时又逃避了责任即使常态化的监控负担过重，Green公司至少有能力就加盟店的责任进行自我保护，事实上他也这样做了，即与第一被告约定如有争议则由第一被告自担条款（save-harmless provision）。显然，第一被告破产的风险加给Green公司比加给版权人更能实现版权法的目的。

（二） Gershwin 案：权利/能力 + 直接经济利益

在其后的 Gershwin 案中，① 第二巡回上诉法院更为明确地阐述了相关法律规则：虽然替代责任起初是基于归责于上的代理法原则，但是，没有雇主—雇员关系，如果一个人有权利和能力监督侵权行为，且在此类行为中有直接经济利益，同样承担替代责任。即使被告不知道侵权的存在，但因为其没有管控而负责。

法院认为，Gershwin 案中的被告与直接侵权人虽无正式的合同以实施控制，但是，被告广泛指导了直接侵权人的行为，包括对其组织演出进行宣传，为其制造听众，因此法院认定，被告有能力监控直接侵权人，"控制"要件得到满足。此外，被告还从第一（直接）侵权人的行为中获得实质性经济利益，就其"创造观众"行为，被告从两个方面获得补偿。首先，

---

① Gershwin Publishing Corporation v. Columbia Artists Management, Inc., 443 F. 2d 1159.
法院查明，被告从事两类业务，一是为艺人充当经纪人，包括为之联系制作人。另外一项业务是在地方上创建组织，作用是在规模较小无法支撑一家商演组织的社区为艺人招揽观众。被告的社区演出部就负责此项业务，该部门组织、培育和维护数百家本地非营利组织，称为"社区演出协会"（Community Concert Association），再由这些协会出面，为被告旗下的艺人举办每年的系列演出，此类演出每年约有 3 000 场。
这些非公司性质的协会在创建和运营上遵循全国统一的模式。被告首先确定，某一社区的观众需求足够每季举办至少三场音乐会，然后派一名业务代表与当地居民联系，操作协会的建立，分发的材料包括协会架构的图示、章程草案（a proposed constitution）、细则草案（model bylaws）和协会领导人的工作指引。在每个演出季来临时，业务代表会与协会领导一起讨论预算，帮助他们选择演出人员以及筹划和进行为期一周的会员资格推广活动。公众购得会员资格，即可出席音乐会。以成本价提供给当地协会的"宣传工具箱"包括新闻发布材料、与当地名人进行广播访谈的脚本以及供市长使用的致辞底稿。业务代表还与协会官员一起编写推广活动的收入报告，制订年度预算和演出者的合同。
一旦某位艺人的社区演出确定下来，被告的"项目小姐"就会联系他，获取拟表演曲目的名称。被告随之为音乐会节目单的印制付费，被告的名称会醒目地出现在节目单封面上，并在艺人到来时出售给当地协会。被告规定，不去为音乐曲目获得版权许可，在被告看来，不必获得许可，因为它不对任何可能发生的侵权负责。
就其"创造观众"行为，被告从两个方面获得补偿。首先，在社区音乐会上演出的人员无论是否属于被告旗下，均向其支付相当于演出费 25% 的"差价"（differential），作为被告创建和指导当地协会的报酬。此外，被告旗下的出演人员还要再支付给被告扣掉"差价"后演出费的 15% 作为管理费。估计是因为观众数量的关系，被告对拥有较大数量会员的协会比之会员较小的索取更多。因此，被告的收入是通过费用补偿，加上培育协会所要求的一定百分比的利润，以及演出者支付管理佣金来实现的。

在社区音乐会上演出的人员无论是否属于被告旗下，均向其支付相当于演出费25%的"差价"（differential），作为被告创建和指导当地协会的报酬。此外，被告旗下的出演人员还要再支付给被告扣掉"差价"后演出费的15%作为管理费。估计是因为观众数量的关系，被告对拥有较大数量会员的协会比之会员较小的索取更多。因此，被告的收入是通过费用补偿，加上培育协会所要求的一定百分比的利润，以及演出者支付管理佣金来实现的。作为直接侵权人侵权的后果，被告要承担连带的赔偿责任。

从 Shapiro 和 Gershwin 案可以得出的结论是，严格责任是法院认可控制型加盟商业模式的条件。如果被告允许甚至要求直接侵权人使用其名义，在收银、合同、其他法律文书等环节对直接侵权人的行为加以控制，则被告应当为直接侵权负责。这是基于一条经验法则，企业不会让他人白白地使用它的名义。严格责任的第一功能在于风险分配，但也具有损害预防的功能。作为平衡，商业组织者必须对被组织者的侵权损害承担起弥补的责任来。①

（三）围绕会展组织者责任发生的争论

1. Reed 案：会展组织者无替代责任

在1994年判决的 Reed 案中，② 纽约南区地方法院则否定了展会组织者的替代责任，该案中，被告是会展组织商，在其主办的一次会展上，参展商在其展台未经许可地播放了原告享有版权的作品。原告向被告主张替代责任。

原告认为，在替代责任的两个构成要件中，存在着这样的关系，控制的能力越强，则认定责任对利益要素的要求越小。然而法院不同意这一观点，而是认为，本案中，展会组织者与参展商的关系在法律和功能上与"房东—租户"关系相同。虽然房东可以有限地控制租户对房产的使用，如通过租约禁止租户扰邻，但通常没有实际能力监督音乐表演。

---

① 以往的判例还包括电台为独立合唱团的表演负替代责任，或为 DJ 的侵权负替代责任：Realsongs v. Gulf Broadcasting Corp., 824 F. Supp. 89, 93 (M.D. La. 1993); Boz Scaggs Music v. KND Corp., 491 F. Supp. 908, 913 (D. Conn. 1980).

② Artists Music Inc. v. Reed Publishing (USA) Inc. (Cite as: 31 U.S.P.Q.2d 1623).

被告与场地方的合同只是双方之间职责的分配，而非对责任的认可。至于向参展商发放活页以及曾与原告谈判版权许可事宜，也不等于被告有能力实施控制。被告认为，要追查侵权就必须雇佣若干专业人员，其没有义务实施这一耗费金钱的专业性行为，除非从侵权中直接获利。

法院被告的意见表示认可，强调展会组织商不决定参展商的行为，包括是否使用音乐。付出很大成本可以实现控制不能证成替代责任，尤其是在没有明显和直接的经济利益的情况下。

法院同时否定了直接经济利益要件的存在，理由是，被告按面积收取租金，其收入并不依赖于展商是否播放音乐。法院也不认为134家展商中的4家播放侵权音乐影响到门票收入，因此后者不是直接来自侵权的经济利益。原告称，音乐营造了必要的气氛。法院则认为，如果音乐是必要的，被告就会自己进行播放。总之，替代责任的目的是惩罚从他人侵权行为中不当地获取利益者，而原告没有证明任何一个要件的存在。

Reed案判决有可商榷之处。的确，对于参展商的播放行为，组织者并无实际控制可能，但是，替代责任和其他责任一样，也服务于防范侵权、减少社会成本支出的目的。要求会展商承担替代责任，会展商就会通过合同约束参展商，并规定自己承担替代责任后，有权向参展商追偿。尤其是，会展商可以方便地代理全部参展商办理版权许可事宜，这在成本上远远小于参展商各自与版权人单独谈判。还需要指出的是，被告的经营不是仅仅出租场地（事实上本案中的原始场地出租方并不是被告），而是举办展会，因此，参展商的业务某种意义上也是被告业务的一部分，或者更准确地说，会展商将参展商的经营业绩直接切走了一块，属于行为控制之外的利益输送控制。具体而言，参展商向来访者提供的是展品展示，而会展商则一方面向参展商提供展位、后勤支持，同时又向来访者提供展示。因此，即使按照法院所说的"利益越明显直接，越有义务控制"原则，会展商也应该对参展商的版权侵权承担责任。

2. Polygram案：会展组织者承担替代责任

Polygram案同样涉及会展的替代责任问题，而主审的马萨诸塞地方法院给出了肯定的意见。案件的基本情况是，在被告组织的计算机展会和作为共同主办方的计算机颁奖礼上，未经许可地演奏了原告享有版权的作品。① 法院认为，早期案例中替代责任的认定建立在夜总会与乐队之间"雇主—雇员"关系的基础上。传统的代理法标准关注方式和手段上的控制，关注场地所有人是否知道拟演奏的曲目，或对曲目的选择存在控制。而在 Shapiro 案中，被告就加盟店的经营有很强的关联度，再加上合同赋予被告的控制权，使法院作出了替代责任更为公平的认定。和 Shapiro 案一样，本案在责任光谱上更接近夜总会和百货店类案件而非房东类案件。尽管本案情况不一定如此，但展会组织商在其他场合巧妙地采用 Shapiro 案法院所预见的木偶加盟商模式，却是可以想象的。替代责任恰恰是对这种情况的法律应对。

法院首先抽象地阐述了替代责任的实质，指出，替代责任至少部分地建立在风险分配的政策基础上，它从属于"甄别出让一个人为另一个人的行为负责符合正义的情况"这一更为广泛的问题。当某个人寻求从一项事业中获利，该事业预计会给他人造成某些损害，那么公平合理的方案是让获利的人对损害负责，即使他安排别人而不是亲自从事预期会造成损害的行为。

在操作上，替代责任把预期的损害算作从事业务的另一项成本。从经营中获利的企业或个人比无辜的受害人或直接引起损害的人更有能力分散成本，将其转移给从企业获利者。此外，将责任加给企业还有一个好处，他将使企业有更大的动力去仔细监督其经营以避免给他人造成不必要的损害。以利益和控制为要素，法院可以评估被告分散损失和监控企业内行为的能力，以及为责任确立正当性。②

关于控制要件的认定，法院对比 Gershwin 案被告广泛参与到一个组

---

① Polygram International Publishing, Inc., et al v. Nevada/Tig, Inc., et al v. McGraw-Hill, Inc. (Third Party Defendant), 855 F. Supp. 1314.

② 法院还论证道，版权法上的替代责任去掉了传统法上控制及于"行为的方式和手段"的要求。这一变动可以理解，它与传统的政策考虑是一致的，只要控制的权利达到本人对未证明获得授权演奏有否决权即可。在 1976 年版权法的立法报告中，国会确认夜总会等场所的替代责任。但国会的理解与 Shapiro 案有所不同，国会认为，若要承担替代责任，被告要么自己经营，或对场所的经营加以监督，要么控制节目的内容并期望从经营中获得商业利益，并从侵权表演中直接获益。因此，国会提出了两种形式的控制：对整个经营的控制；对特定侵权表演的控制。国会允许责任可因直接或间接经济利益而发生，House Report 159-160. 本案中，法院认可国会的标准。

织的运转和 Shapiro 案聚焦于被告控制加盟店的合同权利，认为，本案中控制要件也得到了满足，因为，被告通过制定的规章对参展商实施控制，对展会进行了积极的监督。其次，被告不仅仅出租场地，还实施如下行为：（1）对参展商实施广泛和持续的控制，这不同于房东和租户的关系；（2）通过广告宣传展会以吸引观众；（3）不仅收取场地租金，还向参观者收取入场费。这种参与和控制程度类似于 Gershwin 案中的音乐会组织者。

关于直接经济利益要件，法院的态度是，判例法表明，直接经济利益其实难以界定和测算。先例在解释盈利性公开表演时，只要表演发生在营利性场所内就认定演出的营利性，例如在餐馆里演奏，[①] 营造了怡人的气氛[②]。Shapiro 案中的被告从侵权品销售中提成，但在涉及演奏音乐案件中，法院有时看重表演给一个场所带来的可推知的总的好处（an inferred, overall benefit），而不是努力分辨"直接利益"。这可能是因为，就音乐而言，从演奏中得到的好处虽然明显存在，但经常难以测算。

因此，一些法院不是僵化地要求一项经济利益必须为"直接"，而是转而依据被告是否"期待从经营中获得商业收入，期待从侵权表演中获得直接或间接的好处"。这样一个两要素标准可以将替代侵权限制于某种程度上从侵权中获利的人的行为，同时又允许法院将更为间接和不可见的好处认定为利益。在本案中，被告从侵权表演中获得经济利益，且满足"直接"要求，虽然在一般人看来，音乐营造气氛的功能称为"间接"利益更为合适。

Polygram 案判决揭示了替代责任的核心要件是"控制"，这既包括通过合同的法律控制，也包括合同之外的实际控制，基于控制关系的存在，一方成为另一方意志的执行者，成为其延长的四肢，从而控制者应为被控制者的行为负责。至于经济利益有无，并非替代责任的必备要件，控

---

① See, e. g., Herbert v. Shanley, 242 U. S. 591 [37 S. Ct. 232, 61 L. Ed. 511] (1917) (Holmes, J.)

② See also Merrill v. County Stores, Inc., 669 F. Supp. 1164, 1170 (D. N. H. 1987) ("music was valued, presumably for its contribution to the Milford's store's ambience as a pleasant place in which to shop").

制关系下所追求的不必然都是经济利益,在追求经济利益的控制关系中,也不必然实际收获了经济利益,"直接"与"间接"难以明确区分,原因恰恰在于本来不应该机械地进行这样的区分。因此,就直接经济利益要件,较好的方法是将其等同于"抽象意义上的带来好处的可能性",至于实际上有没有带来好处,在所不论。

3. Adobe 案:否定会展组织者的替代责任

在 2001 年 Adobe 案判决中,加州中区地方法院即以不存在"直接经济利益"为由,驳回了原告的替代责任主张。该案的情况是计算机展销会上有盗版软件出售。① 原告称,其只通过销售商网络出售软件,因此,任何无原告许可的卖家都是侵权。

法院认为,几乎所有的商业地产人或展会组织商都收取房租或展位费,以及从提供给顾客的服务(停车、餐饮)相连的收入中获得直接经济利益,Fonovisa 案所指的直接经济利益显然不是这个意思。在该案中,认定直接经济利益的前提是,多数卖家都卖盗版磁带,警方的一次搜查就缴获 3.8 万件盗版品,有相当数量的顾客是为购买盗版品而来的。Fonovisa 法院因此认定,被告知道卖家在出售盗版,而门票、餐饮、停车收入直接来自要买盗版的顾客,被告从中获取了实质性经济利益。简而言之,被告卖场已经成为大量盗版品的销售集散地。此时,房东事业的成功依赖于盗版行为,从而有动力包容此类行为,这已经超出一个房东收入的本来含义。换言之,Fonovisa 案的替代责任认定要求如下要素:直接侵权;被告有权利和能力控制直接侵权人;从侵权品对顾客的"吸引"中获得直接经济利益。原告要证明,卖家的直接侵权对顾客构成了吸引,达到了直接侵权人和场地方的经济利益纠缠在一起的程度。

回到本案,法院认为关键在于展会中出售盗版 Adobe 软件是否构成对顾客的"吸引"。原告称,知名的销售商承认,低价 Adobe 是吸引顾客的关键,被告从寻找盗版软件的顾客那里收取门票费,而且被告的广告是"海量个人电脑产品,低廉批发价格!"被告辩称,自己反对盗版,出售盗版的卖家将被永久驱逐,1999 年 7 月的搜查中,

---

① Adobe Sys., Inc. v. Canus Productions, Inc., 173 F. Supp. 2d 1044, 1051 (C. D. Cal. 2001).

只有不到 2% 的卖家和不到 1% 的产品涉及侵权行为，不能说这是重要收入来源或对顾客的重要吸引。原告的证据不足以证明，盗版品的销售对顾客是一个直接的"吸引"。和 Fonovisa 案不同，本案事实没有显示被告的成功依赖于卖家侵权品的销售。①

法院同时也否定了控制要件的存在，认为，根据被告的辩称，即使其人员逐个摊位、逐个产品地核查，也不能辨认出侵权。何况有的 Adobe 软件本来就是正版，只是撕去"非卖品"标签而已。法院认同被告的这一辩解，表示给被告施加替代责任会使其陷入第 22 条军规的困境：保留为任何原因驱逐展商的权利，就满足控制要件，如果不保留这一权利，当展商之间发生冲突时，又无力加以解决，同样意味着责任，因此，从展会规模、安保人员数量、指控的侵权行为的规模、被告人员识别侵权产品的能力等方面看，不满足能力要件。

4. 本文的看法

如果从细节意义上的行为控制出发，的确难以认定展会组织者对参展商侵权的替代责任，从分工的角度看，展会组织者也不可能具体指导参展商的行为。实际上，展会组织者与参展商是一种共生关系，组织者收入的一部分来自参展商，而门票收入却是由参展商集体为其创造的，因此，作为平衡，组织商应该为发生在展位上的版权侵权负责。否则，组织者的业务就几乎只有好处，没有风险了。和 Shapiro 案的"以合同实现企业目的"标准不同，这里应该适用寄生/共生标准。

这一观点可以在 Fonovisa 案中得到印证。该案中，初审法院认为，被告作为场地的出租方既没有监督卖家的销售也没有从中获利，其地位相当于已将场地排他性占有权让渡给租户的出租人，故不应为卖家承担责任。上诉法院对此不予认同，而是认为，本案与 Shapiro 案和 Gershwin 案更为相近。被告对跳蚤市场实施了控制和巡视，被告有权以任何理由驱逐卖家，通过这一权利，其有能力控制卖家的活动，此外，被告

---

① Fonovisa 案法院的认定更多地从被告与直接侵权人的关系出发，Shapiro 案更是如此，在 Fonovisa 案判决的脚注中，法院强调，侵权吸引了顾客这一事实加强了而不是导致法官的确信。Fonovisa 案、Polygram 案、Shapiro 案都是提高而非创造了吸引力。——笔者注

还为跳蚤市场进行宣传,并看管市场入口,收取门票费,换言之,被告并没有收取租金,移交场地了事,而是主动承担或者更准确地说为自己保留了场地管理的职责,并从中获得源源不断的门票收入。在本案中,被告依据与卖家的宽泛合同有能力对卖家加以监测,这与 Shapiro 案情况类似。总之,被告作为跳蚤市场的宣传者和组织者发挥的控制作用和 Gershwin 案、Polygram 案中的被告是一样的。此外,在舞场类案件中,侵权表演增加了演出场所对潜在顾客的吸引力,而在本案中,出售盗版音乐对顾客也构成了吸引,被告收取门票费、停车费和摊位费,这些都直接来自想以极低价格购买盗版品的顾客,因此直接经济利益要件也得到满足。

事实上,本案中上诉法院关于直接经济利益的认定是值得商榷的,被告的门票等收入并不是对直接侵权人出售盗版品的分成,将其称为直接获益过于武断,即使证据显示,一部分顾客专为购买侵犯原告权利的盗版品而来,也很难分辨是哪些顾客、数量多少。关于控制的认定也缺乏说服力,原则上,任何一家商业场所都有权将干扰秩序的顾客驱逐出场,但这一般不构成承担替代责任的理由。Fonovisa 案的被告的确应承担责任,但理由在于,被告不是单纯的场地出租人,同时也是场地上所从事活动的参与者、组织者。

三 第一批网络服务提供者版权侵权责任判决

作为最先进入互联网时代的国家之一,美国的法院也迎来了世界上最早的一批涉网络版权诉讼。以下本文将介绍 DMCA 出台前的代表性判决,它们以不同的方式影响了美国网络版权立法。可以看出,在处理涉网络版权侵权争议时,美国法院依然遵循直接侵权与间接侵权的区分和相关判例规则,但是,网络服务提供者的行为到底属于直接还是间接侵权范畴,法院在认识上存在着分歧。

(一) 视服务提供者为直接侵权人: Playboy v. Frena[①]

本案中,被告经营一个电子公告栏(BBS),在该 BBS 上有上传原告版权照片供浏览和下载的情况,注册用户可以在不同的栏目下浏览图片,可以下载照片并将其存储在自己的电脑上。被告称,一接到法庭传票,了解到这一情况,就从其 BBS 上移除了照片,自那以来,其一直对 BBS 进行监控,以防止类似情况发生。

佛罗里达中区地方法院认为,被告的复制行为可以由接触加实质性相似来加以证明。由于原告每月在全美发行超过 340 万册杂志,因此接触要件成立。实质性相似在本案中也同样不成问题。无疑,被告提供的产品包含未经许可制作的版权作品复制件。至于被告声称自己没有制作这些复制件,无关紧要。

法院认为,被告不但构成对原告作品的发行,还构成对原告作品的公开展示。虽然展示的对象限于注册用户,但是他们已经构成家庭及其社会关系正常范围之外的实质性人数。法院强调,本案中,存在着直接侵权的无可辩驳的证据。被告可能没有意识到侵权的存在,这无关紧要。侵权意图或知晓不是侵权责任的构成要件,因此,即使是无过错的侵权者也要承担责任,过错的有无只在确定法定赔偿数额时才是重要的。

由于法院认定了直接侵权的存在,也就没有继续讨论是否存在间接侵权的问题。可以看出,法院将 BBS 看成经营者的出版物。

在案情类似的 Playboy v. Webbworld 中,[②] 美国得克萨斯北区地方法院以类似的推理,认定 BBS 经营者侵权,虽然被告辩称,自己对于上传照片的用户无法控制,但是法院认为,没有控制能力不能成为免除责任的理由。法院坚持认为,如果一个企业不能在版权法规定的范围之内经营,那么其存在的合法性就值得怀疑了。

[①] Playboy Enterprises, Inc. v. Frena, 839 F. Supp. 1552 (M. D. Fla. 1993).

[②] Playboy Enterprises, Inc. v. Webbworld, Inc. (Webbworld I), 968 F. Supp. 1171 (N. D. Tex. 1997).

(二) 服务提供者同时构成直接和间接侵权：Playboy v. Hardenburgh[①]

在本案中，被告同样是 BBS 经营者。用户通过付费可以接触 BBS 上的材料，并可以下载一定数量的材料。BBS 还提供电子邮箱服务、聊天室、广告、计算机技术服务和在线约会服务。为了增加 BBS 上的信息量，从而吸引新的客户，被告采取了一项积分奖励措施，上传文件的用户将得到积分，用户可以使用积分下载更多的信息。被告称，用户上传到 BBS 的信息直接进入"上传文件"文件夹，由一名被告的雇员快速检查以确定新的文件是否可以"接受"，也就是不含有色情内容或明显受到版权保护。原告方工作人员以化名在被告的 BBS 上注册，通过关键词搜索，找到并下载了大约一百份原告拥有版权的照片。1994 年 9 月，治安法官就对被告 BBS 的检查发布了一个报告和建议书，建议法院作出被告构成直接侵权的简易判决。

被告辩称，照片是用户扫描和上传的，下载也是用户自己完成的，不存在被告发行照片的情况。被告认为自己是被动的空间提供者，照片则是在用户之间自行传递的。被告还提出，其采取鼓励措施是为了保持竞争力，吸引新用户。同时，对每一个上传文件加以审查，确定其中不包含有版权材料，超出了被告的能力。被告雇员在迅速浏览一个上传文件时可以确定是否含有明显不当的内容，例如儿童色情，但是让这些雇员来确定每张照片的来源，从而确定不存在版权侵权的可能性，却是不可想象的。将这样的责任加给 BBS 经营者，将是对美国宪法第一修正案言论自由的过分负担。此外，这样的责任将会威胁到互联网产业的生存。退一步讲，即使互联网产业不会因为给服务提供者施加版权侵权责任而毁灭，此类责任也会给本地 BBS 经营者造成不可挽回的伤害，因为后者在分散责任成本到用户头上能力较为欠缺。

俄亥俄北区地方法院归纳了如下事实：(1) 被告是 BBS 的经营者；(2) 被告采取了奖励积分措施，鼓励用户将材料上传到 BBS；(3) 上传到 BBS 的材料由被告的雇员先行审查，再予以发布；(4) 被告知道原告针对 BBS 经营者已经提起过多场诉讼或主张；(5) 在官方检查时，被告

---

① Playboy Enters., Inc. v. Russ Hardenburgh, Inc., 982 F. Supp. 503 (N.D. Ohio 1997).

BBS 上还存储有 412 张原告版权照片。

法院认为，要认定直接侵权被告方必须存在直接的行为或对侵权的参与。首先，版权法规定版权人的权利是对特定行为的控制，因此一个侵权者必须实际实施了法律规定的应由版权人控制的行为，才构成对法律的直接违反。设立一个 BBS 不属于法律规定的行为类型之一，仅仅鼓励或者为此类行为提供便利不在法律规定的行为范围之内。其次，给自己没有实施侵权行为的人施加责任属于帮助侵权责任的范畴。如果任何与版权侵权仅存在较远因果联系都根据直接侵权理论加以判断，就没有必要将版权侵权区分为直接侵权和帮助侵权了。

就在读者可能得出被告不构成直接侵权的结论时，法院话锋一转，表示就本案的事实而言，有足够的理由认定被告自己实施了受版权人控制的行为，尤其是基于以下两项关键事实，可以认定被告发行和展示了原告的有版权照片：（1）被告采取鼓励用户上传文件的政策；（2）被告采取了由其雇员对所有上传文件加以审核的程序。这两个事实使得被告由被动的空间提供者转变为版权侵权的积极参加者。被告承认，他们经营的 BBS 上成人照片的数量会增加服务的吸引力。被告积极地鼓励用户上传此类文件。被告对什么样的文件可以发布存在控制。被告知道存在着原告照片上传到 BBS 的可能性，但却没有采取措施确保所有原告照片不被发布。一个人可以积极地鼓励和控制成人文件的上传和传播，但却因为在确定哪些文件可能侵权方面太过困难而免于责任，这是不合逻辑的。

法院进一步认为，就本案而言，被告还明显地引诱，引起和实质性地助成了 BBS 上的侵权。被告承认，其鼓励用户上传包含成人内容的信息，其从更多文件上传中获益。此外，被告至少推定知晓 BBS 上可能有侵权发生。被告知道，原告正在针对 BBS 经营者进行维权。考虑到《花花公子》杂志是世界上最著名和发行量最大的成人出版物之一，被告辩称其不知道 BBS 上可能出现杂志照片，是说不通的。因此被告也构成帮助侵权。

(三) 服务提供者构成间接侵权: *Sega v. Maphia*[①]

该案的案情与《花花公子》案相似, 同样是一起 BBS 上传侵权作品引发的争议。法院首先认定, 用户上传原告视频游戏的行为构成直接侵权。

就被告的责任, 加州北区地方法院认为, 在本案中, 被告的 BBS 扮演着未授权游戏文件中心存储器的角色, 使得用户可以下载这些游戏。即使依照更为严格的知晓标准, 被告也应对这些直接侵权负责。根据该标准, 只有在行为人知道用户的侵权行为, 却仍然实质性地引诱, 引起或助成用户侵权, 才承担责任。可以确定的是, 被告知道其用户在复制游戏。被告承认, 用户可以从 BBS 上上传和下载游戏软件。此外, 从用户上传和下载的统计数据的屏幕打印件可以看出, 被告追踪, 或者至少有能力追踪用户的上传和下载。因此, 被告知道 BBS 用户的侵权行为。被告的所为超出了仅仅提供场所和设施, 还积极地招引用户上传未授权游戏, 并在 BBS 上提供了寻找这些游戏的路线图以实现下载。此外, 同样通过 BBS, 被告提供复印机的出售, 以便利用户玩游戏。被告的企业为用户提供有限的免费下载, 为购买复印机的用户提供下载特权。因此, 被告在用户复制游戏的行为中所扮演的设施提供、指导、知晓、鼓励、谋利、角色, 构成了帮助侵权的表面理由。

此外, 被告使用, 或在明知的情况下允许他人使用原告标识以在 BBS 上定位游戏软件。被告知情地允许他人上传和下载原告游戏。明确地招引他人上传游戏到 BBS。被告还提供翻录机的出售, 用于播放和复制下载的游戏。而被告的企业就出售或计划出售复制设备。这些证据显示, 被告故意地帮助用户侵权, 并企图从复制设备的销售中获利。因此, 法院认定被告的帮助侵权具有故意。

最后, 法院认为, 在认定被告构成帮助侵权后, 没有必要再考察被告是否构成替代侵权。

---

① Sega Enterprises Ltd. v. Maphia, 948 F. Supp. 923, 41 U. S. P. Q. 2d 1705 (December 18, 1996).

（四）接入/传输服务提供者的免责：*Religious Technology Center v. Netcom*

本案是影响 DMCA 立法取向的案例，基本事实是，一个 BBS 上有未经版权人授权的作品，由于 BBS 管理人拒绝屏蔽直接侵权人，版权人转而对互联网接入商 Netcom 提起诉讼。法院针对 Netcom 集中讨论了直接侵权和间接侵权的可能性。①

1. 是否构成直接侵权

加州北区地方法院考察 Netcom 的服务后指出，Netcom 没有积极地去实施复制行为，而只是安装和运营设施，由软件自动将信息传递到 Usenet 并临时性地在其设备中存储复制件，Netcom 系统中发生的复制为实现传输所必需，它自己没有发起（initiate）复制，它的设备系统可以无人工干预地运行。设计或使用一个设备系统，自动统一地为经由此系统传输的数据生成临时复制件，和复印机的所有人让公众使用复印机在性质上是一样的。服务器之间的信息传输接力除了最初的系统设置，没有任何人为干预。

---

① Religious Technology Center v. Netcom On-Line Communication Services, Inc., 907 F. Supp. 1361（N. D. Cal. 1995）.

案件的基本情况是：原告拥有科学教派已故创始人 Hubbard 作品的版权，该教派前牧师 Erlich 在 Usenet 新闻组 alt. religion. scientology 上批评该教派，将 Hubbard 的有版权作品上传到上述网址。Erlich 是通过本案另一被告 Klemesrud 管理的网络留言板 support. com 接入互联网的，而 Klemesrud 则是通过被告 Netcom 的设备接入互联网的，被告 Netcom 是美国最大的互联网接入商之一。原告因无法劝止 Erlich 上传原告的有版权作品，便与 Klemesrud 和 Netcom 联系，Klemesrud 要求原告证明其拥有版权，原告拒绝，认为 Klemesrud 的要求没有理由。Netcom 也拒绝了取消 Erlich 的网络接入的请求，理由是，不可能对 Erlich 的帖子加以屏蔽，除非将 Klemesrud 的数百用户同时屏蔽。

各方认可，Erlich 将信息发给 Klemesrud 的过程是，首先 Erlich 将信息发给 Klemesrud 的计算机，被自动短暂储存，随之，信息会被 Netcom 软件从 Klemesrud 的电脑复制到 Netcom 的电脑以及 Usenet 的其他电脑上。为便利传输及 Usenet 用户方便，Usenet 服务器会将帖子存储一小段时间，其中，在 Netcom 服务器存储 11 天，在 Klemesrud 服务器存储 3 天，此时 Netcom 和 Usenet 用户可以访问这些内容，包括下载。Netcom 的本地服务器又对 Usenet 服务器群开放复制，后者依此循环，直到全世界的 Usenet 站点均可访问帖子，整个过程需要几个小时。和其他一些服务商不同，Netcom 对内容不加控制。不过，当用户违反其条款时，例如上传商业软件，Netcom 曾中止过用户的接入。Netcom 还承认，虽然目前没有去做，但通过软件设置屏蔽包含特定词或来自特定人的（所有）帖子是可能的。

法院认为，让一个扮演通道（conduit）角色的服务商（即短暂保存文件）负责尤其不妥当，那将造成对公开发行权和公开展示权的过于宽泛的解释。让没有能力控制用户接触之信息的服务商负责，并无正当性，即便服务商可能在某种意义上帮助实现了互联网的自动"公开发行"和来自用户的"公开"展示。因此，Netcom不构成直接侵权。

2. 是否构成帮助侵权

法院首先援引Sony案判决指出，帮助侵权属于让一个人为另外一个人的行为负责这一更为广泛的问题的一个分支而已。随后，法院似乎不仅将Netcom定性为通道服务商，而是强调了其提供存储空间的功能。

（1）知晓（Knowledge of Infringing Activity）与否

原告主张，至少在Netcom接到原告律师通知后已经知道Erlich的侵权行为。就此法院认为，和其他案件中的被告单纯出租场地不同，Netcom既出租空间，又提供接入。不同于场地出租人移交场地了事，Netcom对使用其系统保有一定的控制。对于接到版权人通知以前的侵权，Netcom固然是不知道的，但是，在收到原告信件后，Netcom的知道或应当知道是可以想象的。

Netcom称，判断用户上传材料侵权与否存在难度，就此法院认为，虽然没有证据支持的侵权指控可能不会自动确立被告的知晓，但是Netcom关于（第三方）侵权必须一望可知的观点却是站不住脚的。BBS上的典型侵权虽然是较容易判断侵权的复制软件行为，但也不能把文字作品排除在外。当作品中包含版权标记（copyright notices）时，被告很难说自己不知道作品是有版权的，本案就是如此。

（2）实质性参与（Substantial Participation）与否

法院认为，单纯出租场地不构成实质参与，但提供自动分发网帖服务超出了出租场地的范围。本案与重播侵权广播的Select Theatres案[①]更为接近。Netcom没有完全放弃对系统使用的控制，从而可以采取简单措施防范进一步的侵权。

因此，原告就被告是否承担帮助侵权提出了真正的事实争议，需要陪审团加以认定。换言之，法院倾向于认为Netcom构成了帮助侵权。

---

① Select Theatres Corp. v. Ronzoni Macoroni Corp, 59 U.S.P.Q. 288, 291 (S.D.N.Y. 1943).

3. 是否构成替代侵权

法院仍遵循 Shapiro 案和 Gershwin 案原则，从两个构成要件是否存在展开讨论。就"控制的权利与能力"，Netcom 称，考虑到系统中数据传输的速度和数量，在上传之前不可能加以屏蔽，其也从未对网帖内容加以控制。原告方专家则称，通过设置关键词或针对用户的软件实施过滤相当方便，Netcom 已经超过 1 000 次中止了用户接入，事由包括广告、下流言论、灌水等行为。原告方还称，Netcom 可以删除特定的帖子。据此，法院认为原告就"控制的权利与能力"提出了真正的事实争议。

但就"直接经济利益"，法院表示，依照 Shapiro 案判决，如果有权利/能力控制租户行为的出租人的租金与租户销售收入成比例的话，也就是有直接经济利益，另一方面，就场地服务收取固定费用，则不是直接经济利益，法院引用了学者观点，认为 BBS 经营人将网络空间出租属于房东性质，不对空间中的侵权负责。

虽然原告引用 Polygram 案判决支持自己的主张，然而法院认为 Reed 案判决更为合理，即 Netcom 收取的是固定费用，且没有证据显示，相关侵权提升了 Netcom 的价值或吸引了新的用户。

由于欠缺责任要件，法院否定了原告关于替代责任的主张。

（五）对早期有关网络服务提供者责任的司法判决的评价

Netcom 案判决仅仅针对接入/传输服务否定了服务提供者的版权侵权责任，对于后来被 DMCA 称为信息存储服务的电子公告板（BBS），审理法院却是认同 Playboy v Frena 案判决的。法院强调，在 Playboy 案中，BBS 管理人对版权人负责，是因为其实施了直接侵权行为，在 Sega 案中，被告征集侵权软件的上传，并对下载文件收费，法院因而认定，表面成立直接和帮助侵权，因为被告知道侵权行为，鼓励、指导并提供便利，从而构成帮助侵权。Netcom 所以不构成直接侵权，是因为案件在事实上不同于 Playboy 案，和后者中出现了 BBS 不同，Netcom 并不为用户保存文件备份，因为不能说是"供应一件产品"，它也不创建或控制内容，而仅仅提供对互联网的接入，网上的内容不为哪个实体所控制。虽然互联网由许多不同的计算机网络一起组成，而其中有些可能包含侵权文件，但让每台计算机的经营者作为侵权人负责，理由仅仅是他的电脑连接了一台有侵权文件的电脑，显然没有道理。

因此，Netcom 案判决的作出，并不意味着 BBS 服务商直接侵权责任风险的减少。

不但如此，Netcom 判决在否定了接入服务商的直接侵权责任后，却又认可其构成帮助侵权的可能性。对于 Netcom 提出的无法移除特定的网帖，除非取消整个网址的接入的主张，法院顾左右而言他，实际上加给接入服务商一项接到侵权通知而移除侵权信息的义务。因此，不能说 Netcom 案已经解决了网络服务提供者责任的根本问题。完成这一任务，还需要立法部门的介入。

第二节 《千禧年数字版权法》的规定与立法理由

美国国会于 1998 年通过的《千禧年数字版权法》在世界上较早规定了网络服务提供者的责任避风港。该法案并不是一部独立的法律，而是对既有法律的修订和补充。涉及网络服务提供者责任限制性的条文规定在该法律的第二节（section 2），该节的规定开宗明义，指出这一节的规定是对美国 1976 年版权法的增补，即为版权法增加一节新规定即第 512 节。① 以下的评述即以第 512 节的立法草案和立法理由为对象。

一 参议院司法委员会的第一次草案及立法说明

1998 年 5 月 11 日，在美国第 105 届国会上，参议院司法委员会向参议院提交了一份法律草案，名为《千禧年数字版权法》（*Digital Millennium Copyright Act*，简称 DMCA）。其第二部分是对美国 1976 年版权法第五章的修订，条文序号为版权法第 512 节，名为"网络服务提供者的在

---

① DMCA 立法报告见于美国国会官方网站：https：//www.congress.gov/bill/105th-congress/house-bill/2281，此外也见于一些研究机构网站（例如哈佛大学网站）。美国一些权利人组织网站还会收录 DMCA 的立法史，例如家用录音权利联盟（the Home Recording Rights Coalition）网站：http：//www.hrrc.org/dmca/dmca_history.html。

线版权侵权责任"。

DMCA草案在形成前经历了多次讨论和听取各方意见，在司法委员会主席主持和成员的协助下，美国版权人和网络服务商围绕法案进行了三个月的谈判，有关远程教育涉及的责任问题在图书馆、老师、教育机构的参与下也进行了激烈讨论。仅仅在1998年4月23日和4月30日的立法辩论中，就分别采纳了两项和十项修订意见，内容涉及为实现兼容（interoperability）目的而实施计算机程序反向工程、图书馆和档案馆的侵权责任豁免、临时复制（ephemeral recordings）、某些模拟和数字传输过程中版权保护信息的使用、对网络用户的保护、接纳（accomodation）特定技术保护措施、个人隐私保护、对未成年人接触网络材料的控制、通过数字技术的远程教育、执法和情报行为、非营利教育机构的在线版权侵权等。

起草者将法案命名为《千禧年数字版权法》，日后，美国国会通过草案时使用的正是这一名称。其第一部分旨在将WIPO相关版权公约转化为国内法，第二部分则专注于某些情况下的在线服务商（OSPs）和互联网服务商（ISPs）版权侵权责任问题。起草者声称，立法一方面要保障版权人利益，不致使其拒绝互联网，因为文字（学）作品是美国创造天赋的果实；另一方面，也要明晰网络服务商责任，否则投资互联网的热情就会冷却。

起草者称，DMCA草案最终获得了来自电影业、唱片业、软件业、出版业、电话公司、电信商（long distance carriers）和其他网络服务商的广泛支持。此外，作家行会、导演行会、演员行会、美国电视广播艺术家联盟和代表计算机硬件领导厂商的信息技术工业委员会（Information Technology Industry Council）也对草案表示支持。

就自己提出的DMCA草案，参议院司法委员会阐述了立法理由。下文集中在草案的第二部分，即网络服务商的责任避风港规定部分。

（一）草案的立法目的

就立法的必要性，法案起草者指出，网络服务提供者的责任和互联网接入商的版权侵权一直是一个充满争议的话题，美国加入的世界知识产权组织相关条约①中没有相关规定，而实践中已经出现了一些涉及服务提供者间接版权侵权责任的案件，②照顾到美国网络服务提供者的期待，DMCA 草案的第 512 节着眼于解决这个复杂问题。

另一方面，草案并不打算全面厘清有关间接侵权责任的法律原则，起草者认为，它们应留待现有法律（指判例法，笔者注）加以发展，草案的做法是为服务提供者的特定共性行为创立一系列责任"避风港"（safe habours）。如果服务提供者的行为符合避风港的条件，则可以享受责任限制。这就为可能因服务商的活动而引发的侵权法律风险提供了更稳定和可预期的规则。此外，草案也旨在为服务提供者和版权所有者提供强大的激励，使其合作监测和处理发生在数字网络环境的版权侵权。

具体而言，起草者首先提炼出以下四种类型的网络服务：（1）电子网络传输；（2）系统缓存；（3）信息存储；（4）信息定位工具，这四类行为再加上服务商依据侵权通知/反通知而移除或放回材料，一共是五种基本行为类型，草案再针对这五类行为分别规定免责条款，即所谓责任避风港。起草者指出，新法律不在于暗示服务提供者因为符合或者不符合避风港条件而是否承担侵权责任，而在于如果依据现有的法律原则，提供者可能承担责任时，则应考察是否依本节规定享受有关的责任限制。

草案规定，符合责任避风港条件的服务提供者将免于所有因直接侵权、替代侵权和帮助侵权而发生的金钱赔偿责任，包括损害、费用、律师费用和其他任何形式的货币支付。而且，针对符合条件服务提供者的禁令性救济也限于草案规定的范围。

简言之，新法律的基本框架是，从林林总总的网络服务中归纳出四种基本服务类型，再根据服务类型分别规定免于金钱赔偿责任的条

---

① 指《世界知识产权组织版权公约》（WCT）和《世界知识产权组织录音和表演公约》（WPPT）。——笔者注

② 例如，Religious Technology Center v. Netcom On-line Communications Services, 907 F. Supp. 1361 (N. D. Cal. 1995)；Playboy Enterprises v. Frena, 839 F. Supp. 1552 (M. D. Fla. 1993)；and Marobie-FL, Inc. v. National Association of Fire Equipment Distributors, 983 F. Supp. 1167 (N. D. Ill. 1997)。

件,此即所谓责任避风港。责任避风港规则又区分适用于所有类型服务商的共同条件以及各责任避风港下所列举的针对具体服务类型的个别条件。

(二)草案条文的立法解释

1. 责任避风港的共同前提

若要享受第512节之下的责任限制,服务商需要满足本节下关于网络服务提供者的界定以及两个前提条件。

(1) 网络服务提供者(ISP)的定义[①]

草案区分了两种类型的服务提供者,强调只有作为服务提供者发挥作用的主体才有资格享受512节规定的责任限制。由于责任限制适用于"由服务提供者运营或为服务提供者运营"的网络,因此,提供一项服务的服务提供者和为其他服务提供者运营部分或全部系统或网络的分包商均可得到保护。

网络服务提供者的第一个定义专门适用于信息传输服务提供者,这是一个较窄的定义,是指一个在由用户指定的两点或数点之间,对于用户选择的材料,不修改其传输或收到的材料内容,而提供传输、路由或提供数字在线通信接入服务的单位。[②] 这个定义取自美国电信法[③]中关于电子通信的定义。起草者认为,这里服务提供者从事的活动和传统电信商一样,也是相当于管道(conduit),草案对该定义稍加改造,使它更适合网络和在线媒介。

起草者强调,尽管传输(transmission)、路由(routing)或接入(connections)服务可能发生在数字或模拟的网络中,但服务提供者必须是为数字和在线通讯(communication)提供服务,才符合草案的定义。这里所说的在线通讯,指的是在交互式计算机网络中发生的通讯。因此,无线广播(不管是模拟的还是数字形式的)、有线电视系统以及卫星电视服务都不是网络服务提供,除非它们为用户提供了数字化网络

[①] 美国参议院5月11日草案(下称S. draft)512(j)。
[②] S. draft 512 (j) (1) (A).
[③] S. draft 47 U.S.C 153 (48).

(如互联网）接入，或者提供了传输、路由或将材料与此类网络连接的服务。此外，一个提供了以上服务的主体并不因为改变了材料的形式就不再是服务提供者，只要其没有改变材料的内容，就仍然是传输服务提供者。

网络服务提供者的第二个定义适用于 512 节中的所有其他规定。① 这个定义自然比第一个定义宽泛，覆盖了在线服务或网络接入的提供者，包括网络接入设备的运营商、电子邮件、聊天室和网页存储服务等领域的经营主体，也包括发挥此类功能的教育机构。

其实，定义条款可有可无，因为对于从事网络服务的主体而言，草案的真正价值在于设立了五个避风港，而这五个避风港就各自针对的网络服务特征已经进行了界定。参议院立法说明的意义在于，人们可以从中窥知当年立法者所了解的网络服务的大体范围。

（2）适用责任避风港的共同条件②

服务提供者必须满足草案所规定的两个共同条件，才有资格享受避风港待遇。

首先，服务提供商要采取并合理地实施在适当情况下终止反复侵权者（repeat online infringer）账号（account）的政策。立法者表示，存在着几种不同程度的在线版权侵权，从疏忽的到非营利的，再到有意的和营利的。虽然草案并不打算要求服务提供者积极调查可能的侵权、监控其服务或者做出用户行为是否侵权的艰难判断，然而，也应该让那些重复地、明目张胆地无视知识产权，滥用网络接入权的人知道，存在着失去网络接入权的真实风险。③

起草者的本意当然是好的，但是条文的可操作性值得推敲。就提供接入、传输的服务商而言，由于依据草案不负有查找侵权的义务，也不

---

① S. draft 512（j）(1)（B）.
② S. draft 512（h）.
③ 立法报告在其注释中特别指出，对于用户的定义，为了 512 节的目的，委员会意图是包含作为与服务提供商有商业关系的，从而可以视为用户的账户持有者，即使没有正式注册协议存在，也是这里所说的用户。举例来说，"用户"包括为了数字在线交流而被授予对大学系统或网络有接入权的学生；能够接入雇主的系统或网络的雇员；因为家庭成员与服务商之间存在注册协议，从而有享受消费者在线服务的其他家庭成员。

负有接收侵权通知的义务，基本上没有可能知道谁是侵权者，除非主管机关发出命令，否则终止账号的义务形同虚设。对于信息定位服务商而言，在一家网站的个别网页上存在多个侵权就对整个网站断开链接，使之从其搜索列表上消失，是否符合比例原则也有疑问，况且对于信息定位服务商而言，很多情况下根本不存在什么订户（subscriber）的账户，至多只能拒绝其 IP 地址访问。因此，从字面上看，草案中这个貌似通用的条件似乎主要适用于信息存储服务。

其次，草案要求，一个提供商的系统必须兼容，并且没有干涉用于识别或保护版权作品的标准技术措施。起草者表示，技术可能是版权人和服务提供商在数字时代所面临问题的解决之道，因此规定了标准技术措施条款，以鼓励发展适当的技术措施保护有版权作品。起草者在立法报告中强烈敦促所有受影响的各方迅速开始自愿的、行业间的讨论，就实现这些目标的最好技术措施达成一致并予以实施。

按照草案的规定，[①] 标准技术措施限于根据版权人和服务提供者通过公开、公平、自愿和跨行业的标准程序而达成的广泛共识中产生的措施。起草者表示希望遵循开放、公平、自愿以及跨行业的程序，标准技术措施可以由公认的开放标准组织或特别设立的组织持续加以发展。

起草者作出以上表态，是基于以往的经验，过去，在某些领域的版权保护技术标准上，有针对性的方法已经取得了成功，比如与 DVD 有关的版权保护技术的开发，据此，立法者乐观地认为，一些公认的开放标准组织对网络问题有充分的经验，会取得同样的成功。从后来的情况看，立法者无疑是高兴得太早，标准化技术措施是何含义，到了实践中众说纷纭。它又怎样和直接侵权、替代责任或帮助侵权搭上干系，人们莫衷一是。

2. 五个责任避风港

下面进入具体避风港规定的介绍和评析。

（1）传输、接入服务责任避风港[②]

第一个责任避风港涉及数字网络通信的接入和传输。具体来说，责

---

① S. draft 512 (h) (1) (B).

② S. draft 512 (a).

任避风港适用于提供传输、路由或接入服务，或者为了完成此类服务而发生的中间及临时性存储。起草者解释说，在数字网络里传输数据包的过程中，可能在路由器和服务器上产生中间和临时的信息复制件，这样的复制件是传输过程中自动产生的。"中间和临时性"（intermediate and transient）指的是在传输过程中产生和/或存储的复制件，而不是发送地或接收地形成或存储的复制件。

从直接侵权与间接侵权的区分出发，草案规定，当服务提供者在向他人传播过程中扮演"渠道"（the role of a "conduit"）的角色，享有责任限制的条件是：a. 传输是服务提供者以外的人发起或者下达指令；b. 传输通过自动技术过程进行，服务提供者不对材料进行选择；c. 除对他人的要求自动回复以外，服务提供者不选择资料的接收者；d. 在材料的中间和临时性存储中，系统或者网络不留存其他人可能接触到的复制件，传输给预期接收人的复制件在系统或网络上存留时，不超过通讯所需的合理必要时长；e. 传播过程中，材料在内容上（但不一定在形式上）未被修改。①

起草者对以上条件进行了说明。所谓形式上的改变如电子邮件的发件人信息中包含粗体或斜体格式，但是收件人收到的信息却没有。"材料的选择"指的是决定发送何种材料以及将何种特定材料放在网上的编辑性工作（editorial function），②正如广播电台所做的那样，而非指对来自用户、网络定位工具或者其他网络的命令、请求加以响应的自动技术过程。"对他人要求的自动回应"旨在涵盖服务提供者响应其他用户或网络请求的行为，如电子邮件发送、将信息发送到一个邮件列表代理或其他讨论组的请求。

自起点路由至目的地过程中产生的信息复制件，③如路由器或邮件服务器产生的复制件、传输过程中 web 页面的存储和转发功能以及其他路由过程中的过渡性复制件，均在本责任避风港涵盖范围。

"通常可以访问"是指第三方一般可以接触到存储的材料，这意味着

---

① S. draft 512 (a) (1) – (a) (5).
② S. draft 512 (a) (2).
③ S. draft 512 (a) (4).

非法入侵者可以获得访问材料一般不属于第三方通常可以访问。同样，在技术维护过程中，服务提供者的人员偶然接触到信息，或者执法官员基于传票而接触信息，均不属于"通常可访问"。当然，服务提供者为将材料提供给其他用户而有意制作的复制件，不在此列。

（2）系统缓存服务责任避风港[①]

第二类避风港涉及系统缓存服务，它同样是一种中间和临时性的存储，但与信息接入和传输不同。"缓存"的主要作用是提高网络性能，减少网络拥堵。这种存储是"中间性的"，因为服务提供者在原始站点和最终用户之间同样扮演中介角色。

按照起草者的理解，系统缓存的特征是，材料在其原始网站可以访问，因他人指令经由服务提供者的系统或网络传输到他人之处，此时自动对材料加以存储，以使用户再次向源站点请求访问材料时，可在缓存服务提供者的服务器上接触材料。

对此项服务适用责任避风港的条件[②]同样以直接侵权和间接侵权的区分为指导原则，分别是：a. 传递给后续用户的材料，相对于源网站必须在内容上未经修改。[③] 草案的意图在于，服务提供者从其他网站缓存材料时，倘若没有源网站的授权就不得修改和材料绑在一起的广告；b. 缓存服务提供者应符合材料更新要求；[④] c. 服务提供者不得干涉源网站的信息反馈技术，比如用户"点击量"统计技术。另一方面，这样的技术必须：（i）对缓存提供者的系统或网络运行或者材料的中间性存储没有明显的干扰；（ii）符合适用于互联网通讯领域公认的行业标准通信协议，比如由因特网工程工作小组和万维网联盟批准通过的协议；和（iii）获取的信息不多于如果访问源网站该技术可以从用户那里获得的信息；[⑤] d. 如果源网站为访问施加了技术限制，缓存商不得使之失效。[⑥]

---

① S. draft 512（b）.
② S. draft 512（b）（1）-（5）.
③ S. draft 512（b）（1）.
④ S. draft 512（b）（2）.
⑤ S. draft 512（b）（3）.
⑥ S. draft 512（b）（4）.

草案规定了缓存材料的"通知—移除"程序。① 不过，草案同时规定，移除义务只有在以下情形才发生：材料已经从源网站删除，或提交侵权通知的当事人已经取得法院要求材料从源网站移除的命令，并通知了服务提供者的通知受理人。起草者解释说，加入这个条件是因为系统缓存下的存储是自动发生的，除非侵权材料已经从源网站删除，否则侵权材料即便删除也会再次缓存。

(3) 信息存储服务责任避风港②

第三个责任避风港针对服务提供者的信息存储行为。此类服务的特征是：服务提供者受用户指令，将其材料存储于由服务提供者的系统或网络。信息存储服务包括为用户网站、聊天室或论坛提供服务器空间等。由服务提供者自己放在系统或网络上的信息不属于这里所指的信息存储。

就存储商的免责条件，草案提出了重要的"知晓"要件。③ "知晓"是指：服务提供者实际知晓侵权存在，或者缺乏实际知晓时，了解那些明显昭示侵权活动的事实或情况，即所谓"应当知道"。起草者解释说，"侵权活动"包括一切发生在存储服务提供者网络或系统上的不正当行为，不论版权侵权就技术上而言是发生在该网站上还是材料接收处。例如，网站提供音频或视频播放的行为，在美国法上属于对音乐作品、录音、视听作品的公开表演，而在用户端下载则属于对作品的复制。

起草者明确指出，服务提供者不必通过对其服务加以监控，或者积极地寻找表明侵权活动存在的事实（草案规定的标准技术措施除外），作为求得责任限制的代价。但是，一旦服务提供者满足"应知"条件，则需要迅速采取措施。应知的判断标准可被称为"红旗"标准（"red flag" test）。④ 该标准包含一项主观因素和一项客观因素。在确定服务提供者是否意识到"红旗"出现时，必须认定"服务提供者对事实和情况在主观上了解"。而在确定这些事实或情况是否构成一面"红旗"时，则要求，对于一个相同或者相似情况的理性运营者（a reasonable person operating

---

① S. draft 512 (b) (5), see also 512 (c).
② S. draft 512 (c).
③ S. draft 512 (c) (1) (A).
④ S. draft 512 (c) (1) (A) (ii).

under the same or similar circumstances）而言，侵权行为是否明显，这是一个客观标准。

服务提供者一旦实际知道侵权材料存在，或者意识到明显昭示侵权的事实或情况，如果迅速删除或者禁止访问侵权材料，仍享受责任限制。① 至于何为"迅速"，起草者认为，事实情况和技术水准可能随案件不同而有所变化，因此由法律确定一个迅速行动的统一期限并不可行。

沿袭传统的版权间接侵权理论，起草者也将替代责任要素写进了草案。如果服务提供者从侵权活动中获利且控制侵权活动，将失去避风港保护。② 起草者强调，在确定经济利益要件是否得到满足时，法院应该运用符合常识和基于事实的方式，而非形式主义。通常，如果直接侵权人和非侵权人为网络服务支付同样的对价，那么，从事合法业务的服务提供者的所得不应认定为"从侵权行为中获得的直接经济利益"。因此，从侵权人处收取一次性的注册费和按期定额付费（flat periodic payments）均不构成"获得直接经济利益"。根据信息长度（例如字节数）或网络连接时间确定费用，同样如此。与此相反，如果服务价值在于提供对侵权材料的访问，则为此而收取的费用构成直接经济利益。

虽然在有关缓存服务的责任避风港规定中提到了"通知—移除"程序（国内又译为"通知—取下"程序，本书在同样的含义上使用这两个术语。——笔者注），但详细规定到了存储服务避风港中才现身。起草者称其为"非常有特色的通知—移除程序"。③ 当版权人按照规定的程序通知服务提供者存在侵权行为时，服务提供者须迅速删除系统上的侵权材料或者阻止对侵权材料的访问，才能继续享受责任限制。④ 起草者称，这一"通知—移除"程序是对现实中一种合作程序的提炼和定型化，后者已被用来有效地处理网络版权侵权问题。

起草者特别指出，通知—移除程序不是认定或排除责任所必需。对于服务提供者已经实际知道或者满足"红旗"标准的侵权，即使版权人

---

① S. draft 512（c）（1）（A）（iii）.
② S. draft 512（c）（1）（B）.
③ S. draft 512（c）（3）.
④ S. draft 512（c）（1）（C）.

并未发出侵权通知,服务提供者若想继续享受责任限制,也必须迅速移除或者阻止访问。另一方面,即使收到版权人发出的侵权通知,服务提供者也可以拒绝移除材料或网址(the material or site),如果服务提供者选择拒绝移除,那么责任避风港规定不再适用,负责任与否依版权法的一般规定处理。

为了使"通知—移除"程序有效运转,草案作出了指定侵权通知受理人的规定。① 服务提供者须指定一个代理人接收侵权通知。该项指定要报送给版权局长,并出现在服务提供者网址上,其中包含方便版权人就侵权事宜联系服务提供者的必要信息。版权局长应保存一份指定代理人的名单供公众查阅,这份名单既要置于国会图书馆网站,还要以实体文件形式置于版权局。名单中应包含指定代理人的姓名、地址、电话号码和电子邮件地址等内容。

草案具体规定了侵权通知应包含的内容。②

首先,通知须以书面形式提交给服务提供者的指定代理人。有效通知应包含如下信息:③ 通知由版权人或其代理人签署,④ 签名可以电子或者手写,其目的在于身份识别⑤;通知中须指明受到侵权的作品,⑥ 就此起草者在立法报告中表示,若一个通知涵盖同一网址上(a single online site)的多部作品,一张有代表性的作品清单视为已足,立法报告还举例说,如果有人在某个网站经营未经授权的网络点唱机,不需要在通知中列出所有已经或者可能遭到侵权的音乐作品或者录音,只要就这些作品或录音给出一张有代表性的目录即可,从而使服务提供者可以理解侵权行为的性质和范围。⑦

---

① S. draft 512(c)(2).
② S. draft 512(c)(3).
③ S. draft 512(c)(3)(A)(i)-(vi).
④ S. draft 512(c)(3)(A)(i).
⑤ S. draft 512(c)(3)(A)(v)-(vi).
⑥ S. draft 512(c)(3)(A)(ii).
⑦ 这一要求,事实上是存在问题的。网站的结构是分级页面,在一个页面上既可能出现一个作品,也可能出现多个作品。加之作品类型的多样性,"一张有代表性的清单"不一定能让服务商锁定被代表的侵权作品的具体位置。这也是其后的司法判例对通知的具体性加以澄清的原因,参见后文 Viacom v. YouTube 系列判决。——笔者注

其次，通知包含的信息须足够充分，使服务提供者可以识别和定位侵权材料。① 起草者就此举出的例子是：一个涉嫌侵权材料的复制件或对材料的描述，再加上被指控含有侵权材料的 URL 地址（网页）。

此外，通知应包含足够的身份识别信息，② 如地址、电话号码、电子邮件地址（如有），以便服务提供者可以联系到投诉人。

最后，通知须包含如下声明：投诉方善意地相信，争议材料的使用方式未经过版权人授权，也非属法律许可；③ 通知所包含的信息是准确无误的；④ 投诉方有权代表受到侵害的权利人，陈述如有不实则受伪证处罚。⑤

起草者强调，如果版权人没有遵循通知的格式规定，通知中的信息就不能用以推定服务提供者的实际知情或对"红旗"的知晓。不过，起草者又表示，判断通知是否有效的标准必须是实质遵守（substantial compliance）规定与否。⑥ 此外，草案还特别规定，如果：a. 投诉方已经提供了有关作品拥有版权、识别侵权材料的必要信息，以及投诉方的足够通信信息；b. 服务提供者没有立刻尝试联系通知发出者，或者采取其他合理措施促成接收实质上符合规定的通知，那么，一个其他方面有缺陷的通知可以用以判断服务提供者意识到了什么事实和情况。

换言之，包含足够侵权说明的通知能够让服务商留心一下相关指控事实，或应该积极地与通知方取得联系，索取形式上完善的通知。如果服务商怠而不为，则有"故意视而不见"的嫌疑。

起草者表示，上述规定旨在确保侵权通知的实质遵守标准能够得到贯彻，从而一些技术性错误不会让服务提供者和版权人失去保护，例如：名字的拼写错误，提供过时的区号但是电话号码附有准确的地址，或者提供过时的名称但伴随的电子邮件地址依旧有效等。

---

① S. draft 512（c）（3）（A）（iii）.
② S. draft 512（c）（3）（A）（iv）.
③ S. draft 512（c）（3）（A）（v）.
④ S. draft 512（c）（3）（A）（vi）.
⑤ 参见 28 U. S. C. 1746; 18 U. S. C. 1621.
⑥ S. draft 512（c）（3）（B）.

(4) 信息定位服务责任避风港①

第四个责任避风港涉及信息定位工具服务，它是指利用信息定位工具指引或链接用户到在线站点的情况。起草者举例说，"信息定位工具"包括：网站或材料的目录或索引，如基于特定标准程序识别出网站的搜索引擎；对其他在线材料的指南比如一个推荐网站目录、一个网络站点或地址的指示或是一个允许用户不输入地址就可以接触材料的超文本链接（a hypertext link）。草案旨在通过为信息定位工具提供者建立避风港，促进信息定位工具的普遍发展。

具体而言，服务提供者享受责任限制的条件是：a. 不实际知晓其他网站的侵权，并且没有意识到能够从中明显推出侵权行为的事实或情况；b. 当服务提供者有权利也有能力控制侵权行为的时候，没有从侵权行为中直接获得经济利益；c. 在收到符合形式要求的声称侵权的通知后，迅速地移除或屏蔽指引或链接。这里的通知程序按照调整信息存储服务的规定进行。

起草者专门提到现实中遇到的一个问题，一个服务提供者是否应该仅仅因为浏览过侵权网站就被取消避风港资格？如果答案是肯定的，那么在相当多的情况下，人工编辑通过浏览和分类诸多网站而制作搜索目录，将不能享受避风港待遇。

起草者认为这是一个很重要的问题，为此表明了态度：网址索引在帮助网络用户识别、定位分散、动态网络世界中的信息方面扮演了重要的有价值角色。可以说，信息定位工具对于使用网络来说是至关重要的，没有它们，用户将不能找到所需要的信息。（人工制作的）目录在过滤掉不相关和令人讨厌的信息从而实施有效搜索方面更是极为有用。比如说，雅虎的目录正在（指1998年。——笔者注）为超过80万个网站制作目录，对于万维网来说，它就是一个"卡片索引"，每月有超过3 500万的用户访问量。类似于雅虎的搜索目录通常由访问目标网站并将其编目的人所创建，恰恰是这些编目者的人工判断和编辑取舍使得目录具有价值。

因此，起草者表示，认定责任的知晓或意识标准不应该导致包括人

---

① S. draft 512 (d).

工操作在内的目录制作受到抑制的后果。在缺乏实际知情的证据时，信息定位服务商"意识到侵权"应该是指，存在着盗版网站或十分显著的同样情况，不能仅仅因为服务商在制作目录时浏览了侵权网站就认定其意识到侵权。换言之，红旗标准在这里同样适用。

起草者举例说，可以从中明显推出侵权的事实或情况包括：在服务提供者的人员浏览网站的时候，对方明显就是"盗版"网站，即有录音、软件、电影或图书可供未经授权的下载、公开表演或演示。而缺乏红旗或实际知晓，不应仅仅因为服务提供者在一个为名人所建立的网站上看见该名人的一张或多张广为知晓的照片就认定其意识到了侵权。理由在于，不应期待服务提供者在其简短的编目访问中能够确定：照片仍然受版权保护，还是已经进入公有领域；如果照片仍然享有版权，网站的使用是否已经过授权；如果使用未经授权，是否属于合理使用的情形。

起草者强调，"知晓"标准的一个重要目的是将精心设置的盗版网站指引（sophisticated "pirate" directories）排除在避风港之外。这种目录的特点是将用户指引到经过筛选的网站，盗版软件、图书、电影和音乐在这些网站上供用户下载或传播。此类网站的 URL 网址[①]或标题信息中会使用典型的类似于"盗版""违法"的字眼或俚语，以此吸引搜索服务商和网络用户的注意。此类网站的违法性质即使是一次简短大略的浏览也能分辨，因此责任避风港不适用于浏览了此类网站仍然与其建立链接的服务提供者。

起草者认为，遵循上述原则，草案规定的红旗标准就实现了利益的平衡。红旗标准的常识性结论是，不要求网络编辑和编目者对潜在的版权侵权做出有识别力的判断，然而，如果一个网站很明显是盗版的，那么只是看见这个网站就意味着其遇到了一面"红旗"。面对红旗依然我行我素的服务提供者当然不能享受避风港。

不过，起草者的概括有所粗略，现实中存在这样的情况：一个网站

---

① 在电脑术语中，统一资源标识符（URL）是一个用于标识某一互联网资源名称的字符串，Web 上可用的每种资源——HTML 文档、图像、视频片段、程序等——都可以由一个通用资源标志符进行定位。——笔者注

上侵权材料泛滥，但同时也存在着大量的非侵权材料，对此应当如何处理，这是留给司法实践的一个问题。

（5）"通知—取下"程序中的责任避风港①

第五个责任避风港针对服务提供者依侵权通知而移除侵权材料的行为。具体来说，草案免除服务提供者基于善意而屏蔽、移除被声称侵权的材料或行为的责任。② 这项豁免同样适用于服务提供者基于明显能从中推出侵权行为的事实或情形而屏蔽访问或移除材料或行为的责任，哪怕该材料最终证明是不侵权的，也适用该豁免。简言之，免责规定的目的是保护善意的遵守"通知—移除"要求的服务提供者。这里可以看出，在草案起草者眼中，"红旗"与否适用"理性人"判断标准，只要在理性人看来特定事实或情况构成一面"红旗"，即可予以移除且不承担损害赔偿责任，其背后不必然就藏着一项侵权。

草案还确立了放回程序。③ 当侵权指控遭到反对，服务商可以将材料放回。作为对取下程序的修正，放回程序出现在草案中，缘于一些参议员担心，通知—移除程序会促使服务提供者移除材料，但是对材料被移除的第三方却保护不足。作为移除免责的例外，放回程序适用于服务提供者根据一个合格侵权通知，移除一个用户发表在系统或网络的材料的情况。此时，为了享受责任豁免，服务提供者应该遵守以下三个步骤。

首先，服务提供者采取合理的步骤迅速通知用户，其材料已被移除或屏蔽。④ 起草者认为的合理步骤如发送电子邮件到与网帖有关联的地址，如果网帖包含用户姓名，则发送电子邮件到用户注册时所留的邮箱地址。起草者强调，草案无意给服务提供者施加义务，到用户帖子或所留地址以外去搜索，也不打算让提供了错误信息的人对服务提供者主张权利。

随后，用户可能提出一个反通知，声明移除行为是错误的，并要求

---

① S. draft 512（f）.
② S. draft 512（f）（1）.
③ S. draft 512（f）（2）.
④ S. draft 512（f）（2）（A）.

将这些材料重新放回。① 如果用户对服务提供者的指定代理人提出反通知，服务提供者应迅速向发出移除通知的人提供反通知的副本。②

最后，除非收到来自发出移除通知人的新通知，说明其已经提起诉讼，请求法院命令用户停止有关的侵权行为，否则服务提供者要在收到反通知后10—14个工作日内将用户的材料放回或解除屏蔽。③

用户的反通知同样要在实质上遵守草案设定的要求。反通知必须包含用户的普通或电子签名、被移除材料的名称以及原本所在位置、愿受伪证惩罚的声明、善意地相信材料被移除或屏蔽是出于错误的声明、联系方式、同意一家联邦地区法院的司法管辖权的声明、接受法律文书送达的声明。

草案规定，服务提供者对放回程序的遵守不会使其承担版权侵权责任，不会因移除材料而失去避风港待遇。④

3. 与五个责任避风港相配套的条款

责任避风港虽然免除了服务商的金钱赔偿责任，但并非排除权利人寻求救济的一切可能性，对此草案已经虑及。

（1）来自法院的禁令救济⑤

草案给权利人保留了申请禁令的可能性，定义了颁布禁令的条件。⑥不过，草案也限制了禁令救济的范围，规定了救济的形式，⑦ 并给出了若干法院在决定是否批准禁令救济以及合适范围时必须考虑的因素。⑧

针对享受系统缓存、信息存储和信息定位责任避风港的服务提供者，草案规定，法院只能在三种禁令形式中进行挑选。⑨

---

① S. draft 512（f）（3）.
② S. draft 512（f）（2）.
③ S. draft 512（f）（2）（C）.
④ S. draft 512（f）（4）.
⑤ S. draft 512（i）.
⑥ Injunction 国内一般将此词翻译成禁令，但也有翻译成强制令的。禁令的译法容易让人望文生义地理解为"要求不作为"，其实这个概念包括了要求当事人积极作为的内容。——笔者注
⑦ S. draft 512（i）（1）.
⑧ S. draft 512（i）（2）.
⑨ S. draft 512（i）（1）（A）.

首先，法院可以要求移除或屏蔽服务提供者系统或网络上的特定侵权材料或行为。其次，法院可以要求服务商终止从事侵权活动的用户账号。最后，草案还包含一项弹性规定，即当法院认为有必要阻止或限制特定网址上的版权侵权时，在适当情况下可以颁布一个不同于以上两种形式的禁令。① 但是，如果法院拟颁布此类禁令，必须先行认定，该禁令救济相对于达到同一目的相对有效的其他救济形式而言，给服务提供者造成的负担最小。

对于享受责任避风港的传输、接入服务提供者，草案则规定了不同形式的禁令救济。② 法院可以给予以下方式禁令救济：终止法院令指定的用户账号；限制服务提供者与国外网站的联系，要求其采取法院令所要求的合理措施，屏蔽对位于美国之外的特定网址的访问。

草案列出了法院颁发禁令时应当考虑的因素。③ 它们是：a. 本禁令单独或与其他禁令一起发出时，是否对服务商或其运营造成极大负担；b. 如果对侵权不加阻止，版权人将会在数字网络环境下遭受的损害程度；c. 禁令在技术上是否可行和有效，是否影响到对其他网址上的非侵权材料的访问；d. 是否存在其他使服务商负担较轻且相对有效的措施。

作为补充和对正当程序（due process）的遵守，草案还规定，除了保全证据的法院令或其他对服务提供者的网络运营没有实质性负面影响的法院令，以上禁令的发出须以向服务提供者发出通知且给予其申辩机会为前提。④

（2）服务商披露直接侵权人的身份信息⑤

依据草案，按照相关要求已经提交或将要提交侵权通知的版权人可以获得一项法院令，要求服务提供者披露被指控的直接侵权者的身份。版权人须向地区法院书记员提交三份文件，包括一份侵权通知副本、一份法院令的草拟本和一份经过宣誓的声明，说明申请法院令的目的在于获得被指称侵权者的身份，并且该信息将只被用于保护本法中的权利。

---

① S. draft 512 (i) (1) (A).
② S. draft 512 (i) (1) (B).
③ S. draft 512 (i) (2).
④ S. draft 512 (i) (3).
⑤ S. draft 512 (g).

根据申请颁布的法院令应授权并命令服务提供者迅速地向版权人披露其所掌握的被指称侵权者的身份信息。

起草者强调，本项规定意在要求披露服务提供者拥有的信息，而不是迫使服务提供者对其他系统或网络实施搜索。如果发出的侵权通知符合草案的要求①并且签字正确，法院令应予迅速颁布。收到法院令之后，无论服务提供者先前是否对侵权通知做出过回应，均应迅速向版权人披露其所掌握的直接侵权人的身份信息。

（3）不实通知人的责任②

起草者指出，存在着发出虚假的侵权通知或反通知的危险，换言之，侵权通知可能是通知人明知不存在侵权而发出的，或者反通知是通知人明知自己构成侵权，却要求服务提供者放回材料。此时，服务提供者虽实施移除或放回，但可因满足避风港条件而免责，因此，草案规定，如果通知人故意作出不实的通知或反通知，则应就对方因此而遭受的损害负责。作出这一规定，旨在阻止不利于权利人、服务提供者和网络用户的故意虚假陈述。

（4）无主动审查义务及用户隐私保护③

草案强调了网络用户的隐私保护，但相关表述已经超出了隐私保护范围。草案明确，适用责任避风港不得要求服务提供者：a. 监视其服务或积极寻找能够推出侵权行为的事实，除非在遵守标准技术措施的范围内去做；b. 对材料进行违法的访问、移除或屏蔽，比如违反电子通讯隐私法的行为。这意味着，网络服务商通常不负有事先、主动、持续的网络监控义务，可以坐等"红旗"的出现。

（5）条文的解释规则④

草案中还包含关于解释规则的规定。原则是，关于服务提供者是否符合一个责任限制条款的认定不影响其是否符合另一个责任限制条款的认定，而是分别独立判断。起草者强调，责任避风港规定是基于功能的

---

① S. draft 512（c）（3）（A）.
② S. draft 512（e）.
③ S. draft 512（l）.
④ S. draft 512（m）.

(based on functions)，每个避风港针对一项单独的功能。举例来说，一个服务提供者提供指向有侵权材料网站的链接，同时将材料缓存于它的系统里以方便用户访问，这里至少出现了三个涉及不同责任避风港的功能：网络传输、系统缓存和信息定位工具服务。如果这个服务提供者已经满足责任避风港的共同条件，就其系统缓存行为来说，它可以寻求系统缓存避风港的保护。其是否满足系统缓存责任避风港要求，不影响其是否有资格享受信息定位工具避风港。

（6）既有制定法及判例法原则上不受影响[①]

就草案规定与既有制定法及判例法之间的关系，起草者在"其他抗辩不受影响"标题下加以说明。原则是，新草案的制定仅在于将既有的判例法和合法的实践予以法典化，并不创设新的责任类型，也没有创设对版权的新限制，不影响传统上服务提供者可以援引的抗辩。简言之，新的512节与确定一个网络服务提供者是不是侵权人无关。即使一个服务提供者的行为没有满足本草案责任限制的条件，这个服务提供者也不必然就是侵权人，相关责任认定仍然依照版权法的规定和判例法中有关直接、替代或者帮助侵权责任认定规则进行。当一个服务提供者不符合责任避风港的条件，它仍然可以主张现行法律的其他一切抗辩。

不过，虽然起草者一再声明，新规定只是对特定类型的服务提供者享受责任限制的条件（这些条件似乎已由判例法确认）加以明文规定，其实，通过红旗标准和服务商无事前监控义务的规定，草案显著提高了版权侵权认定的过错门槛。

二 众议院司法委员会的草案及立法说明

1998年5月22日，在第105届国会上，美国众议院司法委员会向众议院提交了一份《WIPO相关版权公约实施及在线版权侵权责任限制法案》。虽然其条文和理由相较前面的参议院立法报告都要短得多，但其中透露了美国立法者就有关网络服务提供者责任所持态度的重要信息，值得研读。

[①] S. draft 512 (k).

(一) 草案的条文

在这一法律草案中，关于网络服务提供者的责任限制有如下规定：

第 512 节　与在线材料有关的责任限制

(a) 即便有第 106 条规定，服务提供者在以下情况不需承担责任：

(1) 通过服务提供者控制或者运营或者为其控制或者运营的系统或者网络进行中间存储和传输材料的行为属于直接侵权，如果——

(A) 材料的传输是由服务提供者以外的人发起的；

(B) 存储和传输是系统自动完成的，服务提供者没有对材料进行选择；

(C) 系统或网络上没有以预期接收人以外的任何人通常可以获取的方式保留服务提供者制作的材料复制件，且系统或网络上以预期接收人通常可以获取的方式保留此种复制件未超出传输所需的合理时间。

(2) 满足 (1) 中所描述的行为，不需承担第 504 或 505 节规定的帮助侵权或者替代责任下的经济赔偿责任；或者

(3) 不是 (1) 中所描述的行为，但属于通过服务提供者的系统或网络传输或访问材料，同样不需承担第 504 或 505 节规定的帮助侵权或者替代责任下的经济赔偿责任，如果服务提供者——

(A) 事实上不知道系统或网络上的材料构成侵权行为或者对该材料的使用构成侵权，事实上不知道也不知悉明确显示侵权活动的事实或情况；

(B) 在服务提供者有权利和有能力控制侵权行为时，未从侵权行为中获取直接的经济利益。

(b) 隐私的保护——本节 (a) 条的任何规定不能被解释为要求服务提供者：

(1) 监视其服务或积极地查找能够推出侵权行为的事实，

（2）对材料进行法律禁止的访问、移除或屏蔽访问。

（c）对移除或屏蔽访问侵权材料行为的责任限制——服务提供者基于善意，或基于明显能从中推出侵权行为的事实或情形，屏蔽对被指称为侵权的材料或行为的访问或将其移除，不对任何人承担责任，无论该材料或行为最终是否被认定为侵权。

（d）其他抗辩不受影响——服务提供者移除在线传输的材料或屏蔽访问由其提供在线访问的材料，或没有实施移除或屏蔽，不得影响根据本法第107条或其他规定服务提供者的行为不构成侵权的抗辩。

（e）不实陈述——任何人故意对服务提供者做出在线材料是侵权的不实陈述，应当对于服务提供者，或者对于因服务提供者信赖该不实陈述而删除或者屏蔽被控侵权材料而遭受损害的版权人或版权被许可人，承担损害赔偿责任，包括费用和律师费。

（f）定义——服务提供者是指在线服务或网络接入提供者。

上述内容构成对美国法典第17编（title）第5章（chapter）的新增内容。

（二）草案的立法目的

对上述草案，起草人表示，该《在线版权侵权责任限制法案》旨在解决在线服务和互联网接入服务提供者的责任限制问题。针对这一问题，美国法院发展出了几种理论，这些理论之间存在冲突，本草案的提出是为了回应网络服务提供者关于数字环境中更为确定的法律的诉求。换言之，草案将现行的有关在线服务提供者的判例加以法典化，并对其他问题加以明确。其优点就在于将广为认可的司法意见适用到数字环境中。

起草者认可有关直接侵权和间接侵权的区分，并在草案中对之加以区别对待，认为这种结构符合不断发展的判例法，贴合不同责任形式背后的制定法依据以及法律政策。

首先,当技术过程由服务商之外的人发起,服务商行为属于被动的和自动的性质时,排除其直接侵权责任。起草者坦承,这实际上是将当前领先和最富启发性的判决即 1995 年 Religious Technology Center v. Netcom On-line Communications Services 案①(以下简称 Netcom 案)加以法典化,从而否定了 1993 年 Playboy Enterprises v. Frena 案②中持相反立场的司法意见。

就间接侵权,起草者指出,该法案将在两个主要方面改变现行法律:(1)如法院在 Netcom 案中所指出的,服务商就其被动及自动的行为(the passive, automatic acts)不承担经济赔偿责任。(2)使当前的帮助侵权和替代责任认定标准变得更加清晰且更加难以满足(clearer and somewhat more difficult to satisfy)。不过,在间接侵权情况下,禁令救济仍然可以适用,借此确保有能力制止侵权的服务商与权利人合作。

此外,服务提供者的行为未达到草案的免责资格或责任限制资格,并不意味着服务提供者必然是侵权人或承担经济赔偿责任。一旦草案规定的责任免除或限制不适用,则适用现行法律来认定承担责任与否。此时,法院将审查服务提供者的行为是否满足直接侵权、帮助侵权或替代责任,是否存在其他责任免除或限制事由,最终确定服务商是否应当承担经济赔偿责任。起草者称,在本法案下判令经济赔偿时,适用关于赔偿数额的一般性规定,包括 1976 年版权法 504(c)(2)中关于非营利和公共广播组织合理相信该侵权行为是合理使用不需承担侵权责任的规定。

起草者强调,依草案规定,服务商不得干涉用户隐私,还规定,当非营利机构,例如大学,认为指称的侵权行为是合理使用时,不享受区别对待。草案对服务提供者协助版权所有者限制或防止侵权作出了保护性规定,此外,就有人故意做出不实的网上侵权指控时,规定了不实陈述者的损害赔偿责任。

---

① 907 F. Supp. 1361(N. D. Cal. 1995).

② 839 F. Supp. 1552(M. D. Fla. 1993).

（三）草案条文的立法理由

就本节的具体规定，起草者也一一进行了解释。

512（a）（1）规定，网络服务提供者就以下行为不承担直接侵权责任：应第三方要求，通过其系统或网络传输材料，并为此对该材料进行临时存储。享受免责的存储和传输是通过自动的技术过程进行的，服务提供者不对材料进行选择，材料在服务商系统或网络中的存留时间不超过传输该材料所必需。起草者解释说，这种行为通常包括客户的 Usenet 帖子发送到其他网站，还包括提供路由，即把数据包从网络的一点传输到另一点。

这一规定是对 Netcom 一案关于服务提供者直接侵权所持司法意见的法典化。在 Netcom 案中，法院认为，除了安装和维持一个系统，其软件自动传输信息并加以临时存储外，服务提供者没有采取积极的行为直接导致作品复制，故不承担直接侵权责任。[①] 起草者认为，Netcom 判决暗示，临时复制件在有限的时间段内可以保留而服务商不必承担责任。512条（a）（1）要求临时复制件在系统或网络中存在的时间不得超过传输该材料所需的合理时间，这也是从 Netcom 案中得出的结论，草案旨在将法院的这一默示立场法典化。

接着，512条（a）（2）规定，服务提供者对512条（a）（1）中规定的行为也不承担帮助侵权或替代责任下的任何经济赔偿责任。这一规定是将 Netcom 一案关于直接侵权的立场延伸到间接侵权下的经济赔偿责任。综合512（a）（1）、（2）两项规定，意味着服务提供者对这种应第三方要求提供的传输或为传输而进行暂时存储不承担任何经济赔偿责任。此时，遭到第三人侵权的版权人可以依据间接侵权规定寻求法院的禁令救济。

对于512（a）（1）规定之外的服务商行为，也就是服务商所实施的信息传输之外的行为，512（a）（3）进行了调整。起草者解释说，如果服务商对侵权的参与程度或知情程度很低（where a provider's level of participation in and knowledge of the infringement are low），那么同样不需

[①] 907 F. Supp. 1361 (N. D. Cal. 1995).

要承担经济赔偿责任。这种行为包括在服务器上提供存储以及应网络用户要求传输这些存储的材料。此外，本款明确规定了帮助侵权的知晓要素和替代责任中的经济利益要素。即使服务提供者满足了普通法中规定的共同侵权或替代责任的要件，但如果满足本款规定（A）项和（B）项所规定的条件，仍然不需承担经济赔偿责任。当然，根据512（a）（2），服务提供者固然不需承担任何经济赔偿责任，仍然受禁令救济的制约。

立法者指出，512（a）（3）（A）规定的"知晓"除了实际知晓，还包括知道明确显示侵权行为的事实或情况，例如一件侵权通知，或一个理智的人（a reasonable peron）会信赖的其他任何指示侵权的信息。在适当的情况下，这类事实还包括作品上没有版权或授权的惯有标记，比如缺少已被接受并成为标准的数字水印或其他版权管理信息。不过，正如512（b）强调的，服务提供者没有义务去寻找此类红旗（the bill imposes no obligation on a provider to seek out such red flags）。[①] 另一方面，一旦服务提供者意识到红旗的存在，就不再享有免责资格。

起草者特别强调，这一知晓标准与当前的法律有所不同，依当前法律，如果被告已知或应知（knows or should have known）材料系侵权材料，就要承担帮助侵权责任。

512（a）（3）（B）规定的经济利益标准旨在将一些案件中阐释的替代责任认定的直接经济利益要素加以法典化和清晰化，例如在Marobie案[②]中，法院认定，向实施侵权行为的用户收取一次性注册费或就其服务定额按期收费，不属于从侵权行为中直接获得经济利益。但是，如果服务的价值就在于提供对侵权材料的访问，则就该服务收取的费用属于从侵权行为中直接获得的经济利益。

512（a）（3）（B）中"具有控制的权利和能力"是对判例法中有关替代责任第二个要素的法典化。起草者表示，本项规定不是要将控制要素仅限于有明确的形式，例如合同条款存在与否，相反，这一规定旨在

---

① 即"明确显示侵权行为的事实或情况"（facts or circumstances from which infringing activity is apparent）.

② Marobie-FL, Inc. v. National Association of Fire Equipment Distributors, 983 F. Supp. 1167 (N. D. Ill. 1997).

维持现有判例法关于考察直接侵权人与间接侵权人之间关系的所有相关因素以确定控制有无的立场。①

起草者强调，512（b）（1）规定了"一项至关重要的原则"，即512（a）下的知晓标准不能被解释为，服务提供者只有监视其网络，或积极地查找可疑信息（suspicious information），才能享受责任限制。另一方面，一旦服务提供者意识到可疑信息，他可能有义务进一步核查。512（b）（2）特别规定，如果对材料进行访问、移除或屏蔽访问是法律禁止的，服务商不采取这些手段就是正当的。起草者解释说，这样规定旨在防止服务提供者对受到其他法律保护的材料进行访问、移除或屏蔽，例如受电子通信隐私法保护的电子邮件。

就举证责任的承担，起草者解释说，本条提到的责任免除和限制是积极抗辩，证明直接侵权、帮助侵权或替代责任构成要件的责任由版权人承担，服务商则承担证明积极抗辩之事实的责任。

512（c）到（e）旨在为服务商移除或屏蔽被指称为侵权的材料或行为的做法提供保护，鼓励其与版权人合作来遏制侵权。具体来说，如果服务提供者通过移除或屏蔽访问的方式对明显侵权信息作出反应，不会因此受到法律的惩罚。

起草者表示，512（c）的本质是"好撒玛利亚人"抗辩（Good Samaritan）。② 服务提供者负责任地基于侵权通知，或基于明显能从中推出侵权行为的事实或情形，而屏蔽对被指称为侵权的材料或行为的访问，或将其移除，不因此对任何人承担责任。任何人不能仅仅因为材料被取下就得以主张服务商的责任，例如以违反合同为由。

起草者通过512（d）强调，现行法的抗辩理由予以保留。服务提供者采取享受本节规定的责任限制的行为与否，不影响其根据法律一般规定提出其他的抗辩。例如，一个教育机构收到侵权通知，但认为涉案材料属于合理使用，那么无论其是否选择屏蔽访问该材料，均可提出合理使用抗辩。

512（e）款旨在防止因信任虚假信息而造成损失。某人故意对服务

---

① See also Section 7.07 of the Restatement Third of Agency (2006).
② 有关"好撒玛利亚人"的解释参见前文。

提供者做出在线材料是侵权的不实陈述，服务提供者由于信赖该不实陈述而删除或者屏蔽被控侵权资料而遭受损害，则此人而不是服务商应为此承担责任。

一如美国立法技术的特点，定义往往出现在法案的最后。512（f）把"服务提供者"定义为在线服务或网络接入提供者。这一定义显然涵盖广泛，因此提供的信息也十分有限。

总体而言，比起参议院司法委员会5月11日草案，众议院司法委员会的这个草案过于简略。不过，在法律政策的内核上，两个草案却是一致的。

三　众议院的最终草案

1998年7月22日，美国众议院商务委员会（the committee on commerce）也向众议院提交了一个草案。有意思的是，该草案除极少的不改变条文原意的文字润色，完全就是参议院司法委员会1998年5月11日草案的复制版。相比于众议院5月22日草案，参议院草案显然更具可操作性，思考更为成熟，因而得到了青睐。

在1998年10月8日众议院发布的最终立法报告中，两院的司法委员会达成一致，为美国1976年版权法增加一节新规定，作为第512节，题为"与在线材料有关的责任限制"。新规定针对五种网络服务行为设立避风港，分别是网络接入与传输、系统缓存、信息存储、信息定位以及（因侵权通知或反通知而实施的）信息取下或放回。这是参众两院司法委员会经协商而各有妥协的结果，但参议院显然占了上风，其文本大部被采纳，连整部法律的名称也使用了参议院命名的《千禧年数字版权法》。1998年10月28日，草案获得国会通过，经总统签署，《千禧年数字版权法》正式成为法律。

由于大多数条文的立法理由已经在众议院商务委员会草案中得到阐述，而这些理由与参议院司法委员会草案几乎完全一致，在最终立法报告中，两院联席委员会对法案只是择其要点加以说明。

（一）关于 DMCA 避风港规定与既有判例法的关系

立法者又一次强调，新的法律规定没有暗示服务商因符合责任限制条件而不负责任或因不符合条件而应负责任的意思，而是在服务商依现行法应承担责任时，根据其行为是否符合避风港条件而对责任范围有所限制。

实际上，研读法律条文可以看出，立法者所谓的"对责任范围有所限制"，只能理解为对禁令的颁发予以明确，至于损害赔偿责任，由于新法律的避风港以不构成直接或间接侵权为条件，自然不会发生。

立法者还说，新规定也没有抑制服务商对侵权材料加以监控的热情的意思，尤其是法院不能仅仅因为服务商采取了监控措施就剥夺其享受避风港的资格。这也就是说，新法不要求服务商去主动监控或查找，但是对进行了监控或查找的服务商无论如何不能因为其无私反而受到责罚。基于这一说明，对主动进行监控的服务商同样适用红旗标准。

立法者还强调，责任避风港的效果是使合格服务商免于一切形式的直接、替代和帮助侵权责任，这包括损害、费用、律师费和其他形式的金钱支出。新规定也对禁令的适用作出限制，即对接入、传输服务商适用两种类型的禁令（终止账户、对国外站点加以屏蔽），对其他三种类型服务适用三种形式的禁令。

新规定的责任限制适用于"由服务提供者运营或为服务提供者运营"的网络，因此，提供一项服务的服务提供者和为其他服务提供者运营部分或全部系统或网络的分包商均可得到保护。

（二）系统缓存问题

就系统缓存，立法者终于承认，新规定中提到的行业标准通信协议和技术还处在初创阶段（now in the initial stages of development and deployment）。立法者只能寄希望于互联网产业标准组织，例如互联网工程组织（the Internet Engineering Task Force）和万维网联盟（the World Wide Web Consortium）迅速而不迟延地制定出这些协议来，让有关系统缓存避风港的规定真正发挥效果。① 照此说法，DMCA 颁布后，系统缓存服务商恰恰获得了极大的自由，因为他们的主要义务是遵守行业标准通信协议，可是这一协议尚不存在。

（三）针对非营利高等教育机构的特别规定

草案通过前最后一刻出现的实质性变动是对非营利高等教育机构的网开一面。② 新的 512（e）取代了原草案中的 512（c）（2）。立法者一方面强调，一般规则仍然是，当非营利高等教育机构扮演网络服务提供者的角色时，在责任限制上和其他服务商同等待遇。但另一方面，立法者又表示，大学的环境是非常特殊的。通常，如果服务商的雇员对第三人侵权知情或直接实施了侵权行为，那么按照"归责于上"原则（re-

---

① 时至今日，立法者的愿望似乎仍未成为现实。See https：//www.eff.org/issues/dmca.

② 早在参议院草案中，起草者就提到了教育机构的特殊关切，但考虑到各方意见不统一，暂将这些关切予以搁置。

具体而言，就以在线服务提供者身份出现的教育机构（如大学和图书馆）的责任承担问题，人们提出了至少两项关切。第一，教职员工在使用网络时的知情将多大程度上被归为大学，或者归于学院或者大学里负责提供网络服务的部门。如果将知情归于学校或其部门，教育机构可能无法满足本条款规定的责任限制条件。起草者认为，这是一个版权局基于本法第 204 节的授权要研究的具体问题之一。这里不对研究的问题加以预判，看来学院和大学作为服务提供者的知情归责程度问题，以及其他场合服务提供者和最终用户是雇佣关系时的知情归责程度问题，属州法上的"归责于上"问题，不是联邦版权法的调整事项。由此，一个非营利性教育机构在构建其教师队伍和其网络服务提供者功能之间的内部关系方面可以做很多工作。此外，法案不应该被理解为联邦法院在适用代理法以决定教职工的知情应归责于作为教育服务者的教育机构时，排除对其非营利教育机构的性质加以考虑的可能。

第二项关切有关 512 节对公立大学、图书馆以及其他起到在线服务提供者作用的公立机构的适用性问题。有观点认为，如果根据 512 节的通知——删除规定，这些公共机构可能侵犯到用户的正当程序权利。就此，起草者的回应是，任何此类基于正当程序的异议至少存在两个缺陷。首先，任何正当程序主张的前提是存在一项州法上的财产利益。就访问互联网这样相对新的情况而言，服务提供者的合同才是决定用户访问互联网这项财产利益的关键，而不是普通法上的财产利益。因此，可以通过互联网服务合同限制任何形式的作为正当程序基础的财产权。其次，更重要的是，有关侵权通知条件的规定所提供的程序保护和关于恢复被移除材料的规定，提供了一切正当程序保障。起草者称，法案的条文旨在平衡对潜在的侵权做出快速反应的需求和终端用户的材料不会被无救济移除的合法权利，它为所有终端用户（不论其是与私人还是公共部门的在线服务提供者达成合同）提供了适当的程序保护，以确保材料不会无正当理由被移除或者屏蔽。

为了更全面地探索这些问题和其他问题，参议院草案在第 204 节规定版权局长应该为此展开研究。

spondeat superior）或代理法原则，服务商即被剥夺避风港待遇，可是，大学里教师及学生雇员与大学的关系不同于一般的雇主—雇员关系，思想、言论和行为自由是学术自由的核心，因此必须对大学教师、学生助手、研究人员予以特别对待。

考虑上述情况，草案规定，满足一定条件，教师、学生雇员在工作中实施的侵权将不被归于所在高等教育机构。① 就接入、传输服务和系统缓存服务而言，这些人应被视为机构之外的人，就信息存储和定位而言，这些人的知晓或自己的侵权行为不被归于所在机构。②

相应地，如果上述人等不是从事教学或研究，那么所在机构不能享受上述待遇。例如，在上述人员履行行政管理职责时，或从事属于该机构作为网络服务提供者职能的网络运营时，即作雇员看待。此外，研究必须是真正的学术研究，如正当的学术或科学调查，而不是名为研究，实为搞侵权活动。

除了"教学或研究"条件，高等教育机构还要满足三个条件，才能享受上述待遇。首先，侵权活动不能是过去三年里为侵权教师或学生雇员要求或推荐阅读的某门课的教学材料提供访问可能。③ 提供对教学材料的在线访问包括使用电子邮件。"要求或推荐"阅读指的是材料被明确列入提供给所有正式选修该门课程学生的课程材料目录，其他材料如教师或研究生在教学中偶然非正式提到的材料，不在其内。

其次，在过去三年里，高等教育机构不得收到超过两次针对特定教师或研究生的侵权通知。④ 如果收到通知超过两次，可认为机构注意到相关人的侵权习性，相关人以后又实施侵权，机构就不能享受责任避风港。当然，接到针对特定人的两次以上通知，机构只是可能承担责任，错误通知⑤不会将教育机构排除于避风港之外。

最后，机构必须向使用其系统或网络的用户（不管是雇员、教师还是学生），提供讲解和推动版权保护的材料。草案允许但不要求机构使用

---

① 众议院1998年10月8日草案（下称F. draft）512（e）.
② F. draft 512（e）（1）（A）—（C）.
③ F. draft 512（e）（1）（A）.
④ F. draft 512（e）（1）（B）.
⑤ F. draft 512（f）.

美国版权局出版的相关资料以满足本项要求。①

草案规定了对高等教育机构适用禁令的条件。② 首先，美国版权法第502节③下法院要考虑的因素在此都要考虑。此外，法院还要考虑数字环境中尤其需要考虑的因素。④ 最后，告知服务商及给予辩解机会的规定也予以适用。⑤

立法者强调，新的512（e）规定不得被解释为针对高等教育机构新设一项责任。此外，512（e）也不改变现行版权法的版权限制规定。因此，现行版权法第107节有关合理使用的规定以及大学环境中适用合理使用原则的可能性均不改变，第110节关于课堂展示和远程学习的规定也不改变。就此而言，512（e）与512节中的其他规定是协调一致的。最后，512（e）只适用于大学作为网络服务提供者的情况。

四　对 DMCA 避风港规则的简要评析

避风港规则是一套规则体系，具体由《千禧年数字版权法》第512节规定，并非单指规定于512（a）、(b)、(c)、(d)和(f)的五个责任避风港。具体来说，还规定了网络服务提供者的定义，适用避风港须满足的一般性条件，其中既有适用于全部网络服务提供者的条件，也有适用于特定服务提供者的条件，还规定了极具特色的"通知—反通知"程序及要求服务提供者为版权人提供直接侵权人身份信息的"证人传票"规则。

如前文所述，避风港规则要解决的问题是为一类新型民事主体即网络服务提供者确立清晰的责任范围。立法者最终接受了加利福尼亚地方法院在 Netcom 一案中针对网络接入、传输服务提出的观点，即服务提供者如果在信息传输过程中扮演完全是被动的提供通道的角色，不存在引诱、鼓励或选择内容的行为，则不对用户的直接侵权承担损害赔偿责任。避风港规则以内容提供者与服务提供者的二元区分为出发点，以纯粹提

---

① F. draft 512（e）(1) (C)．
② F. draft 512（e）(2)．
③ 美国版权法第502节是关于禁令的规定。——笔者注
④ F. draft 512（j）(2)．
⑤ F. draft 512（j）(3)．

供技术服务而非内容为享受责任避风港的前提。换言之，没有实施诸如复制、发行、公开表演、展览及制作演绎作品等受版权人专有控制的行为，但与此类行为的实施者发生服务关系，则服务提供方将在满足特定条件时免于直接侵权和间接侵权责任下的损害赔偿责任。

作为免于赔偿责任的条件，避风港规则要求服务提供者：（1）不得妨碍版权人追查侵权活动；（2）采取措施防范来自同一主体的反复侵权；（3）注意到明显的侵权或在接到版权人的侵权通知时，迅速移除内容；（4）版权人可向法院申请"证人传票"，要求服务提供者提供其所掌握的直接侵权人的信息。应当说，这些具体规定在照顾版权人利益、服务商利益和技术发展之间平衡的前提下，向互联网产业发展有所倾斜。不过，比之 CDA，DMCA 的政策倾斜尺度较为适当。

避风港规定也存在可商榷之处，其中最明显的就是"查找和记录侵权活动的一般性义务由版权人承担"原则。此外也存在其他一些问题遗留，例如，有关系统缓存避风港的规定从一开始就不具太多可操作性。笔者将在下一节结合有关 DMCA 避风港的判例对这些问题作进一步探讨。

第三节　美国判例法中的避风港规则

美国 1998 年《千禧年数字版权法》（DMCA）第 512 节确立了所谓避风港规则（safe harbor rules），规定了网络环境下服务提供者的责任限制。虽然避风港规则仅是一项版权法上的制度，但在审理涉及其他类型知识产权案件时，美国法院同样参照适用该规则。该规则随之成为全世界网络立法的范本，我国也不例外，在国务院于 2006 年颁布的《信息网络传播权保护条例》中，移植了《千禧年数字版权法》所确立的四类责任避风港。到目前为止，我国学术界关于网络服务提供者责任的讨论也往往以避风港规则为出发点。[①]

[①] 王迁教授曾受国家版权局委托，翻译 DMCA 避风港条款，参见王迁《网络版权法》，中国人民大学出版社 2008 年，第 168 页注 1 以下。另参见陈锦川《关于网络服务中"避风港"性质的探讨》，《法律适用》2012 年第 9 期。

美国是判例法国家，法条上的文字究竟作何解释，最终要看法院怎么说。下文试图结合 DMCA 颁布十几年来的相关判例，廓清美国法院眼中避风港规则的真实面目。① 近几年来，最为重要的上诉法院判决是 Via-

---

① 根据美国学者 Edward Lee 截至 2009 年的统计，在 DMCA 通过以后的 11 年，美国法院处理涉及避风港规则的案件只有 20 个左右。See Edward Lee, Decoding the DMCA Safe Harbors, 32 COLUM. J. L. & ARTS 233, 259, n. 115 (2009).
在 8 件公开发表的案件判决中，只有 3 个巡回上诉法院即第四、七、九巡回上诉法院讨论过 DMCA 避风港的适用问题。
 See CoStar Group, Inc. v. LoopNet, Inc., 373 F. 3d 544, 552 (4th Cir. 2004);
 ALS Scan, Inc. RemarQ Communities, Inc., 239 F. 3d 619, 622 (4th Cir. 2001);
 In re Aimster Copyright Litig., 334 F. 3d 643, 655 (7th Cir. 2003);
 Perfect 10, Inc. v. Amazon. com, Inc., 508 F. 3d 1146, 1175 (9th Cir. 2007);
 Perfect 10, Inc. v. CCBill LLC, 488 F. 3d 1102, 1109 (9th Cir. 2007);
 Rossi v. Motion Picture Ass'n of Am., Inc., 391 F. 3d 1000, 100 (9th Cir. 2004);
 Ellison v. Robertson, 357 F. 3d 1072, 1076 (9th Cir. 2004);
 A & M Records, Inc. v. Napster, Inc., 239 F. 3d 1004, 1025 (9th Cir. 2001).
有 6 个地方法院在 15 个案件中讨论过 DMCA 避风港的适用问题，但并非所有的案件都最后判定成立"避风港规则"抗辩。
 See UMG Recordings, Inc. V. Veoh Networks, Inc., No. CV 07-5744 AHM (AJWx), 2008 L5423841, at *5 (C. D. Cal. Dec. 29, 2008);
 Arista Records LLC v. Usenet. com, Inc., No. 07 Civ. 8822 (HB), 2008 WL 4974823, at *4 (S. D. N. Y. Nov. 24, 2008);
 Lenz v. Universal Music Corp., No. C 07-3783 JF (RS), 2008 WL4790669, at *2 (N. D. Cal. Oct. 28, 2008);
 Io Group, Inc. V. Veoh Networks, Inc., 586 F. Supp. 2d 1132, 1142 (N. DCal. 2008);
 Doe v. Geller, 533 F. Supp. 2d 996, 1001 (N. D. Cal. 2008);
 Tur v. YouTube, Inc., No. CV 06-4436FMC AJWX, 2007 WL 1893635, at *2 (C. D. Cal. June 20, 2007);
 Parker v. Google, Inc., 422 F. Supp. 2d 492, 498 (E. D. Pa. 2006);
 Field v. Google, Inc., 412 F. Supp. 2d 1106, 1123 (D. Nev. 2006);
 Dudnikov v. MGA Entm't, Inc., 410 F. Supp. 2d 1010, 1012 (D. Colo. 2005);
 Corbis Corp. v. Amazon. com, Inc., 351 F. Supp. 2d 1090, 1098 (W. D. Wash. 2004);
 Online Policy Group v. Diebold, Inc., 337 F. Supp. 2d 1195, 1204-05 (N. D. Cal. 2004);
 Hendrickson v. Amazon. com, Inc., 298 F. Supp. 2d 914, 916 (C. D. Cal. 2003);
 Arista Records, Inc. v. MP3Board, Inc., No. 00 CIV. 4660 (SHS), 2002 WL 1997918, at *8 (S. D. N. Y. Aug. 29, 2002);
Perfect 10, Inc. V. Cybernet Ventures, Inc., 213 F. Supp. 2d 1146, 1174 (C. D. Cal. 2002);
 Hendrickson v. eBay, Inc., 165 F. Supp. 2d 1082, 1088 (C. D. Cal. 2001).
2009 年以后，公开发表的涉及 DMCA 避风港的判决也并不多，重要判决如：UMG Recordings, Inc., et al. v. Shelter Capital Partners LLC, et al., 667 F. 3d 1022 (9th Cir. 2011);
 Capitol Records, Inc. v. MP3tunes, LLC, F. Supp. 2d 2011 WL 5104616, at *14 (S. D. N. Y. 2011);
 UMG Recordings, Inc. V. Veoh Networks, Inc., 665 F. Supp. 2d 1099, 1108 (C. D. Cal. 2009).
对以上判决，下文的讨论将具体涉及。

com International Inc. v. YouTube, Inc 案。① 2013 年，经发回重审，美国纽约南区地方法院再次驳回原告 Viacom 公司的请求，被告 YouTube 再次胜诉。② 最近一个重要的判决为 BMG v. Cox 案，涉及网络接入商的责任避风港问题。③ 避风港规则的条文在一个个具体的判例中逐渐变得清晰。

一 判例中的避风港规则一般规定

"512（a）到（d）、(f) 保护有资格的服务提供者免于承担直接、替代和帮助侵权的金钱赔偿救济。……为了享受到这些保护，服务提供者必须符合 512（h）中的条件，并且服务提供者的活动必须属于 512（a）、(b)、(c)、(d) 和 (f) 中的一项功能。"④ 所谓避风港是指符合 DMCA 规定条件的网络服务提供者将免于一切金钱赔偿责任，无论这一责任是基于直接、替代（vicarious liability）还是帮助（contributory liability）侵权责任。⑤ 当然，服务提供者主张自身符合四类避风港之一的条件，与主张不构成直接或间接侵权（帮助侵权、替代侵权）区别并不太大。

（一）适用责任避风港的共同条件

只有网络服务提供者才能享受责任避风港，按照规定，服务提供者

---

① Viacom International Inc. v. YouTube, Inc, 718 F. Supp. 2d 514（S. D. N. Y. 2010），2010 年 6 月 23 日；Viacom International Inc. v. YouTube, Inc, 676 F. 3d 19, 42 (2d Cir. 2012)。

② Viacom International Inc. v. YouTube, Inc, 1：07 - cv - 02103 - LLS（2013）. 原告 Viacom 先是再次提出上诉，后又与被告达成和解。See https：//www.docketalarm.com/cases/New_ York_ Southern_ District_ Court/1 - 07 - cv - 02103/Viacom_ International_ Inc._ et_ al_ v._ Youtube_ Inc._ et_ al/。

③ 2015 年 12 月 1 日，美国弗吉尼亚东区地方法院判决驳回宽带接入商 Cox 简易判决的请求，将案件交给了陪审团，12 月 17 日，陪审团认定 Cox 构成帮助侵权，应赔偿原告 2500 万美元。判决结果在美国引起轰动，不过，这只是一审判决，被告已经上诉。BMG Rightsmanagement (US) LLC, and Round Hillmusic LP v. COX Communications, Inc., and COXCOM, LLC, civil No. 1：14 - cv - 1611.

④ H. R. Rep. No. 105 - 551 (II)（1998），p. 50；S. Rep. No. 105 - 190（1998），pp. 40 - 41.

⑤ See Perfect 10 v. CCBill, 488 F. 3d 1102, 1109 (9th Cir. 2007)；Io Group v. Veoh Networks, 586 F. Supp. 2d 1132, 1142 (N. D. Cal. 2008)；Perfect 10 v. Cybernet Ventures, 213 F. Supp. 2d 1146, 1174 (C. D. Cal. 2002).

指在线服务或网络接入的提供者,或相关设施的运营者。① 基于这一规定,美国法院将 Amazon、eBay 及 Aimster 均认定为"服务提供者"。② 另一方面,法院也发现,这一定义太过宽泛,很难想象有什么在线业务不为其所涵盖。③

不过,DMCA 只针对四类服务提供者分别规定了五个责任避风港,因此,对于服务提供者而言,重要的不是能否构成 512(k)下的"服务提供者",而是其提供的服务,包括临时复制(intermediate copying)、代码转换(trans-coding)、服务器端数据处理(server-side data processing)等,能否被认定为接入、缓存、存储或信息定位四者之一。④

适用于所有四类网络服务提供者的前提条件包括两项,分别是:

1. 采取对反复侵权人的取消访问政策:512(i)(1)(A)

这一前提条件适用于全部四类网络服务。⑤ 依照规定,服务提供者必须采纳及合理实施一项政策,在适当情况下(in appropriate circumstances)对反复侵权人取消访问资格,并将此政策通知网络用户。

然而,法律并未规定"反复侵权人"(repeat infringer)的特征。学说和法院判决对此意见不一,有权威学者认为,来自权利人多次的侵权指控或取下通知尚不足以将相关用户认定为"反复侵权人"。⑥ 有判决支持这一观点。在 Corbis 案中,在评价 Amazon 是否遵守了 512(i)时,法院申明,即便取下通知自身也没有提供公然版权侵权的证据。⑦ 在 UMG Recordings, Inc. v. Veoh Networks, Inc.(C. D. Cal. 2009)案中,法院支持

---

① DMCA512(k)(1)(B)。

② See Corbis v. Amazon. com, 351 F. Supp. 2d 1090(W. D. Wash. 2004)(Amazon);334 F. 3d 643, 655(7th Cir. 2003)(Aimster);Hendrickson v. eBay, Inc., 165 F. Supp. 2d 1082, 1087(C. D. Cal. 2001)(eBay)。

③ In re Aimster Copyright Litig., 252 F. Supp. 2d 634, 658(N. D. Ill. 2002), aff'd, 334 F. 3d 643(7th Cir. 2003)。

④ 512(e)规定的高等教育机构避风港虽然单列,但强调的不是其服务类型,而是机构与其人员的关系。——笔者注

⑤ 我国《信息网络传播权保护条例》中没有这一规定。——笔者注

⑥ Compare Nimmer & Nimmer, 3 NIMMER ON COPYRIGHT § 12B. 10 [B][3]。

⑦ Corbis v. Amazon, 351 F. Supp. 2d at 1105 n. 9("仅有通知……并不终局地表明用户是侵权人"), with Perfect 10 v. CCBill, 340 F. Supp. 2d 1077, 1088(C. D. Cal. 2004), aff'd on other grounds, 488 F. 3d 1102(9th Cir. 2007)。

Veoh 在两次警告之后才终止用户账户的政策,即使第一次警告是基于一项列举了多个侵权行为的通知。法院表示,DMCA 没有给反复侵权人下定义,表明国会的意图是对服务提供者的用户政策和义务在要求上做宽松解释。因此,Veoh 的政策满足国会关于"让反复或肆意通过侵犯知识产权而滥用网络接入权的人知道,存在着失去接入的现实危险"的意志。① Veoh 案中法院还指出,自动化的 Audible Magic 过滤没有达到第九巡回上诉法院关于支持终止账户的可信赖性与可辨识性要求。在 Perfect 10 V. CCBill 案中,法院声明:"如果投诉方不愿意以接受做伪证受惩罚为前提,表明他是版权人的法定代表,或者他善意地相信材料是无授权的,我们就不会要求服务提供者进行潜在的具有侵略性的行动。"②

在 YouTube 案中,YouTube 采取了对上传侵权材料的用户在警告(基于侵权通知)后终止其账户的政策(三振出局政策)。YouTube 将以下两种情况都仅仅只计为一次犯规(one strike):①一个取下通知中列出用户上传的多个侵权视频;②YouTube 在两个小时内收到指出用户上传了侵权视频的多个通知。地方法院认为,YouTube 的上述政策并不意味着YouTube 没有合理实施 512(i)(1)(A)中的要求。

在 YouTube "主张你的内容"系统中,YouTube 使用了 Audible Magic 软件,该软件是一个指纹工具,能在找到与版权人提交的视频匹配的部分后,自动移除侵权视频,不过版权人需要指定该项服务。此外,在版权人浏览到侵权视频并进行人工通知后,网站也会移除侵权视频。YouTube 只在版权人人工要求移除视频的时候才会计算警告的次数。地方法院认为,要求版权人扮演这一角色不违反 512(i)(1)(A)。YouTube 在是否要将这类权利人的要求计算为警告次数问题上存在犹豫有合理性:需要六个月的时间以调控权利人对该系统的使用以及技术操作,确保警告被准确地发出。③

其次,怎样的措施构成"合理的取消访问政策"同样众说纷纭。较

---

① 法院的理解可能有问题,国会措辞中还包括"肆意"的情况,意味着一次通知如果具有证明力也可以起到终止账户的效力。——笔者注
② Perfect 10, Inc. V. CCBill LLC, 488 F. 3d 1102, 1109 (9th Cir. 2007).
③ Viacom International Inc. v. YouTube, Inc, 718 F. Supp. 2d 514 (S. D. N. Y. 2010).

为统一的观点是，这一政策须包括有效的处理版权取下通知的程序，并不得积极地（actively）阻碍版权人收集侵权信息。① 在 Aimster 案中，被告提供加密技术，使得版权人无法查明用户身份和文件内容。第七巡回上诉法院同意地方法院的观点，即名义上采取了侵权防范政策，却在实际上排除了政策适用的可能，应视为无"合理政策"，被告教授用户对其侵权行为加密，从而使版权人无法查找侵权，这明显违背 DMCA。② 如果登记的版权代理人对发给他的电子邮件不去查阅，就不能说采取了合理措施。③ 总而言之，什么是"合理地实施"、"在适当的情况下"、"反复侵权人"，都还是探讨中的问题。

此外，法院严格限制服务提供者的义务。有法院认为，取消用户使用同一电子信箱登录即算是"合理"，不要求再屏蔽其 IP 地址等。④ 如果用户更换用户名和身份得以访问，不能认为网络服务提供者的拒绝访问政策就是不合理的。⑤ 还有法院认为，内容过滤软件自动识别出的侵权不导致一项取消用户访问的义务，一项取下通知中指出单一用户的多项侵权行为也不构成取消访问的事由。⑥

"取消访问政策"规定所以导致如此的争议，在于取消访问以反复侵权的认定为基础，而 DMCA 明确规定，服务提供者并无查找和确定侵权的积极义务，对版权人"取下通知"的审查也仅是形式上的，不涉及对指控侵权内容的实体审查，换言之，不能亦无须以取下通知为依据认定网络用户侵权。

---

① Perfect 10 v. CCBill, 488 F.3d 1102, 1109 (9th Cir. 2007); UMG Recordings v. Veoh Networks, No. 07 - cv - 5744 (C.D. Cal. order filed Sept. 11, 2009)（认定网站的终止账户政策属于合理实施）; Io Group v. Veoh Networks, 586 F. Supp. 2d 1132, 1143 (N.D. Cal. 2008) (same); Perfect 10 v. Cybernet Ventures, 213 F. Supp. 2d 1146, 1176 - 78 (C.D. Cal. 2002)（认定被告不大可能充分实施了终止账户政策）。

② In re Aimster Copyright Litig., 334 F.3d 643, 655 (7th Cir. 2003).

③ see also Ellison v. Robertson, 357 F.3d 1072, 1080 (9th Cir. 2004).

④ See Io Group v. Veoh Networks, 586 F. Supp. 2d 1132, 1145 (N.D. Cal. 2008)（"512 (i) 不要求服务者专门去追踪用户或积极地监控以获得重复侵权的证据"）。

⑤ See also Corbis v. Amazon, 351 F. Supp. 2d at 1104.（"重复侵权人以另外的用户名和身份出现，这一事实本身不构成推翻 Amazon 合理实施取消访问政策的依据。"）

⑥ See UMG Recordings v. Veoh Networks, No. 07 - cv - 5744 (C.D. Cal. Order filed Sept. 11, 2009).

本书认为，若要通知在法律上有意义，就必须推定符合条件要求的通知具有一定的"红旗"效果，否则服务提供者就可以在大多数案件中主张，由于他不确定通知人是否为真正的版权人，所以也不能确定信息是否真的侵权。因此，如果针对同一用户发出的多次侵权通知经服务商告知该用户，却没有收到反通知，服务商应当推定其构成反复侵权。对反复侵权人未及时采取措施，则应对此后发生的侵权承担连带责任。

2. 兼容"标准技术措施"：512（i）（1）（B）

为进入避风港，服务提供者还必须"兼容且不干涉"版权人用以识别和保护作品的"标准技术措施"。所谓"标准技术措施"是指基于版权人和服务提供者的广泛共识，依公开、公平、自愿的跨行业标准程序发展出的且对服务提供者不施加"实质性成本"的技术。然而，依据美国电子前沿基金会（EFF）2009年底发布的报告，"标准技术措施"的定义仍含混不清，也不存在什么"广泛共识"。

YouTube案二审过程中，上诉方主张，YouTube没有遵守512（i）的要求，即服务商应采取合理措施，在适当情况下，终止重复侵权者的账户。上诉方特别指出，YouTube故意设置识别工具，企图避免对上诉人作品的侵权进行鉴别。其依据是，YouTube使用软件系统实施网络搜索并识别侵权材料，但它只允许合作伙伴访问其内容识别系统。就此，第二巡回上诉法院表示，必须一并考虑512（i）和512（m）的规定。512（m）规定，除非与标准化技术措施相一致，避风港不以服务商监视其服务或积极寻找显示侵权的事实为条件。换句话说，除了监控构成一种标准化技术措施外，避风港规则不要求任何积极的监控。拒绝接受或实施一个标准化技术措施会使服务商承担责任，但拒绝版权人访问服务商的积极监控系统则不会导致这一后果。本案中，上诉方不能证明，YouTube的内容识别系统构成标准化技术措施。因此，YouTube不会被排除在避风港保护之外。

由"标准技术措施"规定引发的一个问题是，如何看待网站的限制访问设置。例如，美国唱片业协会（RIAA）采用一项由信息安全公司Media Sentry开发的技术，可以加在P2P软件的开头，在P2P用户分享音视频文件时，该项技术即自动甄别查找到的文件是否侵权。① 这一技术的功能相当于版权人使用一个搜索引擎在网站上寻找未经其授权的文件。此类技术对网络服务提供者通常不构成负担，因为其针对的是服务提供者对公众提供的服务。可事情并非如此简单。版权人的搜索技术可以因为受访网站设置的访问限制（access to a website）而失效。许多网站提供付费访问服务，就像进电影院需要买门票一样，严格地说，这并没有主动干涉版权人使用的搜索软件，但的确把版权人挡在了大门外，因为版权人没有付费。如果遇到此类不透明的情况，版权人一般就放弃调查。② 在CCBill一案中，原告即主张网站设置访问权限构成对其标准技术措施的干涉，因为其阻止原告进入被告属下的网站。第九巡回上诉法院因此将案件发回重审，就访问限制是否构成标准技术措施做出认定。③

一般而言，如果网站提供的是收费服务，就必然设置访问权限。网站往往还允许用户自行设置访问权限，这甚至是社交媒体网站的普遍做法。而用户一旦设置访问权限，包括版权人在内的他人也就无从进入用户的个人空间去查找侵权信息了。在YouTube一案中，版权人称，YouTube对标准技术措施的干涉体现为两方面。首先，YouTube允许用户自行设置访问权限。④ 对此，YouTube申辩说这是一种隐私保护功能，⑤ 用户可以将家庭视频放在YouTube的个人空间里又不致为外人窥视。而版权方则称这一功能使得版权人的搜索落空。其次，YouTube允许用户使用

---

① Transcript of Cross-Examination of Gary Millin, BMG Canada et al. v. John Doe, 2005 FCA 193, Court File No. T-292-04, question and answers 75, 96, 178-179, 200-03, available at http://www.ilrweb.com/viewILRPDF.asp?filename=bmg_-doecanada_millindeposition.

② See generally Transcript of Deposition of Gary Millin, BMG Canada et al. v. John Doe, Court File No. T-292-04, available at http://www.ilrweb.com/-viewILRPDF.asp?filename=bmg_doecanada_millindeposition（last visited Nov. 15, 2007）。（侵权搜索技术只在已知的P2P网络中进行搜索。）

③ See Perfect 10, Inc. v. CCBill, LLC, 488 F.3d 1102, 1115 (9th Cir. 2007).

④ Complaint at 1-9, Viacom Int'l v. YouTube, Inc., No.1：07CV02103, 2007 WL 775695 (S.D.N.Y. Feb.30, 2007).

⑤ YouTube：How Do I Make My Video Private? http://www.google.com/-support/youtube/bin/answer.py?answer=59208&topic=10519; YouTube：Who Can See My Private Video?, http://www.google.com/support/youtube/-bin/answer.py?answer=57739&topic=10519.

关键词等搜索视频,以找到和观看特定种类或风格的内容,①版权人也用同样的方式寻找侵权视频,但是,YouTube 只显示前 1 000 条搜索信息,版权人认为,这一功能严重阻碍了对侵权视频的搜索,还指称,YouTube 起初并不限制搜索结果的数量,暗示 YouTube 这样做包含某种企图,而非技术上不得不为之。②

客观地讲,访问权限设置的确妨碍了版权人查找侵权信息,然而,允许用户自设访问权限是一项至关重要的网络服务,借助这一功能,网络用户可以自由决定交往的范围,包括随时增加或取消他人的访问资格。这一服务因而与用户的隐私密切相关,就像在物理世界中一样,用户当然也有权主张虚拟空间的隐私保护。在不能确定用户是在利用访问权限设置掩盖其侵权行为的情况下,要求网站对版权人敞开大门,难说合理。此外,设置访问权限一般而言意味着,即便存在侵权,其危害也比完全公开要小,访问权限设置越严格,侵权材料的传播也就越小。也就是说,隐私保护措施在一定程度上反而抑制了侵权的蔓延。

另一方面,网络空间的交往圈与物理世界又有显著区别。通过网络结识的"好友"在数量上没有限制,甚至可以是匿名的,即使对其真实身份有所了解,与之熟悉和信任的程度也往往逊于物理世界中的数量有限的好友。网络上存在着大量基于共同兴趣爱好甚至个人特征而建立起来的交往圈。此类圈子在规模上可大可小,那些规模较大的交往圈同样对版权人构成威胁,他们可以较大规模地分享侵权材料,网络环境也使得分享前所未有的便捷,同时版权人因访问限制又无法查找。让设"好友"圈的网络用户享有不受任何限制的分享可能性,同时取消版权人查找侵权的可能性,而网站自身又不介入调查,同样难说合理。

如果服务提供者自身有访问权限,或者某用户设置了访问权限但访问量极大,权限设置实际上流于形式,在这两种情况下,服务提供

---

① Complaint at 16 – 17, Viacom Int'l v. YouTube, Inc., No. 1:07CV02103, 2007 WL 775695 (S. D. N. Y. Feb. 30, 2007), at 10 – 11.

② Id. at 16.

者（尤其是作品分享网站）应当对作品分享的规模有所关注。YouTube 显示前 1000 条搜索信息，实际上已经达到乃至超出一般用户的搜索极限，版权人在此范围内核查侵权足以保护其利益，故网站此项设置可谓合理。

（二）四类责任避风港的含义

以下内容限于一般性地揭示司法判决对各类避风港所指服务的理解，有关红旗标准或替代责任的评述将在后文展开。

1. 通道（conduit）服务避风港：512（a）

所谓通道服务是指为信息在网络中的传输、路由、接入提供通道，包括为传输而进行的中间性临时性存储。其本质特征是：（1）传输由网络用户发起和主导；（2）传输及临时性存储通过"自动的技术程序"进行；（3）服务提供者不选择接收人；（4）传输中的临时性存储不长于为传输所必要；（5）服务商未对信息内容进行修改（modification）。

如果服务提供者符合上述条件，将享有广泛的免责，"该条给予那些与材料的联系只是临时性的服务提供者以广泛的豁免"。① 美国第九巡回法院认定，美国在线为 Usernet 新闻组提供的就是此类"通道"服务，享受避风港待遇。②

值得注意的一个问题是，若要对反复侵权人采取（临时性）断网措施，就必须求助此类服务商，然而，按照 DMCA 规定，此类服务提供者完全没有核查义务，从而对反复侵权人的发现只能依赖权利人或其他机构，不但如此，与后面的存储空间、信息定位服务提供者不同，DMCA 亦没有规定此类服务提供者的受理通知义务。换言之，如果严格解释避风港规则，得出的结论将是对用户的惩罚措施止于取消对个别网站的访问，而不是像在欧洲那样，可以采取由有权部门向服务提供者发出针对反复侵权人的断网通知的做法。③ 不过，BMG v. Cox 案一审判决给出了不

---

① See Perfect 10 v. CCBill, 488 F. 3d 1102, 1116 (9th Cir. 2007).
② See, e.g., Ellison v. Robertson, 357 F. 3d 1072 (9th Cir. 2004).
③ 参见田扩：《法国"三振出局"法案及其对我国网络版权保护的启示》，《出版发行研究》2012 年第 6 期；曾斯平：《从"三振出局"及"补偿金制度"看网络共享平台上著作权利益的平衡》，《电子知识产权》2012 年第 4 期。

同的答案,虽然接入商没有查找侵权的义务,但当其实际上锁定了反复侵权行为时,就必须采取断网措施。①

2. 系统缓存避风港:512(b)

如前文所述,系统缓存服务是指网络用户经由服务提供者的系统(路由网址)将第三方网址(源网址)的材料传输至他人,服务提供者的系统在此过程中将上述材料自动存储,以便于系统用户日后向第三方网址发出调取指令时,可直接从本系统获得所要的材料。② 这种自动存储在计算机技术上称作"缓存",用以提高网络效率,减少网上拥堵,包括减少热门网站的访问拥堵。缓存服务提供者在源网址和最终用户之间充当中介(intermediary)角色。③

到目前为止,涉及缓存的案例极少。实务中有一家法院认为谷歌的 Web Cache 适用"缓存"避风港。④ 这一观点没有得到其他法院的认同。人们怀疑,DMCA 是否对复杂的缓存技术有充分的认识并为之确立了恰当的规则。⑤

从 DMCA 的规定来看,缓存商起到的是原始网站的"分号"的作用,既然对原始网站的访问不易,那么有人另开一家"分号"似乎并无不妥。但是,"分号"涉及"原始网站—缓存网站—网络用户"的三角关系,如

---

① BMG Rightsmanagement (US) LLC, and Round Hillmusic LP v. COX Communications, Inc., and COXCOM, LLC, civil No.1: 14-cv-1611.

② Senate R. p.42.

③ 除了512(i)(1)规定的对所有服务商都适用范围的两个条件,依512(b),缓存商享避风港还要满足的条件是:(1)材料是他人(内容提供人)放在网上的;(2)材料是根据接收人的指示从提供人处传输给他的;(3)(缓存意义上的)存储是通过自动技术手段完成的,目的在于能够使再次请求传输的接收人直接从缓存网站那里获得材料;(4)材料在传输中没有发生改动;(5)缓存商遵守内容提供人制定的与行业标准数据传输协议相一致的有关材料更新、重载或其他更新的规则,只有在这些规则是用于阻止或不合理地损害材料的临时存储时,才不必遵守;(6)缓存商没有干涉内容提供人的信息反馈技术,除非此类技术对缓存商的系统运行或对材料的临时存储造成极大干扰,或者不符合行业标准通讯协议,或者从缓存商的系统获得额外信息;(7)缓存商维持内容提供人设定的访问限制;(8)接到合格的侵权通知后,且材料已经从原始网址移除或屏蔽,或法院已经提出这样的要求,缓存商立即移除材料或屏蔽。

④ See Field v. Google, 412 F. Supp.2d 1106 (D. Nev. 2006).

⑤ See https://www.eff.org/issues/dmca.

果用户访问缓存材料时，误认为缓存商就是原始网站，就造成了缓存商对原始网站的替代，如果用户无法察觉访问对象为缓存材料，可能发生原始网站材料已经更新，而用户仍在查阅过时内容的问题，缓存商是否有义务向用户明示其只是"分号"而且可能是过时的"分号"，DMCA未予置喙。

3. 信息存储避风港：512（c）

信息存储服务是指受网络用户的指令将材料存储于自己提供的空间，以供其他用户访问。这方面的例子如为网站、聊天室或其他论坛提供服务器空间。① 自DMCA颁布以来，大量的超出"为网站、聊天室或其他论坛提供服务器空间"的网络服务被法院认定为信息存储服务，如视频分享、拍卖网站、用户发布的报价，等等。② 方便访问且与网络用户指示下的存储密切相关的自动功能也被纳入本条范围，如上传后的加工（post-upload processing）、图片快照（extracting thumbnails）、转码（transcoding）和流媒体下载（streaming downloading）等。③

在 Io Group 案中，法院表示："便利用户接触其网站上内容的方法不应该导致服务提供者不能享受避风港。"④ 在 UMG I 案中，法院表示："尽管 Io Group 审理法院正确地观察到 512（c）的措辞非常宽泛，但是它没有试图定义其边界。"⑤

---

① Senate R. p. 44.

② See, e. g., UMG Recordings, Inc. v. Veoh Networks, No. 07 - cv - 5744（C. D. Cal. order filed Sept. 11, 2009）（视频存储）；Io Group v. Veoh Networks, 586 F. Supp. 2d 1132（N. D. Cal. 2008）（视频存储）；Corbis v. Amazon, 351 F. Supp. 2d 1090（W. D. Wash. 2004）（Amazon-zShops）；CoStar v. LoopNet, 164 F. Supp. 2d 688（D. Md. 2001）, aff'd, 373 F. 3d 544（4th Cir. 2004）（用户生成的不动产报价）；Hendrickson v. eBay, 165 F. Supp. 2d 1082（C. D. Cal. 2001）（eBay上的报价）。

③ See Universal Music Group v. Veoh Networks, 2008 WL 5423841 at * 10（C. D. Cal. Dec. 29, 2008）（"存储网站的四项软件功能落入512（c）范围，512（c）与提供对存储材料的访问密切相关"）；Io Group v. Veoh Networks, 586 F. Supp. 2d 1132, 1147 - 48（N. D. Cal. 2008）（上传后的转码和图片快照受512（c）庇护）。

④ Io Group v. Veoh Networks, 586 F. Supp. 2d 1132, 1147 - 48（N. D. Cal. 2008）。

⑤ UMG Recordings. Inc. v. Veoh Networks, Inc, 620 F. Supp. 2d 1081, 1089（C. D. Cal. 2008）（UMG I）．

在 YouTube 案中，原告声称 YouTube 网站上视频的复制、传输和展示（display）不受 DMCA512（c）的保护。512（c）提供的保护是按照用户指令存储而发生版权侵权的服务提供者。地方法院认为，这一观点将"存储"限制在过窄的范围。法院援引了 Io Group 案和 UMG I 案判决，认为法律关于网络存储服务的措辞是非常清晰的。"常识和惯例表明，'由于'（by reason of）是指'作为结果'或'应被归因于'。当侵权内容在 Veoh 网站上展示或传播，这是由于用户上传了内容至 Veoh 服务器的结果。如果提供访问可能引发侵权责任，将会极大地妨碍服务提供者提供基本的、重要的和有益的功能，即使公众得以接触信息和材料。"① 如果被告的行为超越了上述所描述的存储的附带范围和相关联功能，并且呈现当下版权法原则下的侵权要素，则不被 512（c）保护。这些行为超过了避风港的界限，要用版权法的一般原则来判断这种行为的责任。

除两个一般条件外，提供信息存储服务者若要享受避风港待遇，需满足如下条件：（1）对侵权事实不知情；（2）不了解显示出明显侵权特征的事实或情况（"红旗"标准，下文将专门予以讨论），一旦对侵权知情或了解到上述事实或情况，立即移除材料或屏蔽访问；（3）在有权利和能力控制特定侵权活动的情况下，没有从中获得直接经济利益。"权利/能力＋直接经济利益"责任的原型是普通法中的替代责任，即"雇主—雇员"关系下的规则，有关网络环境下的版权替代侵权，后文将予以详述。

4. 信息定位工具（链接和搜索引擎）避风港：512（d）

信息定位工具服务是指为用户提供信息查找的索引或链接，例如目录、索引、指南、指示、链接、超文本链接等。② 此类服务享受避风港待遇的条件与信息存储服务基本一致。

在谷歌图片搜索一案中，谷歌网站通过所谓嵌入式链接（framing，国内又译为加框链接），使得谷歌自己的搜索结果与第三方网页同时呈现于用户电脑屏幕，且谷歌内容在上部，第三方页面在下部，浏览器地址

---

① Viacom International Inc. v. YouTube, Inc, 718 F. Supp. 2d 514 (S. D. N. Y. 2010).
② Senate Report, p. 47.

栏显示的是"谷歌图片"网址,这让一般网络用户产生浏览器打开的图片并非来自第三方网站,而是来自谷歌网站的印象。版权人主张谷歌实施了对作品的公开展示行为(public display),构成直接侵权,却被一、二审法院予以驳回,理由是作品处于第三方网站的服务器,谷歌自身并未实际存储作品,仍属信息定位服务。[1]

美国加州中区法院认为,对谷歌是否构成向公众展示,应当采取服务器标准。理由是,首先,这一标准以用户浏览互联网的技术过程为基础,从而反映了内容在互联网上流动的实际情况。用户在点击缩略图后看到的原始图片并不是谷歌所存储或提供的,而是用户的电脑直接与第三方网站相联系,后者才是应当对传输内容负责的人。其次,采纳这一标准既没有为搜索引擎服务商带来版权侵权责任,也没有排除此类行为的责任。这一标准只是排除了搜索商对第三方存储内容进行加框行为的直接侵权责任。版权人仍然可以主张搜索商的帮助侵权责任或替代责任,后者需要不同的责任要件。再次,网络运营商能够容易地理解这一标准,法院运用它也相对容易。当然,合并标准也是易于运用的,但这一标准疏于理解互联网相互联系的性质以及其同时聚合并展示多个来源的内容的能力。第四,最初的直接侵权人是偷取原告原始图片并放在自己网站上的人,原告可以去起诉他们。最后,服务器标准维持了版权法所追求的在鼓励创新与鼓励信息传播之间实现微妙平衡的目标,虽然有些艰难(uneasily)。法院认为,如果采纳合并标准,可能会引起巨大的寒蝉效应,影响互联网的核心功能即链接的能力,正是链接使得互联网可以访问,有创造性和有价值。

实际上,谷歌案一审法院关于谷歌"链接把用户运送到新网页"的描述是不正确的。嵌入式链接是指链接网站指示用户的浏览器获得被链接网站的特定图片,呈现于用户的屏幕,相当于将另一网站存储的内容

---

[1] Perfect 10, Inc. v. Google Inc., 416 F. Supp. 2d 828 (C. D. Cal. 2006); 508 F. 3d 1146 (9 th Cir. 2007).

纳入（incorporate）自己的页面。① 在与谷歌图片搜索案类似的 Hard Rock 一案中，美国纽约南区法院判令，被告停止对使用争议商标推销 CD 的第三方网站设框，该第三方网站侵犯了原告的商标权。法院认为，涉及对内容设框时，认定直接商标侵权与否决定于屏幕上的两个框架（two frames）在多大程度上"无缝融合"（smoothly integrated）。② 但是，谷歌案一审法院认为，Hard Rock 是一个商标侵权案件，涉及的主要是混淆和假冒，版权案件不必追随该案原则，以设链网站内容与被链网站内容在用户屏幕上是否无缝融合为标准来判断侵权。

（三）服务提供者披露直接侵权人身份信息的法定义务：512（h）

一旦服务商依 DMCA 享受责任避风港，版权人就只能向直接侵权人主张损害赔偿。不过，版权人能够获得的信息至多只是直接侵权人的 IP 地址，其姓名、身份等信息往往要靠服务商提供。因此，DMCA 允许版权人向法院申请传票，命令服务商披露足以识别通知中指控的侵权材料的行为人的信息。

DMCA 制定之时，立法者考虑的是网站经营者从存储服务商提供的网站空间对外提供侵权内容的情况，没有想到 P2P 分享下的侵权。后一种情况下扮演服务商角色的主要是接入服务商。那么，512（h）除了指向存储服务商之外，是否也涵盖接入服务商？

在 RIAA v Verizon 案中，哥伦比亚特区巡回上诉法院认为，512（h）不适用于单纯为 P2P 用户分享文件提供通道服务的网络服务商。理由是，

---

① 第九巡回上诉法院在 Kelly 一案中即指出，被链网站的内容在呈现于用户屏幕时，没有离开链接页面。这是因为，浏览器显示的是当前处理的文件的地址也就是设链网站的地址，而不只是一个网页上每个元素（例如图片）所来自的地址。一般来说，当用户点击链接时，用户的浏览器会进行如下操作：（1）下载设链网站的网页；（2）解析该网页上的各项 HTML 指令，因为链接结果是设链网站上的内容；（3）通过 HTML 编码，展示设链网站上"我们自豪地展示这张照片"文字；（4）同样通过 HTML 编码，追随链接信息找到被链网站上存储的照片；（5）将照片下载到用户的电脑上；（6）在上述文字的下面展示该照片。由于用户看不到这个过程，他可能会认为那张照片存储在设链网站上并由设链网站提供。Kelly v. Arriba Soft Corp., 336F. 3d811, 816（9th Cir. 2003）.

② Hard Rock Cafe Int'l（USA）Inc. v. Morton, No. 97 Civ. 9483, 1999 WL 717995（S. D. N. Y. Sept. 9, 1999）（unreported）.

此类服务商无法按 512（c）(3)（A）(iii) 锁定应予移除或屏蔽的材料。Verizon 作为接入商只能完全取消网络接入，而法律只要求屏蔽对侵权材料所在具体地址的访问。法院分析道，512（j）(1)（A）(i) 规定，法院可要求网络服务商屏蔽侵权材料，512（j）(1)（A）(ii) 规定，法院可要求网络服务商取消接入或账号。从法律结构出发，512（b）—（d）对 512（h）的援引表明，512（h）仅适用于存储服务，不适用于 512（a）下的传输服务。最后，法院认为，P2P 软件为 DMCA 立法者所未预见，故应留待立法调整更为合适。但参与审理的 Murphy 法官提出异议，认为更应从 DMCA 的精神出发，作出有利于原告的决定。①

二　DMCA下的帮助侵权与"红旗"标准

前文述及，避风港规则不改变传统版权法下的帮助侵权与替代责任规则。② 如果网络服务提供者明知或应知第三人侵权，并实质性地助成了侵权，应承担帮助侵权责任。证明服务提供者对第三人侵权的明知相当困难，而证明服务提供者对侵权的应知则适用红旗标准（red flag test）。如 DMCA512（c）之规定，服务提供者不构成明知时，如果不了解侵权性明显的事实或情况，就不构成知晓。这其中"侵权性明显的事实或情况"即立法者所谓"红旗"。

> ""知晓'标准……是指：实际知晓侵权存在或者缺乏实际知情时了解那些清楚显示侵权活动的事实或情况。'行为'这一术语指在系统或网络上使用材料的行为。委员会用这一术语来指代发生在存储服务提供者网络或系统网址的不法行为——不论版权侵权就技术上被认为是发生在该网站还是材料接收处。例如，在线网站提供音频或视频的行为，可能是对音乐作品、录音、视听作品的未经授权的公开表演，而不是对这些作品未经授权的复制。
> ……正如 512（l）所述，服务提供者不必对其服务加以操控，

---

① RIAA v Verizon Internet Services Inc, 351 F.3d 1229 (D. C. Cir 2003).
② H. R. Rep. 105 - 551（II），at 50（1998）.

或者积极地寻找表明侵权活动存在的事实(运用512(h)所规定的标准技术措施除外),以此来主张享有责任限制(或者主张法律规定的其他责任限制)。一旦服务提供者意识到'红旗'的存在而没有采取任何行动,就不再享有责任限制。'红旗'标准包含一项主观因素和一项客观因素。在确定服务提供者是否意识到'红旗'时,必须认定'服务提供者主观上对事实和情况的了解'。不过,在确定事实或情况是否构成一面'红旗'时——换言之,对于一个相同或者相似情况下运营的理性人而言,侵权行为是否明显应该使用一个客观的标准。"①

红旗标准对于服务提供者而言意义重大,就帮助侵权的认定,不再是依据"使服务商发生合理怀疑的事实或情况",而是"明显昭示侵权的事实或情况"。立法者假定,版权人最了解一项行为是否构成侵权,比之服务提供者能够更有效率地发现侵权,因此规定,一个服务提供者没有义务去找出版权侵权行为。

(一)红旗标准的两重要素:对特定事实或情况的知晓+显而易见的侵权性

1. 对事实或情况的明知

红旗标准的第一层意思是,特定事实或情况就摆在服务提供者眼前,除非他故意闭着眼睛,否则不可能没有看见。如果一项事实或情况处在服务提供者的视野之外,那么无论其侵权性多么鲜艳夺目,也与服务提供者无关。这意味着,要证明服务提供者对事实本身的知情,需要证明其对事实所在网址的管理或浏览。如果事实处在服务提供者自己管理的页面,问题较为简单;如果事实存在于用户自我管理的页面,证明知道殊为不易。即使页面上有服务商投放的广告,但广告完全可能是自动投放的。只有在投放的推广信息是服务商有针对性地人工添加时,才不容易摆脱对事实知情的指控。

---

① See House Rep. 53-54; Senate Rep. 44-45.

2. 事实或情况的侵权性明显

红旗标准的第二层意思是，事实或情况所表现出的侵权性必须像一面红旗那样鲜艳夺目，"一个处在相同或类似情况下的理性经营者"（a reasonable person operating under the same or similar circumstances）会认为明显存在着侵权，服务提供者才算是"应当知道"侵权信息或行为的存在。

为此，立法者结合信息定位工具服务进行了举例说明：

"正如512（c）中的信息存储避风港一样，一个服务提供者可以享受避风港待遇，如果它'并不实际知晓材料或行为是侵权的'，或者在没有实际知晓的情况下，没有意识到可以明显推出侵权行为的事实或情况。在这个标准下，一个服务提供者将没有义务去积极寻找版权侵权，但如果其对像红旗一样醒目的侵权视而不见的话，将不能适用责任避风港。

可以认定服务提供者知晓可以从中明显推出侵权的事实或情况举例来说：如果版权人能够证明，在索引服务提供商浏览的时候，相关网站明显是'盗版'网站，即有录音、软件、电影或图书可供未经授权的下载、公开表演或演示的网站。缺乏红旗标志或实际知晓，一个索引服务提供商不会仅仅因为它在一个为名人所建立的网站上看见该名人的一张或多张广为知晓的照片就被认为是意识到了侵权。提供商不应被期待着在它简短的编目访问中能确定：照片是仍然被版权所保护还是已经到了公共领域；如果照片仍然享有版权，网站的使用是否经过授权的；如果使用是无授权的，那么它是否适用合理使用原则。

本标准的重要目的是将精心设计（sophisticated）的"盗版"索引服务排除在避风港外——这种索引服务指引用户到服务商挑选出的网站，这些网站上可以下载或传播盗版的软件、书、电影和音乐。

这种盗版索引指引用户到显然侵权的网站，因为此类网站的 URL 网址①或标题信息中，会使用典型的类似于'盗版''违法'的字眼或俚语，以此来使其违法目的对于索引服务商和其他网络用户来说更加明显。由于这些网站的违法性质即使是一次简短大略的浏览也能分辨，避风港将不能适用于一个浏览了这样的网站并且与其建立链接的服务提供者。盗版索引服务不遵循合法的索引服务提供者的日常业务操作，从而其浏览过侵权网站的证据对版权人来说可以构成不适用避风港规则主张的全部证据支持。

这样，512（d）中的红旗标准实现了利益的平衡。红旗标准的常识性结果是不要求在线编辑和编目者对潜在的版权侵权做出甄别，然而，如果一个网站很明显是盗版的，那么只是看见这个网站就意味着其遇到了一面'红旗'。面对红旗依然我行我素的服务提供者必然不能享有避风港。"②

立法者特别强调了信息定位工具对于网络使用的重要性：

"信息定位工具对于网络操作来说是至关重要的，没有它们，用户将不能找到他们所需要的信息。索引服务（directories）在过滤掉不相关的和讨厌的信息从而实施有效搜索的过程中更是极为有用。比如说雅虎的索引服务，现在在为超过 800 000 个网站做索引服务，对于万维网来说，它就是一个'卡片索引'，每月有超过 35 000 000 不同的用户访问。类似于雅虎的索引服务通常由访问并对网站编目的人创建。恰恰是这种编目者们的人工的判断和编辑取舍使得这些索引服务具有价值。

本规定旨在通过为信息定位工具提供商建立一个版权侵权的避风港，促进信息定位工具的普遍发展和类似雅虎这样的互联网索引服务提供者的发展。条件是遵守通知—移除程序和 512（d）的其他要求。知情或意识标准不应该以如下方式适用，即抑制包含人工操

---

① 在电脑术语中，统一资源标识符是一个用于标识某一互联网资源名称的字符串，Web 上可用的每种资源——HTML 文档、图像、视频片段、程序等——都可以由一个通用资源标志符进行定位。——笔者注

② Senate Rep. 48-49，House Rep. 57-58.

作在内的索引服务制作的发展。在缺乏实际知情的证据时，本节下的'意识到侵权'应该指，存在着盗版网站或十分显著的类似情况，不能仅仅因为服务商在制作索引服务时浏览了侵权网站就认定其意识到侵权。"①

然而，判例中的"红旗"标准甚至比立法者所指的还要严格。

3. 作为孤例的 Napster 案判决

在世纪审判 Napster 案中，美国第九巡回上诉法院作出了对 P2P 网站 Napster 不利的判决，最终导致该网站关闭。② 该网站提供的服务是：(1) 散发 P2P 软件，用于个人之间在线相互复制并传输音乐文件；(2) 在其服务器上建立集成目录，使用户可以搜索音乐文件的地址，或者直接浏览"热门名单"寻找感兴趣的音乐文件。法院认为 Napster 构成帮助侵权，因为其满足知晓和实质性帮助两项要件。

地方法院认定，以下事实说明被告知道存在着有版权作品的非法交换：③ 由 Napster 的共同创办人 Sean Parker 起草的一份文件里提到，"因为用户之间交换的是盗版音乐"，因此，需要对用户的真实姓名和 IP 地址进行匿名处理；美国唱片业协会（RIAA）曾就超过 12 000 个侵权文件向 Napster 发出通知，网站注销了提供者的用户账号，但其中有些文件在网站上仍可下载。

此外，以下事实说明被告有理由知道交换作品的侵权性：(1) Napster 的管理层有在唱片业从业的经验；(2) 在其他场合他们自己也主张过知识产权；(3) Napster 的管理层自己使用这个系统下载有版权歌曲；(4) 他们曾经利用屏幕快照将侵权文件列表以促进网站的发展。

地方法院认为，法律没有要求被告明知"具体的侵权行为"，Napster 满足知晓要件。

第九巡回上诉法院同样认定，Napster 为用户的直接侵权提供了实质性帮助，认同地方法院"没有被告的服务，其用户就不能搜索和下载他

---

① Senate Rep. 48 - 49, House Rep. 57 - 58.
② A & M Records, Inc. v. Napster, Inc., 239 F. 3d 1004 (9th Cir. 2001).
③ A & M Records, Inc. v. Napster, Inc., 114F. Supp. 2d, at918.

们所需要的音乐"观点，认可 Napster 为直接侵权提供了场所和设备。不过，上诉法院一方面认同 Netcom 案判决关于知晓指向特定侵权行为的看法，另一方面又不加解释地支持了地方法院的知晓认定。这就使其终审判决建立在不牢固的基础之上。

按照 DMCA 的立法原意，原告不仅要证明被告明知用户侵权，还要证明用户侵犯的正是原告的权利，即要证明侵犯的是哪一件作品上的原告版权。从 Napster 案的事实来看，法院并未要求原告证明到这一程度。在案证据仅仅表明，Napster 网站上高达 87% 的可供下载的文件是受版权保护的，而原告对 70% 以上的文件享有版权或管理权，[①] 并没有具体指出原告的哪些作品遭受侵权。地方法院通过涉案歌曲仍能借助被告系统加以传输来认定知晓，等于说，一旦出现过一首侵权歌曲的交换且被告收到了侵权通知，那么以后所有的用户交换被告都明知或应知，又给被告施加了一项审查义务，明显背离了 DMCA 关于网络服务提供者不负有主动查找义务的一般要求。

Napster 案判决虽然引起轰动，却是一个孤立的判决。因为法院以 DMCA 为依据，却又背离了该法案的原意。第九巡回上诉法院在其后的案件中改弦更张，收紧了认定"知晓"的口子。例如，在同样涉及散发 P2P 软件的 Grokster 案中，该法院首先肯定了 P2P 软件的实质性非侵权用途，然后否定了软件服务商对特定侵权的知情，甚至否定了实质性帮助的存在，理由是用户自己查找、下载和存储侵权文件，而服务商只是提供软件，并未介入文件交换过程。[②]

4. 对特定红旗的故意视而不见

2007 年判决的 CCBill 案体现了第九巡回上诉法院对红旗标准的最新理解。[③] 对于被告向名为 illegal.net 和 stolencelebritypics.com 之类的网站提供网络服务，法院认为，仅仅此类名称不足以构成红旗，使用这样的

[①] A & M Records, Inc. v. Napster, Inc., 114F. Supp. 2d, at 911.

[②] 地方法院和上诉法院均否定了替代责任，理由是服务商并不控制软件的使用，也没有协议下的权利或能力去进行监督。See Metro-Goldwyn-Mayer Studios. Inc. v. Grokster, Ltd., 259 F. Supp. 2d 1029 (C. D. Cal. 2003); Metro-Goldwyn-Mayer Studios, Inc. v. Grokster, Ltd., 419 F. 3d 1005 (9th Cir. 2005).

[③] Perfect 10, Inc. v. CCBill LLC, 488 F. 3d 1102, 1109 (9th Cir. 2007).

名称可能仅仅是为了增加网站的吸引力。至于这些网站上是否真有侵权盗版照片，被告并无义务去调查。对于侵权网站上的免责声明（disclaimer），法院认为，没有证据显示被告看到这一声明，更不认为此类声明构成红旗。

原告称，被告还为破解密码的黑客网站提供存储空间，对此法院认为，为用户提供破解密码可以构成帮助侵权，但是，本案中的被告并无义务去核实某网站提供的密码是否真能帮助侵权。而且，相关网站可能只是吸引访问量的手法，或已经过期。还存在这样的可能，密码是版权人自己提供的，作为短期促销手段，或收集易轻信的用户信息的尝试。密码可以帮助用户在不侵权的情况下保持匿名。所有这些是服务商无法辨别的。密码黑客网站并不构成当然的红旗。

在 Napster 案断然认定了帮助侵权的联邦第九巡回上诉法院却在 CCBill 案上大步后退，反映了法院对网络服务提供者的责任认定趋于谨慎。只有服务商对显著的侵权"红旗"仍旧视而不见（turn a blind eye to 'red flags' of obvious infringement），才不能享受避风港待遇。① 因此，可以将"红旗"理解为比之"让人产生合理怀疑的情况"更为严重的情况，这样，红旗标准基本相当于一种重大过失标准。在这一点上，说得再清楚不过的是 UMG 一案的法官判词："CCBill 判决教导我们，如果为了确定材料是否侵权，要对事实和情况进行调查的话，那么这些事实和情况就不算红旗。"②

就普通法中的故意视而不见（Willful Blindness）规则在 DMCA 语境下的适用，第二巡回上诉法院在 YouTube 案判决中进行了阐述。普通法上的规则是"故意视而不见等同于知晓"，③ "当一个人意识到争议事实存在的高度可能性，却有意识地不去核实，就是故意视而不见或者有意回避。"上诉法院指出，DMCA 没有提到故意视而不见，其中与该规则最相关的是 512（m），即避风港不能以服务商监视其服务或积极寻找显示

---

① Senate Report, p. 48.

② UMG Recordings, Inc. V. Veoh Networks, Inc., 665 F. Supp. 2d 1099, 1108 (C. D. Cal. 2009).

③ Tiffany (NJ) Inc. v. eBay, Inc, 600 F. 3d 93, 110 n. 16 (2d Cir. 2010) (collecting cases); See In re Aimster Copyright Litig., 334 F. 3d 643, 650 (7th Cir. 2003).

侵权的事实为条件。因此，基于侵权可能正在发生的泛泛认识不导致一项监视或寻找侵权行为的宽泛的普通法义务。另一方面，512（m）只是限制但没有废除故意视而不见规则，"故意的视而不见"不能被定义为积极监控义务，但并不取消调查义务，在适当情况下，故意视而不见规则在 DMCA 语境下可以适用于认定知晓或意识到特定侵权。① 因此，地方法院仍然需要考虑，被上诉人是否故意去避免获得有责的知晓。

地方法院在重审时，援引了上诉法院的观点，同时强调，适用故意视而不见规则要注意其范围。在认定故意漠视式的知晓时，不得作出超出相关事实所传递之信息的认定。某些情况下，认定故意漠视可能导致施加给当事人以理性人的继续调查义务，而上诉法院在讨论红旗标准时已经表示，DMCA 之下，对具体的和可识别的侵权的视而不见才导致服务商不再享受避风港。上诉法院表示，特别地，512（c）的行之有效要求知晓的是具体的侵权行为。在 512（c）（1）（A）下，知晓或意识到并不使服务商丧失避风港资格，如果服务商在知晓后迅速移除或屏蔽对材料的访问。因此，移除义务本身的性质意味着知晓是对特定侵权材料的知晓，因为只有服务商知道到底哪个材料应被移除，才能做到迅速移除。正如 UMG Ⅲ 案中，第九巡回上诉法院所指出的，失去避风港保护以服务商知道具体侵权为前提。②

本案中，原告提供的信息充其量表明对特定作品存在着侵权以及非常可能存在侵权的地址范围。原告不曾提供侵权的明确位置，最多是给出了一个搜索的范围，需要 YouTube 自己去找出侵权视频。YouTube 创始人的备忘录中称，仍然可以在网站上找到一些著名节目的侵权视频，但没有具体指出是哪些视频，或者在哪里能够找到哪些视频。原告声称当时有超过 450 个此类视频在被告网站上，YouTube 创始人看到了这些视频，其中某些是侵权视频。但为了找到这些视频，被告需要定位和浏览超过 450 个视频。而 DMCA 512（m）并不要求被告这样做。③ 对该备忘

---

① Viacom International Inc. v. YouTube, Inc, 676 F. 3d 19, 42 (2d Cir. 2012).
② UMG Recordings v. Shelter Capital Partners, LLC, No. 10 – 55732, 2013 WL 1092793, at *12 (9th Cir. Mar. 14, 2013) ("UMG Ⅲ").
③ 这一认定似与事实有出入。——笔者注

录适用故意视而不见规则，不能认定被告对具体侵权的知晓或意识。原告提交的其他材料同样不能支持这一点。

地方法院因此认定，没有证据显示，被告故意对具体的侵权视而不见。

（二）红旗知晓的特定性要求

"512（c）（3）（A）（iii）项要求版权人或其授权代理人为服务提供者提供的信息足够充分，以允许服务提供者可以识别和定位到侵权的材料。一个信息足够充分的例子是：一个涉嫌侵权材料的复制件或者对材料的描述，再加上被指控含有侵权材料的URL地址（网页）。这一规定旨在为服务提供者提供足够的信息使其可以迅速发现和处理侵权材料。"[1]判例强调，避风港规则要求，版权人对服务提供者知晓的证明须达到对具体侵权材料（内容、具体地址、侵权性）了解的程度，而不能是泛泛的知悉。

在Corbis案判决中，就是否"网站包含的公然侵权行为明显到了对亚马逊树起红旗的程度"，法院表示："问题不是亚马逊是否对特定种类的产品容易遭受侵权有一个一般性的认知，问题是亚马逊是否实际知晓特定的卖家在销售侵犯Corbis版权的物品。"该案中的证据没有充分到构成红旗的程度。[2]

在Tiffany案中，商标权人指控易趣网站上销售伪造的蒂凡尼商品，从而构成商标侵权。第二巡回上诉法院驳回了广告和报价行为中的商标侵权应由易趣承担责任的指控。法院指出，易趣上的卖家出售蒂凡尼首饰，其中约75%是伪造，不过，易趣上也有大量的蒂凡尼商品是正品。问题是，易趣是否对帮助商标侵权负责，因为"它知道或应该知道这些销售者正在侵犯蒂凡尼的商标，却仍然继续为其提供服务"。地方法院认定，易趣确实一般性地知晓在其网站上贩卖的一些蒂凡尼商品是伪造的，但不论如何，这种一般性知晓不足以向易趣施加一个积极的义务去处理侵权。易趣必须知道或有理由知道**具体的侵权**，才能承担帮助责任。上

---

[1] Senate Rep. 46-47, House Rep. 55-56.
[2] Corbis Corp. v. Amazon. com. Inc., 351 F. Supp. 2d 1090, 1008 (W. D. Wash. 2004).

诉法院同意地方法院的看法，为了成立帮助商标侵权，服务提供者必须超越一般性的知道或有理由知道其服务正在被用来销售伪造商品，它必须知道具体是哪些报价正在侵权或即将侵权。①

在 YouTube 案中，一审法院认定，被告网站不仅一般性地意识到了，并且欢迎侵犯版权的材料放置于网站。这些材料对用户具有吸引力，而用户使用量增长会增加被告的广告收入。不过，网站上的广告投放不区分网页是否为侵权内容。法院认可 Corbis 等案判决所持观点，表示：仅仅意识到蔓延的版权侵权（pervasive copyright-infringing），不管侵权多么放肆和公然（flagrant and blatant），也不会导致服务提供者承担责任。DMCA 所建立的避风港是清晰并实用的：如果一个服务提供者知晓（从版权人的通知或红旗那里）特定的侵权，提供商必须迅速地移除侵权材料；如果不是，那么识别侵权的责任在版权人身上。泛泛知晓侵权普遍存在不会给服务提供者施加义务去监视或搜索它的服务以查出侵权。

第二巡回上诉法院认同地方法院的观点，并作出了进一步的论证。

首先，DMCA 规定本身强烈地指向这一结论。512（c）的适用要求，服务商所知晓的是明确的侵权行为。根据 512（c）（1）（A），知晓或意识本身并不使服务商立即丧失避风港资格，服务商在获得对侵权行为的知晓后，如果能够迅速移除或屏蔽对材料的访问，仍可获得避风港的保护。因此，移除义务本身意味着知晓是对特定侵权材料的知晓。因为只有在服务提供者知道到底哪个材料应该被移除的时候，才能做到迅速移除。而在缺乏特定知晓的情况下要求迅速移除则会导致一项无具体所指的义务。

版权人认为，相对于实际知晓而言，红旗条款中的知晓对特定性的要求较少一些。上诉法院否定了这一看法，认为版权人的这一论点曲解了实际知晓和红旗知晓之间的关系。实际知晓和红旗知晓之间的区别并不是特定和泛泛知晓的区别，而是一个主观和客观标准的区别。换句话说，实际知晓取决于服务商是否实际上或主观地知道特定的侵权，而红旗标准取决于服务商是否主观地意识到了对一个理性人而言特定"客观"的事实。红旗标准由于体现为客观标准，故没有被实际知晓所涵盖。两

---

① Tiffany（NJ）Inc. v. eBay, Inc, 600 F.3d 93,（2d Cir. 2010）.

个条款有各自独立的作用,但都只适用于特定侵权的情况。

上诉法院还援引了关于512(c)的有限的判例法来支持自己的观点,指出,只有实际知晓或对事实或情况的知晓是针对特定和可识别的侵权时(knowledge of specific and identiable infringement of particular item),服务提供者才不享受避风港的保护。①

纽约南区地方法院的重审判决再次支持YouTube,认定YouTube对其网站上存在着侵权内容没有具体的知情,同时也没有控制侵权的权力和能力。Viacom承认,它无法证明YouTube对具体涉案视频的知情,也无法证明YouTube掌握了能够让人轻易判断出侵权的信息。法院重申,占统治地位的原则是,知道侵权活动泛滥并且欢迎这种情况并不能使服务提供者失去避风港的庇护,要想认定责任,还需要更多的事实,例如,服务提供者发布前(Prescreen)编辑内容或者鼓励和帮助特定侵权活动的实施。而YouTube方面并没有这些行为,有权获得避风港的保护。②

其他法院的判决也一致认为,泛泛知晓其网络空间中存在着侵权不是红旗标准意义上的"知情",亦不产生服务提供者的搜寻义务。来自版权人之外的第三方通知同样不足以构成"红旗"。在涉及出售侵权制品的案件中,加州法院认为,即便权利人已经通知服务提供者,其从未许可作品以DVD形式出售,提供交易平台的网站仍不存在对侵权性销售的知情。③

(三)"通知—取下"规定与应知的认定

"通知—取下"规定与服务商的过错认定或者说"红旗"标准又存在什么关系呢?对于服务商而言,问题的关键是一项侵权通知是否构成一

---

① Viacom International Inc. v. YouTube, Inc, 676 F. 3d 19, 42 (2d Cir. 2012).
② Viacom International Inc. v. YouTube, Inc, 07 Civ. 2013 (S. D. N. Y. April 18, 2013).
③ 除上面所举判决外,否定存在知晓的案,例如:Perfect 10 v. CCBill, 488 F. 3d 1102, 1114 (9th Cir. 2007); UMG Recordings v. Veoh, No. 07 – cv – 5744 (C. D. Cal. order filed Sept. 11, 2009); Io Group v. Veoh Networks, 586 F. Supp. 2d 1132, 1148 (N. D. Cal. 2008); Hendrickson v. Amazon, 298 F. Supp. 2d 914, 917 (C. D. Cal. 2003); Hendrickson v. eBay, 165 F. Supp. 2d 1082, 1093 (C. D. Cal. 2001).

面红旗。如果答案是肯定的,他就必须立即采取行动。如果答案是否定的,该程序就只是方便版权人快速维权的一个途径而已。

按照立法报告的解释,侵权通知中的信息必须"合理的充分,使得服务提供者能够锁定侵权材料",参议院报告就此所给的例子是"侵权材料的拷贝或描述以及材料的 URL 地址"。① 因此,合格的侵权通知不难让服务商在假定通知者为权利人的前提下做出"这里明显存在侵权"的判断。当然,对于多数网站而言,多数情况下本来就既无力量也无兴趣加以仔细检查,明智的选择就是直接取下。

关于通知—取下程序,法院在判决中涉及以下问题:

1. 侵权通知受理人的设置

提供缓存、信息存储或定位服务者需任命一个侵权通知受理人(copyright agent)来接收版权侵权通知,为此,服务商需在美国版权局进行代理人登记,在自己的网站及美国版权局网站上公布代理人的姓名、地址、电话号码和电子邮件地址及版权局长视为合理的其他联系信息。美国版权局在其网站上列出了侵权通知受理人的名单。在 Ellison 案中,被告美国在线疏于向版权局报告新的受理邮箱,虽然原告直到被告通知版权局新的电子邮箱后才了解到侵权行为,但法院仍认为被告未满足"合理政策"要求。②

2. 侵权通知的格式要求

DMCA 为侵权通知做了严格的格式规定。③ 就形式要件,立法者认为总体上"实质性满足"即可。第九巡回上诉法院解释为,上述所有 7 项

---

① House Report p. 55, Senate Report p. 46.
② Ellison v. Robertson, 357 F. 3d at 1080 (9th Cir. 2004).
③ 根据§512(c)(3)的要求,版权人发出的通知应当以书面形式做出,并送抵服务提供者的指定代理人。有效的通知应当包含如下要件:(1)权利人的签名;(2)声称被侵权的版权作品的名称,或如果一项通知包含一个在线站点中存在的多部版权作品时,列出该站点中存在侵权作品的具有代表性的目录;(3)如要求移除侵权作品,应向服务提供者提供合理足够的信息,使侵权作品的位置能得以确定;(4)权利人的联络信息;(5)权利人的陈述,保证其善意的怀疑其指控的作品未经授权;(6)权利人的保证,表示通知所提供的信息真实准确,并愿意承担伪证罪的风险。如果通知虚假,发出通知的人应当承担法律责任,赔偿被指控为侵权的人和服务提供者因其虚假陈述所遭受的损失,包括增加的成本及律师费。

条件均必须得到"实质性遵守",① 而第四巡回上诉法院更倾向于总体上"实质性满足"即可。②

出现技术细节上的差错,例如,拼错了名字或提供了过时的区号,不能使一个在其他方面无瑕疵的通知归于无效,③ 此点亦为判决所支持。④ 不过,法院要求每一通知都必须在形式上具备所有要件,⑤ 如果允许版权人"把几个有瑕疵的通知说成是一个完整通知",会对服务提供者构成不合理的负担,因为服务提供者将不得不追踪所有发来的通知,并随时了解通知是否已在总体上达到了512(c)(3)的标准。⑥

3. 移除及通知被移除方

服务提供者收到版权人的通知后,应该立即移除或阻止用户访问被指控为侵权的或者侵权性明显的材料或活动,并向上传侵权材料的网络用户发送通知,告知被指控为侵权的内容已被移除。⑦ 服务提供者出于善意移除或者阻止用户访问上述材料,不因此承担责任。法院认为,收到侵权通知当日或数日内进行处理均满足"立即"条件。⑧

---

① See also Perfect 10 v. CCBill, 488 F. 3d 1102, 1112 (9th Cir. 2007).
② See ALS Scan v. Remar Q Communities, 239 F. 3d 619, 625 (4th Cir. 2001).
③ House Report p. 50.
④ Recording Indus. Ass'n of Am., Inc. v. Verizon Internet Servs., Inc., 351 F. 3d 1229, 1239 (D. C. Cir. 2003).
⑤ See Perfect 10 v. CCBill, 488 F. 3d at 1113.
⑥ Ibid.
⑦ DMCA 在 512(g)规定了反通知和恢复程序,借此达到防止版权人滥用其权利的目的。网络用户如果认为自己上传的材料未侵犯版权人的权利,可以向服务提供者指定的受理人提交书面的"反通知"。按照§512(g)的规定,"反通知"必须符合下列形式要件:(1)关于被清除或被阻止访问的材料的证明及其原来的位置;(2)关于提出"反通知"的注册用户善意相信材料被清除或被阻止访问是由于错误造成的声明;(3)关于注册用户的名称、地址、电话号码,以及接受美国联邦法院管辖的声明,注册用户的地址在美国境内的,根据其地址确定联邦地方法院的管辖,地址在美国境外的,根据服务提供者确定管辖;(4)注册用户的手书签名或电子签名。服务提供者接到反通知后,应迅速向发出侵权通知的版权人或其代理人传送反通知复印件,并告知其将在 10 至 14 个工作日内恢复被删除和阻止访问的内容,除非其接到版权人或其代理人的再通知,告知其请求法院下达命令阻止该注册用户继续在服务提供者的系统中从事侵权行为。
⑧ See Io Group v. Veoh Networks, 586 F. Supp. 2d1132, 1150 (N. D. Cal. 2008).

4. 对通知人的诚信要求

特别地，DMCA 对发出侵权通知的版权人提出了"诚信"（good faith）要求，即诚实地相信自己确实遭遇了侵权。但是，这一要求提出了多高的注意标准却有争议。第九巡回上诉法院认为，违反"诚信"是指版权人怀有某种恶意，即知道自己做出了误述。① 其他法院则认为，"诚信"是指版权人有足够的理由相信自己受到了侵害。②

版权人在发出侵权通知之前，还要对所发现的材料是否构成合理使用加以判断。事先没有考虑是否构成合理使用就发出侵权通知，足以使相对人提起违反诚信之诉。③ 若要进行此项判断，往往需要人工方式，因为过滤软件的原理是对比版权作品与受检材料之间的相似度，而合理使用则包含多个要素，外观上有较多相似仍然可能构成合理使用，对戏仿作品尤其如此。

在 Lenz 一案中，原告将家中宝宝听歌起舞的场面录了下来，上传到 YouTube 上，视频中有 20 秒的音乐，被告是该歌曲的版权人，向 YouTube 发出了侵权通知。YouTube 移除了这段视频，但同时建议原告发出反通知，理由是原告的行为构成合理使用。原告不但发出反通知，还起诉被告构成 512（f）下的错误陈述。被告称自己不存在 512（f）所规定的"明知为假而误述"，因为其侵权通知是根据筛查软件对 YouTube 上文件**逐项过滤自动所得结果**发出的。被告认为，要求版权人在发出移除通知前先判断是否存在合理使用是不现实的。如果每一次发出通知前都要判断，版权人将失去对侵权快速反应的能力，同时，判断一种使用是否构成合理使用是极为困难的，在个案中，法官的最终认定是难以预测的。

然而法院却不这么看，而是认为，若要满足 512（f）下的"诚实的相信"要求，就必须在发出移除通知前判断合理使用是否存在。法院一方面承认，这种担心是可以理解的，另一方面却认为被告将可能的消极

---

① Rossi v. Motion Picture Ass'n of America, 391 F. 3d 1000, 1004 (9th Cir. 2004).

② See also Rossi v. Motion Picture Ass'n of America, 391 F. 3d 1000 (9th Cir. 2004); Dudnikov v. MGA Entertainment, Inc., 410 F. Supp. 2d 1010 (D. Colo. 2005).

③ Lenz v. Universal Music Corp., 572 F. Supp. 2d 1150, 1154-55 (N. D. cal 2008); United States Court of Appeals, Ninth Circuit, Nos. 13-16106, 13-16107, decided: September 14, 2015.

影响夸大了。在多数情形下，判断是否构成合理使用并不困难，版权人关于不构成合理使用的判断不会有多少被推翻，而不先行判断将构成512（f）下的权利滥用。

无疑，考虑到在线作品的天文数字，人工判断对拟发出侵权通知的版权人而言将成为一道很大的难题。

5. 一项侵权通知只能针对当下时段的侵权材料[①]

版权人不得向服务提供者寄发"一揽子"通知，让服务提供者对一切当前和未来的侵权性材料负责。法院认为，让服务提供者预防未来侵权负担过重，因此，**通知效力仅限于服务提供者收到通知时正在发生的侵权行为**。[②]

YouTube 案一审过程中，原告诉称，YouTube 只移除取下通知中的具体链接，而不管其他的侵犯了同一内容的链接。DMCA512（c）(3)(A)(ii) 要求，通知中必须有充足的信息使服务提供者可以定位材料，如果是多个侵权作品，则要有代表性的清单即可。就此，地方法院认为，如果把"代表性的清单"解释为仅仅是大概的描述（比如作家 Gershwin 的所有作品），而没有给出作品在网站上的位置，会使512（c）(3)(A)(iii) 所要求的通知具体性要求落空，迫使服务商进行512（m）所禁止的主动搜索。简言之，尽管 DMCA512（c）(3)(A)(ii) 表明可以指出代表性的作品，但紧接着，512（c）(3)(A)(iii) 要求信息必须足够充分，可以使服务提供者定位到材料。而且，国会立法报告举例说，充足的信息比如所述侵权材料的副本或其描述以及包含侵权材料的 URL 地址。[③] 因此，服务商只需处理侵权通知中所列出的可以具体定位侵权材料的地址。

此外，来自第三方的通知可能影响案件的认定，在 CCBill 案中，第九巡回上诉法院认为，被告对案外人侵权通知的处理可用于考量被告是否合理地实施了惩罚反复侵权人的政策。[④]

---

① See Hendrickson v. Amazon.com, Inc., 298 F. Supp. 2d 914 (C. D. Cal. 2003).
② See id. at 916–917.
③ Senate Report p. 46; House Report p. 55.
④ See Perfect 10 v. CCBill, 488 F. 3d at 1113.

（四）小结

传统侵权法的一般原则是，不同程度的危险性要求义务主体恪尽相应的注意。美国侵权法学者 Dobbs 指出："所谓合理注意，是指一个合理谨慎的人在具体场合下的注意，这里面，'具体场合'（circumstances）是个变量，也就是说，应有的注意之内容会随场景的变化而变化，而行为标准——一个合理谨慎之人的相应注意——则是始终如一。例如，在摆弄枪支时，情况之一就是枪支的危险性，因此一个理性人会使用比摆弄一条鱼更多的注意。注意标准是一样的，只是注意力和必要的身体动作的内容会随环境中的危险而变化。简言之，理性人标准的意思就是，被告必须使用与已知或可合理预见的危险相称的注意。"①

依据这一原则，如果安全义务人的空间内侵权泛滥，而义务人完全采取放任态度，则应对空间内发生的侵权负责，即使他并不了解具体侵权。这是基于"更小成本者应负防范义务"原则得出的结论，从而使民法肩负起保护他人人身财产安全的职责。

相对于美国侵权法上的传统侵权判定标准，红旗标准显著降低了网络服务提供者应有的注意水平，这尤其表现在两个方面：（1）服务提供者不负有寻找、预防侵权危险的义务，而传统的过失责任则要求危险保有人对危险有合理的查明及预防义务；（2）对于服务提供者实际看到的内容，只需要处理那些轻易能够判断出侵权的部分，换言之，让服务提供者产生侵权怀疑的内容不在侵权核查的范围内，服务提供者更不会因为没有防范抽象的危险而承担责任。

"红旗"标准虽然名为过失判断标准，实际上将标准提高到了远高于一般过失的水平。可以说，"红旗"标准加上其他规定，使版权人可信赖的依靠几乎只剩下"通知—取下"程序，而该程序又要求版权人先自行查找并确定侵权的存在和具体位置。YouTube 案一审判决肯定了这一制度，地方法院表示，本案事实显示了 DMCA 的通知制度行之有效：当原告在数月内积累 100 000 多个视频，然后在 2007 年 2 月 2 日给 YouTube 发送了一封巨大的通知，YouTube 在下一个工作日内就基本移除了全部

---

① B. Dobbs, The Law of Torts, 2000, St Paul, Minn., West Group, p. 303.

视频。

正如美国学者所指出的,很难想象网站对其空间内的侵权行为一无所知。① 真正的问题是,应否允许网络服务提供者在打击侵权方面完全持消极等待立场。一方面,查明网络用户侵权确实有其难度,要核查的内容过于庞大,而规避核查的手段又层出不穷。② 但另一方面,服务提供者在技术上也绝不是无能为力。2007年10月,谷歌宣布试运行视频甄别软件,其机理是,版权人提供了作品片段形成数据库,谷歌方面将把每一上传视频与数据库中的片段进行比对,极为近似的上传内容将被移除。③ 必须承认,这种侵权防范方式可能损害对作品的合理引用(例如为批判之目的、戏仿等),然而,更好地发展技术无疑是正确的方向,完善的"反通知"程序则可以为主张构成合理使用的网络用户提供保护。

三 替代责任与"控制加直接经济利益"标准

除了红旗标准外,排除DMCA责任避风港的另一条思路来自传统版权法的"控制加直接经济利益"标准。

DMCA规定,对于信息存储、信息定位服务提供者,如果服务提供者从第三方侵权行为中直接获得经济利益,且服务提供者有权利和能力(the right and ability)控制此等行为,则不能享受避风港待遇。立法者要求,上述标准是否得到满足,审判中应依常识和事实加以判断。

在2001年审结的Napster案中,第九巡回上诉法院认为,在构成帮助侵权的同时,Napster也构成了替代侵权。一方面,它有权在发现用户侵权之后注销用户的账号,因此具有监督用户行为的权利和能力;另一方面,Napster网站的基本目的就是便利受版权保护材料的非法传播,侵权

---

① Brandon Brown, Fortifying the Safe Habors: Reevaluating the DMCA in a Web 2.0 World, Berkeley Technology Law Journal Vol. 23: 1, Electronic copy available at: http://ssrn.com/abstract=1308805, p. 22.

② The terms 'Warez,' 'Gamez,' and 'Appz' have gained popularity as alternative terms to find infringing Software, Games, and Applications available for free download online. See, e.g., Wikipedia, Warez, http://en.wikipedia.org/wiki/Warez (last modified Feb. 7, 2008).

③ YouTube Rolls Out Filtering Tools, BBC NEWS, http://news.bbc.co.uk/2/hi/-technology/7046916.stm (Oct. 16, 2007).

用户数量的增长带来了网站广告收入的增长，因此被告从侵权行为中获得了直接利益。法院认为，当侵权材料的存在对顾客构成"吸引"（a draw）时，这里面就有直接"经济利益"。Napster 的收入直接决定于广告的浏览次数，而广告浏览次数与用户数量成正比，随着用户数量递增，侵权材料的质量和数量也向好。由于用户使用 Napster 系统的唯一理由就是交换、下载媒体文件，法院认定 Napster 上的侵权材料对顾客构成"吸引"，Napster 从侵权材料的存在中获取了直接经济利益。[①]

在以后的判决中，上述有关"控制"的观点并没有被其他法院接受，第九巡回上诉法院自己也改弦更张，至于"直接经济利益"，司法认定的口子也在收紧。

（一）有权利及能力控制侵权行为

就"有权利及能力控制侵权行为"，法院倾向于从严把握。仅仅有能力移除或屏蔽侵权材料，或取消用户访问，尚不足以构成"有控制的权利和能力"。[②] 在 Veoh 一案中，加利福尼亚中区法院认为，该要素不是指被告是否有权利及能力控制其系统，而是指是否有权利及能力控制用户的侵权行为。[③]

2012 年 4 月 5 日，美国联邦第二巡回上诉法院在 YouTube 案的判决中指出，避风港规则中的"控制的权利和能力"不要求对侵权的一一知情（"item-specific" knowledge of infringement）。这一结论与第九巡回上诉法院的观点不同。[④] 第二巡回上诉法院认为，如果在这一方面也要求具体知晓，就会使 512（C）(1)（B）和 512（C）(1)（A）雷同。更为重要地，第二巡回上诉法院拒绝了避风港规则中"控制的权利和能力"

---

① A & M Records, Inc. v. Napster, Inc., 239 F. 3d 1004（9th Cir. 2001）.

② See UMG Recordings v. Veoh Networks, No. 07 - cv - 5744（C. D. Cal. order filed Sept. 11, 2009）.

③ Io Group v. Veoh Networks, 586 F. Supp. 2d 1132, 1151（N. D. Cal. 2008）; Corbis v. Amazon, 351 F. Supp. 2d 1090, 1110（W. D. Wash. 2004）; Perfect 10 v. CCBill, 340 F. Supp. 2d 1077, 1104（C. D. Cal. 2004）; Perfect 10 v. Cybernet Ventures, 213 F. Supp. 2d 1146, 1181 - 82（C. D. Cal. 2002）.

④ UMG Recordings, Inc. v. Shelter Capital Partner LLC, 667F. 3d 1002. 1041（9th Cir. 2011）.

应与普通法中版权替代侵权规则做同样解释的如下观点：有能力移除或屏蔽对内容的访问就是拥有"控制的权利和能力"。

法院的理由是，512（c）要求，一个知晓或意识到侵权材料，或接到取下通知的服务商只有迅速移除或屏蔽材料，才能进入避风港，这在实际上已经假定，服务商有能力屏蔽对侵权材料的访问。而按照上诉人的主张，服务商在做这些时就是承认他们对侵权材料有控制的权利和能力。这样，512（c）（1）（A）（iii）和512（c）（1）（C）列出的享受避风港的条件恰恰让服务商按照512（c）（1）（B）丧失避风港资格。① 因此，法院认为，对侵权行为的控制权利和能力应该多于移除或屏蔽的能力。② 问题是，除了这一能力还要具备什么条件？

第二巡回上诉法院认为，迄今为止，只在一个案件中美国法院认为服务商有权利和能力控制侵权行为，这就是Perfect 10案，③ 该案的审理法院发现，服务商安装了一个监控软件，用户网站会收到关于网站布局、外观和内容上的指导，服务商同时还禁止某些类型的内容，并且拒绝那些没有遵守其指示的用户的访问，因此认定了控制的存在。Grokster案中的引诱可能也达到了控制标准。联邦最高法院要求，认定引诱侵权以有目的的、可非难的言辞和行为作为前提。④ 在这些情况下，服务商都对用户的行为发挥了实质性影响。在其他没有认定控制要件存在的案件中，法院认为，只有当服务商积极介入拍卖品的展示、竞标、销售和投递，⑤ 或通过在产品展示、产品描述发布前加以预览或建议价格来控制销售，⑥ 控制要件才成立。⑦

2013年3月14日，美国联邦第九巡回上诉法院就UMG III案作出判

---

① 在Ellison案中，第九巡回上诉法院将这一情况称为"第二十二条军规"。Ellison v. Robertson, 189 F. Supp. 2d 1051, 1061（C. D. Cal. 2002）.

② Also see MP3tunes, LLC, 2011 WL 5104616, at 14.

③ Perfect 10, Inc. v. Cybernet Ventures, Inc., 213 F. Supp. 2d 1146（C. D. Cal. 2002）.

④ 这里，第二巡回上诉法院似乎将替代责任中的控制与故意侵权中的引诱混为一谈了。——笔者注

⑤ Hendrickson v. eBay, Inc., 165 F. Supp. 2d 1082, 1094（C. D. Cal. 2001）.

⑥ Corbis Corp. v. Amazon. com. Inc., 351 F. Supp. 2d 1090, 1110（W. D. Wash. 2004）.

⑦ See Perfect 10, Inc. v Cybernet Ventures, Inc., 213F. Supp. 2d 1146, 1173（C. D. Cal. 2002）.

决，支持了加利福尼亚中区联邦地方法院的判决，认定流媒体存储服务提供商 Veoh 受到避风港规则的保护。① 上诉法院认定，Veoh 作为流媒体的存储服务提供者，受到 512（C）的保护，其格式转换功能是在线存储服务的必要部分，借助这一功能用户可以访问存储的内容，Veoh 不知道具体侵权的存在，也没有控制侵权的权利和能力，因此符合避风港的要求。上诉法院还特别驳回了 Viacom 关于 DMCA "控制的权利和能力" 应与普通法做一致解释的主张。② 本案中引人注目的是，第九巡回上诉法院转而采纳第二巡回上诉法院的观点，认为"控制的权利和能力"必须是"对用户活动施加实质性影响"，而不只是浏览和移除用户内容的能力。

紧随其后，纽约南区地方法院也在重审后对 YouTube 案再次作出判决。法院接受上级法院的原则，一个服务商即使没有对特定侵权行为的认识，仍然可能影响或参与他人的行为，同时从中获得经济利益，从而丧失避风港资格。就"控制的权利和能力"，地方法院援引了第九巡回上诉法院的 UMG Ⅲ 案判决，指出，为了认定控制的权利和能力，服务商必须对用户的行为发挥实质性影响，例如，对用户行为的高度控制或服务商方面存在有目的的行为。③

行文至此，法院又一次强调：导致服务商失去避风港资格的前提是影响或参与侵权，认识到普遍地存在着侵权行为，并欢迎这种情况，并不因此而丧失避风港资格。因此，当服务商的影响不是表现为"筛选内容给用户以广泛指导或加以编辑"，④ 或当服务商仅仅列出用户销售的物

---

① UMG Recording, Inc. v Veoh Networks, Inc., Nos. 09 - 55902, 09 - 56777, 10 - 55732 (9th Cir. Mar. 14, 2013).

② 这一胜诉来得太迟了，Veoh 在 2010 年因为太高的诉讼费用而破产。——笔者注

③ 地方法院在重审判决中援引了 Fung 案和 Cybernet 案，认为，服务商参与到用户的侵权行为之中，而这也就是移除和屏蔽能力之外认定服务商存在控制所需的 "更多的东西"。

在 Fung 案中，证据显示，被告积极地鼓励用户侵权，督促用户上传和下载特定侵权材料，为寻找侵权作品的用户提供帮助，还帮助用户将侵权作品烧制成 DVD。Columbia Indus. V. Fung, No. 10 - 55946, 2013 WL 1174151, at 20 (9th Cir. Mar. 21, 2013).

在 Cybernet 案中，服务提供者在一个统一品牌下将它自己和它的用户呈现为网址上相关联的网络，因为服务商给用户提供内容上的"广泛的建议"和"细节性的指导"，筛选用户提交的内容，拒绝用户接入网络，直到用户遵守服务商有关产品质量控制的指令。See Perfect 10 v Cybernet.

④ Wolk v. Kodak Imaging Network, Inc., 840 F. Supp. 2d. 724, 748 (S. D. N. Y. 2012).

品，没有积极参与发布、报价、销售和交付，① 而且没有事先查看物品，没有编辑产品描述，没有建议售价或其他参与行为，② 他对用户的影响就不是参与侵权活动，不构成服务商正常能力之外的"控制"。③

就YouTube网站主动移除一些侵权视频、拒绝原告加入网站内容过滤系统的行为，地方法院认为，这些证据证明，YouTube为了商业原因而将调查责任加给了原告，但正是这一情况使其受到避风港的保护。如上诉法院所说，由于原告不能证明网站的过滤系统构成标准化技术措施，因此其有权拒绝原告的加入。YouTube决定不去监视某些种类的侵权视频，这不会将它排除在避风港之外，无论其动机如何。原告的证据不能证明，YouTube具有超过任何服务商正常功能的控制能力，也不能证明YouTube积极参与了用户的侵权。

原告还指出，YouTube的搜索技术通过建议用户增加词汇到搜索词条中来促进对侵权材料的访问，即使用户还没有键入作品的完整名称，网站就会提供多个作品的完整名称，来帮助用户定位侵权材料。YouTube还会根据用户观看的内容给出相关视频的链接，从而指引用户浏览相似的其他侵权材料。但是，这一证据只是证明YouTube的搜索程序是一个自动的系统，是用户自己选择观看侵权内容，YouTube并没有参与到决定中去，因此，没有控制侵权行为。④

本案证据显示，YouTube网站确实对特定种类内容（暴力、色情、仇恨言论）加以限制，为用户访问提供技术便利，对一些侵权材料实施监控，帮助某些权利人进行监控，但没有证据显示YouTube监控用户的活动，引诱用户上传侵权视频，或者提供关于内容上传的细节性的指导或编辑，或引导用户访问侵权视频，或者参与用户的侵权行为，因此，YouTube不满足"控制用户侵权行为的权利和能力"要件。

---

① Hendrickson v. eBay, Inc., 165 F. Supp. 2d 1082, 1094 (C. D. Cal. 2001).
② Corbis Corp. v. Amazon.com, Inc.
③ Viacom International Inc. v. YouTube, Inc, 1: 07 - cv - 02103 - LLS (2013).
④ See Capitol Records, Inc. v. MP3tunes, LLC, 821 F. Supp. 2d 627, 645 (S. D. N. Y. 2011).

（二）直接经济利益

法院对直接经济利益要件同样从严把握。回顾 DMCA 立法理由，如果服务提供者的业务合法，侵权人与非侵权人为同样性质付费，则不能认为"直接从侵权行为中获得经济利益"，因此，收取一次性开通费以及定额定期收费均不构成"直接从侵权行为中获得经济利益"。这一标准也不应被理解为按照信息的长度或访问时长收费。但是，如果用户付费就是为了获得对侵权材料的访问，那么此种费用将被视为"直接从侵权行为中获得经济利益"。① 立法理由看似清晰，"一次性开通费以及定额（flat）定期收费"与收费"在于提供对侵权材料的访问"之间②的区别其实难以界定。这一任务留给了法院。

Napster 案判决作出后三年，第九巡回上诉法院收紧了 Napster 案判决松开的口子。在 Ellison 案中，③ 法院区分侵权行为对顾客构成"吸引"（draw）与仅仅构成一项附加好处（an added benefit）两种利益，如果是后者，则不满足"直接经济利益"标准。本案中，Usenet 是一个大型新闻组，美国在线是其合作服务提供者之一，为 Usenet 提供用于传输和存储信息的服务器。原告的一篇虚构类作品被上传到 Usenet 网址并通过 AOL 的服务器传播。第九巡回上诉法院认为，AOL 没有因侵权材料吸引、留住或失去用户，故不存在"直接经济利益"。初审法院提出的"直接经济利益"须是服务提供者收入的实质性部分（a "Substantial" proportion of the provider income）的观点未被接受。

就替代责任的承担，上诉法院认为，当侵权材料的存在是对顾客的"吸引"时，构成经济利益。上诉法院回顾了 Napster Ⅱ，在该案中 Napster 通过为顾客提供对盗版作品的访问来增加用户总量，大量证据表明，Napster 未来收入直接依赖于用户总量的增加。地方法院强调，实际上 Napster 吸引顾客全靠提供对侵权材料的访问，而在本案中，相对于美国在线的巨量产品和服务而言，对 USENET 新闻组的访问只构成相对不大

---

① Senate Report, p. 44.
② House Report, p. 54.
③ Ellison v. Robertson, 357 F. 3d 1072 (9th Cir. 2004).

的吸引。

地方法院的理解是，被告收入中有"实质性"一部分与侵权行为直接相关，才构成直接利益。上诉法院否定了这一观点，认为，构成"吸引"即为已足，这种吸引不必是实质性的。美国在线的未来收入直接依赖于用户数量的增加。自然，美国在线为用户提供对一些 USENET 新闻组的访问相对于其总利润而言在比例上只构成小的"吸引"，但是，美国在线作为互联网服务巨头的身份不能使其天然地免于替代责任。由于美国在线是互联网巨头，任何一项具体服务相对于其总规模都显得渺小，但它们仍然构成收入。

上诉法院的结论是，"直接经济利益"问题的关键在于，在侵权行为与被告所获得的任何经济利益之间是否存在因果关系，至于所获得的利益在比例上有多大实质性在所不问。国会立法报告特别指出，收取一次性注册费或按时间长度的固定费率收费不构成源自于侵权行为的直接经济利益。但是，如果服务的价值就在于提供对侵权材料的访问可能，那么此类收费也构成直接经济利益。因此，核心问题是侵权行为是否构成对顾客的吸引，而不只是附带的好处。本案中没有证据证明，用户选择美国在线是因为侵权材料的存在，或者放弃美国在线是因为侵权材料不存在了。

在 2007 年审结的 CCBill 一案中，原告也主张被告由侵权材料获得直接经济利益。第九巡回上诉法院声称，对于 Perfect 10 提出的替代侵权指控，根据以往判例，如果国会在制定法中使用了判例法中有稳定含义的概念，法院就应当认为国会旨在将该项含义纳入制定法，除非制定法另有规定。因此，DMCA 中的"直接经济利益"应当与有关替代侵权方面的判例法概念作同样解释。这样，遵循 Ellison 案判决，需要考察的是，侵权行为是否对用户构成吸引，而非仅仅是一项附带的好处。本案中，Perfect 10 只是声称，被告对提供存储空间给网站收费，这一主张不足以证明侵权行为构成"吸引"。而且，立法报告明确指出，从一个侵权者那里收取一次性开通费以及定额定期收费均不构成"直接从侵权行为中获得经济利益"。① 因此，本案不存在直接经济利益方面的证据。②

从以上判例来看，和控制要素一样，直接经济利益要素在网络环境下显然也不容易满足。

(三) 小结

提供信息存储空间和信息定位服务的网站采取的一类通行商业模式是在网页上投放广告，由于网站提供的服务常常是免费的，或者仅仅是收取注册费或按固定费率收取服务费，作为收入来源的广告往往与信息内容也没有关联，此时的网站确属在线平台服务提供者，对于平台上的网络用户活动没有参与，没有广泛施加影响，也未从活动本身分得利益。这一特征使之与传统的广播电台、电视台拉开了距离，在后者，节目不但全部是经由电台、电视台挑选甚至制作的，在播出的时间上也充分考虑了受众和收听收视率，而对于受众和收听收视率的考虑，不纯是为了普及文学艺术和科学，也是为了广告的有针对性的投放并由此增加广告收入。

当网站不是侵权活动的指挥者，要求其承担替代责任于固有法理不合，因为传统的替代责任要求经济的获得与侵权活动有紧密的联系，实际上要求对侵权活动的指挥或至少较深程度的参与。③ 换言之，承担替代责任的核心要件是"控制"，或"实质性参与"。提出"直接经济利益"要素更可能出于这样的考虑：经济生活中，控制他人行为的目的大多在于从行为中取得利益。美国版权法对替代责任的发展的积极意义在于，

---

① H. R. Rep., at 54.

② Perfect 10 v. CCBill, 488 F.3d 1102, 1117 (9th Cir. 2007); See also Io Group v. Veoh Networks, 586 F. Supp. 2d 1132, 1150 (N. D. Cal. 2008) (following CCBill).

③ 例如，被告作为版权集体管理组织，被告许可另一被告使用某一音乐作品，从该被告处收取版权使用费以及将版权使用费支付给第三被告。原告证明被告在发放和管理录音许可方面行使了一定的裁量权，并且从收取的版权使用费中提取一定的佣金。被告称其只是一个代理人，责任应由被代理人也就是第三被告承担。然而法院认为，替代责任不需要经济利益和控制两项要素兼有，满足其中一项即可，否则一个中层经理人因为没有直接经济利益就可以逃脱责任，虽然他直接指挥了侵权行为，被告为被控侵权作品发放了机械复制许可导致侵权行为的发生就应当为此行为承担替代责任。See Dixon v. Atlantic Recording Corp., 277 U. S. P. Q559 (S. D. N. Y1985). also see Universal city studios, ince. v. Nitendo co., Ltd. (许可第三人侵权构成替代责任)。

它意识到现实中有些企业采取下放部分经营决策权同时又保持足够控制的方法,以达到既收获利益又规避替代责任的目的。这方面的典型案例是 Shapiro 案。因此,认定替代责任不能简单地基于一方与另一方的分成约定,此类约定并不必然意味着一方对另一方经营的控制或充分参与(从而近似于合伙)。

一家提供存储空间的网站完全可能因侵权材料而获得实质利益,不过,认定责任的关键并不在经济利益。以 YouTube 案为例,广义地讲,可以肯定网站存在因侵权材料而获利的情况。在 YouTube 一案中,① 原告 Viacom 称,其在 YouTube 上发现了 15 条侵权材料,浏览量多达 15 亿次,有学者根据这一数字和行业惯例做了粗略推算②:抛开 YouTube 随视频而滚动播出的广告、视频播放之前先播的广告(这两项中国的视频网站同样在做)两项措施,单就出现在视频播放页面上的广告网址而言,广告费收入则以点击量为基础,并以较低的每次点击广告网址收费 1 美元计算,再以较低的 1% 访问率(CTR,即看到的广告的人中有多少人访问广告网址)做乘数,即 15 亿 ×1% ×1 = 1 500 万美元。即便 YouTube 在 Viacom 或其他版权人发出合格侵权通知后立即删除或屏蔽,然而从材料上传至侵权通知到达的时间间隔,足以让 YouTube 取得巨大广告收益。

但不应忘记,YouTube 在网页上投放广告是基于其为用户提供存储(以供他人浏览)服务,这就如同向一个小偷出售饮料,也可以说商家从小偷的偷窃行为获利,因为付款来自偷盗所得,但商家并不为偷窃行为负责。换言之,YouTube 以投放广告作为其提供存储空间的对价,其向广告主出售的产品为网页,故具有合法性。

反之,如果网站对其空间的内容有条件限制,以便有针对性地投放广告,则是将上传视频作为产品提供给广告主,此种"直接获益"可以与控制相结合而证成归责的正当性。另一个途径是,YouTube 知道视频的内容,且能够判断其为侵权材料,原告此时可以主张过错责任。

---

① Complaint at 3, Viacom Int'l v. YouTube, Inc., No. 1: 07CV02103, 2007 WL775695 (S. D. N. Y. Feb. 30, 2007).

② Brandon Brown, Fortifying the Safe Harbors: Reevaluating the DMCA in a Web 2.0 World, Berkeley Technology Law Journal Vol. 23: 1, Electronic copy available at: http://ssrn.com/abstract = 1308805, 15 – 17.

如 YouTube 案重审判决所言,导致服务商失去避风港资格的前提是影响或参与侵权,认识到普遍的存在着侵权行为,并欢迎这种情况,并不因此而丧失避风港资格。比较上述案件,Napster 案和 AOL 案各代表一个极端,前者的侵权性作品交换达到了猖獗的程度,服务商则乐见其成,而后者空间中出现的侵权材料只是全部信息的一小部分,CCBill 案的情况则在两者之间,因为 CCBill 的收入中可能有相当一部分来自为侵权材料提供存储空间,但其空间内的非侵权网址很可能多于侵权网址。[1] 三类案件都很难说提出了支持替代责任的有力证据。

四 对避风港规则相关判例的评价

避风港规则的初衷在于明确网络服务提供者的责任,使其对行为的后果可以预见。经由美国法院的解释,避风港规则为网络服务提供者提供了坚实的庇护。参议院立法报告曾期待:"……总之,通过限制服务提供者的责任,DMCA 确保网络效率将会持续提高,服务的多样化和服务质量将会持续改善。"[2] 可以说,司法判例推动了这一目标的实现。

总体而言,判例法在是值得肯定的,其出发点在于,诸如提供信息存储空间(其实是开放的用户交流空间)、信息定位服务作为互联网商业模式应予认可,虽然服务商必然从其服务中获得利益,但就如不知情而出售刀具给犯罪人一样,不能对其可能助成侵权的行为一概加以谴责。法院判决为技术和商业模式创新留出了足够的空间。

(一) 自动和被动的技术过程不构成直接提供作品

DMCA 立法报告即明确指出,自动化的过程(automated processes)不得被视为避风港的排除条件,换言之,不得将对上传材料的自动处理视为"对材料加以选择"。美国法院明确支持这一立场。只有实际上了解材料全部内容从而有机会判断其侵权与否,并就材料是否开放加以决定时,才能认定一项编辑处理行为。服务提供者为用户之便利对相关信息

---

[1] See CCBill, 488 F.3d at 1108.

[2] S. Rep. No. 105-190 (1998), p.8.

编列栏目、频道、分类表，不能当然视为"对材料加以选择"。为便利用户寻找信息而进行的自动或人工的目录编制不能当然认定为对内容的知情甚至干涉。这使服务提供者基本免于"内容提供者"认定，无须担心承担直接侵权责任。

在YouTube案中，第二巡回上诉法院肯定YouTube网站上的三个软件功能属于信息存储服务的范围：将视频转换成一个标准的播放模式；在观看页面对视频的播放；显示相关视频的链接。理由是，DMCA的结构和措辞表明，512（c）下的服务不限于只提供材料存储，该法案对服务商有两个定义，在广义的定义之下，服务商指的是在线服务或网络提供者，或者设备的运营者，如UMG I 案法院所言，512（c）旨在覆盖超出纯粹电子存储的服务提供者。①

就本案涉及的转码、播放和相关视频推荐功能而言，上诉法院认为属于信息存储服务范围。转码涉及将一个视频复制为一个不同的编码，从而可以让视频在网络上为大多数用户观看。播放程序涉及根据用户的请求将YouTube的视频传送到用户的浏览器缓存上。将这些自动功能排除在避风港之外，会导致避风港的保护被掏空。推荐相关视频的功能也适用同样的分析。证据表明，相关视频推荐的算法完全是自动的，并且只根据用户的输入而进行响应，YouTube的员工不会介入到这一过程中。况且，相关视频推荐功能帮助用户定位和获取根据其他用户指令而存储的内容。法院认为，该项功能同样为避风港所涵盖。②

第二巡回上诉法院援引的相关判例法也一致认为，512（c）下的避风港扩张到便利对用户存储材料进行访问的软件功能，例如转码和播放功能均属于与根据用户指令存储相关的功能。③

就YouTube案中争议的第四项软件功能，即对第三方上传视频的同步（syndication），YouTube主张"同步"不过就是结合两种功能：

---

① UMG Recordings. Inc. v. Veoh Networks, Inc, 620 F. Supp. 2d 1081, 1088 (C. D. Cal. 2008) ("UMG I").

② UMG I 案判决亦认为，算法与存储密切相关且由存储而生，是为了向用户提供对存储材料的访问。ibid.

③ Shelter Capital, 667 F. 3d at 1031 – 35.

（1）通过视频转码使更多用户可以观看；（2）根据用户的要求播放视频。YouTube 指出，其他网络服务商也签订相同的许可协议。而原告称，第三方同步协议的关键特征是 YouTube 为了自己的商业目的而签订，而不是根据用户指令，这使其不在避风港保护的范围。地方法院重审后认为，恰恰相反，这些交易的关键特征并不是当事人的身份，而是属于服务商为使用户存储的视频更容易被使用不同硬件的人所访问而采取的步骤，因此，受到 512（c）下的避风港保护。①

（二）网络服务提供者不负有主动查找、监控义务

对 DMCA512（m）关于服务提供者不负有主动搜索侵权义务之规定，法院积极予以贯彻。在 YouTube 案中，YouTube 设置了对网站上视频加以搜索以识别侵权材料的软件系统，但只允许其合作伙伴使用该系统。对此，联邦第二巡回上诉法院表示，除非该系统构成标准化技术措施，否则服务商有权拒绝版权人的访问。由于版权人不能证明这是一种标准化技术措施，只能望门兴叹。

特别地，法院通过解释红旗标准，提高了网络服务商的过失认定门槛，如前文所述，"红旗"标准虽然名为过失判断标准，实际上将规则条件提高到了远高于一般过失的水平。这就使服务商承担帮助侵权责任的可能性大大降低。

---

① 2007 年 3 月左右，YouTube 转码了一系列视频，使之适用于移动设备，并且授权一些公司播放。上诉人认为，这种商业交易不是根据用户指令发生的，而是人工选择了一些版权材料授权给第三方。不过，原被上诉人均认可，授权给第三方的两千个视频中没有涉案视频。二审法院要求地方法院查清事实，涉案视频是否由 YouTube 授权给了第三方。

发回重审后，地方法院查明，第三方 Verizon Wireless 从 YouTube 获得的视频不属于涉案视频。除了与 Verizon Wireless 的协议，没有出现由 YouTube 人工选择视频，从网站上取下，并且交付给第三方，使第三方可以在自己的系统中使用这些材料的情况。YouTube 已经与苹果、索尼、松下、TiVo 和 AT&T 达成协议，由 YouTube 提供对其系统存储材料的访问，并将材料转码为可以由第三方移动设备或相似技术播放的格式。正如 YouTube 所言，这些同步协议是为了确保用户在一切硬件设备环境下都可以观看 YouTube 上的视频。协议反映的是这样一个现实，今天人们不仅使用个人电脑，还使用日益增加的新设备上网，包括手机、平板电脑、互联网电视等。通过这些同步协议，YouTube 的用户可以直接在那些设备上访问 YouTube。这种"同步"提供接入到根据用户指令存储的材料，符合 512（c）的目的。YouTube 所做的仅仅是实现技术兼容。这里不存在人工挑选，经由第三方设备访问的视频也始终处在 YouTube 的系统上。

一提到网络服务提供者的主动核查，人们往往担心言论自由受到侵害，会产生所谓噤声效果（chilling effect，又译为"寒蝉效应"）。然而，言论自由与其他自由一样是法律之下的自由，是以尊重他人权利为先决条件的自由。没有证据显示认真抵御网络版权侵权将伤害言论自由，尤其是在商业言论和娱乐领域。在 Corbis 一案中，亚马逊的质量经理承认，基于权利人的通知，他知道特定用户的待售货品中有一部分是侵权制品，然而法院仍固执地拒绝此时亚马逊有义务对这一范围确定的对象加以核查，认为此种情形仍然不是实际知悉。这实际上是对平台商的过度保护。

最后，避风港规则提出的网络服务提供者"控制加直接经济利益"标准在实践中被法院从严把握，使服务提供者不容易承担替代侵权责任。只要服务提供者未明确表达鼓励侵权的意图，且对侵权行为与非侵权行为一视同仁，即不能认定直接经济利益要件的存在。在 Grokster 案中，80%的在线分享为侵权音乐作品也不能让联邦最高法院认定"直接经济利益"，关键仍然是 Grokster 明目张胆地向用户宣传，其致力于做第二个 Napster 的意思和行为导致其最终负责。

（三）避风港规则的改进

为了对避风港规则有所纠偏，尤其是对抗特定网站上侵权泛滥，美国法院通过追究服务商的引诱侵权责任对避风港规则加以补救，即援引美国版权法上传统的"引诱"标准，如有证据证明被告"采取积极手段鼓励直接侵权"，[1] 则侵权责任成立。这方面的代表性判例是 Grokster 案，[2] 该案由美国联邦最高法院终审，涉及分散式 P2P 技术（点对点文件分享系统）。

在新一代 P2P 服务中，用户搜索不再需要存在于服务商服务器上的索引。已经从 Napster 案判决立场后退的第九巡回上诉法院认定，P2P 软件具有实质性非侵权用途，Grokster 并不实际知晓特定的侵权事实，因此不构成知晓，除了提供软件，没有参与用户的搜索复制、传输行为，因

---

[1] Oak Indus., Inc. v. Zenith Elec. Corp., 697 F. Supp. 988, 992 (N. D. Ill. 1988).
[2] MGM Studios, Inc. v. Grokster, Ltd., 545 U. S. 913 (2005).

此不成立帮助侵权。同时，因 Grokster 没有监视和控制 P2P 软件的使用，也没有约定的权利或现实能力去监督软件如何使用，因此不成立替代侵权。

但是，联邦最高法院推翻了上诉法院的判决，声称索尼案的实质性非侵权用途规则不意味着普通法上过错责任的排除，如果主观上被告具有引诱或鼓励直接侵权的实际意图，客观上为此目的而提供技术、设备，则无论该设备是否具有合法用途，应为第三人使用该技术、设备导致的侵权行为承担责任。最高法院认为，对故意的过错性的语言表述和行为追究责任，不会损害合法的贸易及具有合法前景的创新。

导致联邦最高法院认定引诱（inducement）的事实是：第一，服务商的宗旨在于满足已知人群对版权侵权的需求，即争取 Napster 的前用户群，这些用户主要进行侵权品的交换；第二，服务商没有试图开发过滤工具或其他机制以减少使用其软件进行侵权行为，第九巡回上诉法院将这种不作为视为无关紧要，然而最高法院却从中看到了服务商协助用户实施侵权的故意；第三，服务商通过出售广告空间，并将广告显示在用户电脑屏幕上赚钱，P2P 软件使用得越多，广告发送得越多，广告收入也就越多。

联邦最高法院的理由并非没有可商榷之处。"引诱"侵权的认定，应当以"被告的言辞或行为中包含侵权指向的内容"为条件，也就是唆使、鼓励他人从事侵权行为，仅仅号召用户使用分享软件，并不构成引诱，除非分享软件仅仅具有有限的合法用途。至于"以 Napster 的前用户群为目标用户"的确言之有据，但是，除了这个实际上涵盖了主要网络用户群体的用户群，P2P 软件还有什么用户群呢？从既有的判例法出发，上诉法院有关不侵权的认定更为合理。

从联邦最高法院判决的表述来看，实际上是以"概括性引诱"替代了"具体知晓"，凡是在被告"清楚的表述或其他积极鼓动措施"做出之后出现的直接侵权，都推定为被告引发。这种对因果关系的推定可能与事实有出入，而被告则可以相应地隐藏引诱意图也就是取消此类色彩的表述方式，从而使法院无从认定引诱的存在。何况用户看中的也主要是服务商技术的强大与否，一旦服务商避免使用引发教唆怀疑的言辞，着力于说明软件的功能和用户数量，Grokster 规则就失效了。[1]

归根到底，促使最高法院作出有责认定的事实是，每月有数以十亿计的文件通过被上诉人的软件得到分享，在这些文件中有 90% 都是受版权保护的作品，而又"几乎不可能针对所有直接侵权者，有效地实现受保护作品的权利"，同时，在线软件提供者却拒绝采纳或开发任何版权保护措施，基于"唯一可行的替代方法是根据帮助侵权或替代侵权理论追究工具提供者的间接责任"考虑，法院才作出了实际上针对整体经营模式的判决，勉强绕开 DMCA，为版权保护另辟蹊径。但是这一路线不大可能解决 P2P 软件带来的版权问题。

YouTube 案中，一审法院专门提到 Grokster 案及同类案件，指出，Grokster 案及其后的同类案例如 Arista 案[2]、Fung 案[3] 和 Lime 案[4] 的规则对本案都不适用。Grokster、Fung 和 Lime Group 都涉及 P2P 系统，这种功能并没有被 DMCA 中的 512（c）所涵盖。相关法院在 Grokster 和 Lime Group 案甚至都没有提到 DMCA。Fung 被认为是一个版权窃贼，其提出的 DMCA512（d）搜索服务抗辩基于无可争辩的显示其"有目的的、应受责难的言语和行为旨在促进对网站的侵权性使用"的证据而被否定。

YouTube 案审理法院正确地指出，Grokster 涉及版权侵权帮助责任的更一般性的法律，该案原则对于 DMCA 下的服务商有适用上的限制。Grokster 散发可用于交换侵权材料的软件，并明确表示要做 Napster 商业模式的继承者，联邦最高法院认为：以促进将一种工具用于侵犯版权之目的（可以表现为明确的言辞或其他鼓舞侵权的积极行动）而散发此工具，对因此导致的第三方侵权行为负责。YouTube 案中没有发现 YouTube 有这样的行为。

YouTube 案审理法院的结论是，Grokster 案判决模式并不适合服务提

---

[1] Fung 等案件都是追随 Grokster 案，但是 P2P 软件并未衰落。事实上，针对网络用户使用 P2P 软件大规模分享有版权作品的行为，版权人已经改向网络接入服务商发出侵权通知，参见 BMG v. Cox 案一审判决。——笔者注

[2] Arista Records LLC v. Usenet.com, Inc, 633 F. Supp. 2D 124, 157（S. D. N. Y. 2009）.

[3] Columbia Pictures Industries, Inc. v. Fung, No. 06 Civ. 5578, 2009 US. Dist. LEXIS 122661（C. D. Cal. Dec. 21, 2009）.

[4] Arista Records LLC v. Lime Group LLC, 715 F. Supp. 2d 481（2010）.

供者提供平台的案例，在后者，用户在平台上发布并接触各种材料，服务提供者虽然不知道内容，但指定了代理人接收侵权投诉，并移除侵权材料。对于这样的服务商，应当适用的是 DMCA 避风港规则。"通知—移除"程序是有效的，因为原告在经过几个月的查找，确认约 10 万个侵权视频，并发出一次性通知后，第二个工作日 YouTube 就加以全部移除。原告主张，YouTube 只删除侵权通知中所列的视频，却对网站上存在的其他相同、同类视频置之不理，构成侵权。可是法院认为，YouTube 只对通知中明示侵权材料所处位置的内容有删除义务，没有义务去追查同样或同类视频的存在。

因此，Grokster 案的意义不应被过分夸大，对用户分享侵权的制约需要寻求其他方法。目前，更为有效的规则仍然是帮助侵权和替代侵权的规则，只是不能将帮助侵权过分限制于"应知仅为对具体侵权的知晓"，而是还要增加"如果空间内侵权泛滥，服务商必须采取可期待的合理措施，尤其是积极响应权利人的反侵权措施，否则不能免于应知（过失）指控"。就 DMCA 而言，需要将其中有关"标准化技术措施"的规定修改为"可期待的合理措施"，尤其是"自动过滤措施"及"自动过滤措施与合理可期待的人工审查的结合"。

第三章

网络服务提供者注意义务的法理基础

——侵权责任法第 36 条与第 37 条之内在关联性

到目前为止,"网络服务提供者责任"和"安全保障义务"在我国侵权法理论中还是分属于两个系统的概念。立法者似乎也没有将二者结合起来考虑。从《侵权责任法》的规定来看,首先以第 36 条规定了网络服务提供者的责任,然后才以第 37 条规定了宾馆、商场、银行、车站、娱乐场所等公共场所的管理人、群众性活动组织者的安全保障义务,给人以网络空间与实体空间各自运行一套法律规则的印象。从保护对象来看,网络服务提供者责任似乎更多地针对知识产权、精神性人格权保护,而安全保障义务则旨在保护人身(生命、身体、健康和自由)和有形财产。从立法资源的撷取来看,网络服务提供者责任的主要范本是美国 1998 年《千禧年数字版权法》(DMCA),[①] 而安全保障义务则取材于德国侵权法上的安全保障义务,两者的理论基础亦判然有别。

线上与线下空间是否需要不同的归责理论?这是本章加以检视的问题。

---

① 陈锦川:《于网络服务中"避风港"性质的探讨》,载《法律适用》2012 年第 9 期,第 25 页以下。

第一节　作为注意义务代名词的安全保障义务

规定于我国侵权责任法第 37 条的安全保障义务有其德国法上的渊源。安全保障义务（Verkehrspflichten）是德国侵权法的独创。英美法系或者同属于大陆法的法国都没有发展出这一包罗万象的义务来。在前者，对他人的安全保护规定散布在各种类型的侵权之中，这其中既有传统的滋扰（nuisance）、占有人责任（occupier's liability），也有近代发展出的过失（negligence）乃至更为晚近的产品责任（product liability）。在后者，法国民法典第 1382 条、第 1383 条作为过错侵权责任的一般条款具有足够的包容度（或许太过于包容），并不需要另行创出一个"安全保障义务"来。"安全保障义务"由德国判例法所创设，其目的在于解决德国人面临的体系难题，在这个意义上，它可谓是"有德国特色的侵权法制度"。

对于社会生活中相关主体所负有的安全义务，我国学者已经进行了若干有益的考察，[①] 或涉及对安全义务的理论揭示，或强调其实务适用。对德国侵权法安全保障义务亦有全面介绍及探讨者[②]，颇值一读。

但是，笔者也认为，关于德国侵权法上的安全保障义务，仍有进一步整理和评析的必要。例如，由于安全保障义务性质属于判例法，因此首先就要了解德国法院对哪些领域适用安全保障义务，只有进入这些领域，才能体会安全保障义务中含有的合理控制危险的思想。再比如，安全保障义务的创设对德国侵权法的既有体系造成了根本性的冲击，如果不把创设安全保障义务的主要原因完整揭示出来，也就错过了检讨德国

[①] 例如，张新宝、唐青林：《经营者对服务场所的安全保障义务》，载《法学研究》2003 年第 3 期，第 79—93 页。这篇文章因其对安全义务法理及实例上的全面深入剖析而具有开创性的意义。另参见麻昌华、周全福《公共安全注意义务的设立》，载民商法网 http：www.civillaw.com.cn；张谷：《不作为侵权：消法 18 条的义务还是交往安全义务——评肖某诉石广饭店及其休闲中心人身损害赔偿案》，出处同前。

[②] 李昊：《交易安全义务论：德国侵权行为法结构变迁的一种解读》，北京大学出版社 2008 年第 1 版；周友军：《社会安全义务理论及其借鉴》，载梁慧星主编《民商法论丛》第 34 卷，法律出版社 2006 年版，第 178—219 页。

侵权法体系构建得与失的机会。另外一点不容忽视的是德国法院在创设安全保障义务过程中对法学方法论的娴熟运用。① 基于上述考虑，在讨论我国侵权责任法第 37 条下安全保障义务之前，本书首先进入对德国法的梳理。

一 德国侵权法上的 "Verkehrspflichten"

"……（安全保障义务）涉及的仅仅是历史上形成的、由法院在每日适用侵权法的过程中发展出的那些注意义务，它们在法典评注中以可观的分类出现。人们由此可以判断在这一或那一生活领域，法院认为什么样的安全措施为已足。在这个意义上，安全义务不过就是侵权法一般注意要求的具体化而已。"② 德国学者瓦格纳清楚地道出了安全保障义务的性质。

（一）"安全保障义务" 的产生与发展

"安全保障义务"（Verkehrpflichten；Verkehrssicherungspflichten）的创设是德国判例法的成就，对此要追溯到帝国法院的三个基础性判例，从中总结出的法律原则至今仍是违反安全保障义务类型的赔偿基础。

安全保障义务最早称为交通安全义务（Verkehrssicherungspflichten，Verkehrssicherung 意为交通安全，pflichten 意为义务），因为最早的判例涉及道路交通安全问题。德国民法典施行不久，帝国法院就分别在 1902 年和 1903 年的两个判决中确立起新的法律原则。这两个案件的基本情况是：前者，一株长在公共道路上的腐朽树木倒下伤及原告，该树木属于国库（Fiskus）；③ 后者，原告在公共场所的石阶上跌倒，原因是负责机关没有及时清扫已被行人踩实因而变得极为光滑的积雪路面。针对这两个案件，帝国法院抛弃了自罗马法以来广为传布的 "单纯的不作为不构成损害"

---

① 尤其参见后文关于安全保障义务如何缓和德国民法典第 831 条缺陷的讨论。
② Koetz/Wagner, Deliktsrecht, Luchterhand Verlag, 10. Aufl., 2006, S70-71.
③ RGZ 52, 373.

的观点，也没有类推适用第 836 条以下的占有人责任，而是发展出新的"一般原则"。在第一个案件中，帝国法院确认"在适当虑及他人利益的情况下本应采取保护措施（而未采取）时，应当对自己的物导致他人损害负责"①。半年后，在第二个案件中，帝国法院进一步强调以其土地用于公共交往者，有义务"以符合交往安全之要求的方式作为（das in einer Weise zu tun, wie es den Anforderungen der Verkehrssicherheit entspricht），为此他还负有照顾义务。"② 这样一种要求为自己之物（动产和不动产）的危险状态负责的观点具有一般化的特征，它当然也适用于房屋和花园，营业场所如商店、餐馆，运动设施乃至集市等，而不限于所谓交通安全。

此后，帝国法院又通过另一个判决发展了第二种安全义务违反类型。案件的基本情况是，兽医诊断出农民的一头牛患了炭疽病，于是找来了一个屠夫对牛进行紧急屠宰。尽管屠夫的手上有明显可见的伤痕，如不予以处理会导致病原体的侵入，兽医仍疏于对屠夫先行采取防感染措施，最终屠夫受到感染。③ 该案涉及的不是物的危险状态，而是带有危险性的行为，基于职业能力兽医能够更好地控制和避免危险，因而法院认为兽医对屠夫有照顾义务。帝国法院经由此案又导出一项普遍原则，即"从事一定……职业并向公众提供自己的服务者，在工作时负有使事务正常运转的义务；从一项职业活动或营业活动中产生出这种具有一般化特征的义务，概括地说可以称之为安全保障义务"。例如，从兽医身上总结出的原则又被适用于人医的医疗行为，将产品或服务投入市场的行为，以及旅行社的旅游组织行为，等等。

什么物品不是危险的，如果放错了地方？什么行为不是危险的，如果来得太早或太晚，或者做得太多或太少？无论是开设商场，还是驾车行驶于道路，乃至在人行道上行走，经营者、驾驶员和行人均对他人负有安全义务。完全可以说，在社会交往的场合，任何人都有义务避免通过物品或行为给他人造成不合理的危险，尤其是当他人处于

---

① RGZ 52, 379.
② RGZ 52, 53, 57.
③ RGZ102, 372.

自己所开设的交往空间之中时。危险的性质必然会影响到义务与责任的认定，一个人不小心撞上了另一个人，和他不小心撞上了一辆行驶中的汽车，其后果是完全不同的。同样是独立的房子着火，普通住户的火灾殃及较小，而烟花爆竹厂或化学厂的仓库着火结果则是天翻地覆。

什么是安全义务的本质？特定主体不是，特定行为似乎也不是，特定物品同样不是。应当说，对自身给外界造成的安全危险加以控制才是这一义务的本质，它把责任与主体对危险的控制能力联系起来了。安全义务适用的领域是这样一种情况：在特定场合中，当事人双方在对危险的控制和防范方面处于不均衡状态，这可能是因为一方有能力或信息，另一方面缺少能力或信息，也可能是一方通过自己的言行让另一方产生了安全信赖。换句话说，在就危险的认知和控制方面，受害人和加害人处在不对等的位置上，加害人对危险有更清楚的认识，有更强的控制能力，[①]甚至危险往往就是被告自己制造的。

于是，在德国，这种危险防范和避免的作为义务[②]就顺理成章地由"交通安全义务"扩展为一般性的"安全保障义务"（Verkehrspflichten，直译为"社会交往中的义务"）。

（二）"Verkehrspflichten"如何译法

我国台湾学者将"Verkehrspflichten"译为"交易安全义务"，[③]笔者认为这一译法并不确切。在中文里，"交易"指商业行为，近似于"买

[①] 瓦格纳指出，负有义务者不如说是对物有事实上的支配力者，因为他最能确保物的安全性。在第 836 条下的建筑物责任中，义务不是指向所有人而是占有人或建筑物维护义务人。此外，帝国法院在其第一个有关安全义务的判决中，就不仅让行使事实上物的支配权的所有人，而且让物的占有人对腐朽树木倾倒所致损害负责。相应地，道路安全义务由实际照管道路的行政机构承担，siehe Koetz/Wagner, a. a. O., Rn177; vgl. auch Larenz/Canaris, Lehrbuch des Schuldrechts, Band Ⅱ, Halbband 2, Besonderer Teil, Verlag C. H. Beck, 13 Aufl., 1994, S418.

[②] 必须指出，安全保障义务并不限于作为义务，也包括不作为义务，只是由于这种义务对德国侵权法的最大冲击表现在不作为或间接侵权方面，所以，人们才把注意力主要放在对作为义务的考察上。——笔者注

[③] 例如，林美惠博士论文题为《侵权行为法上交易安全义务之研究》，王泽鉴先生在其《侵权行为法（第一册）》（中国政法大学出版社 2001 年 7 月第 1 版）中亦称之为交易安全义务，但又指出如何译法颇费斟酌。

卖",说"某人与某人达成了一笔肮脏的政治交易",取的是交易这个词中"利益交换"之义。"交易"一词的文义射程无论如何都不及于这样一些情况:车主应该锁好车门;开车经过学校附近时应当加强瞭望并减速慢行,以防有孩子突然冲上马路;滑冰者在超过他人时应当保持足够的平行距离;冬天临街居民要扫雪,要视情况采取措施,以防止自家屋顶的积雪崩落砸到路上的行人、车辆和物品,等等。以上这些恰恰都是"Verkehrspflichten"的要求。一旦把这个德文词译成"交易安全义务",甚至会把它最早的类型"道路通行中的安全义务"也排除在外,因为我们(作为中国人)总不能说,某人在高速公路上超车也是交易形态之一。

基于以上原因,笔者认为把"Verkehrspflichten"译为"一般安全义务"较为妥当。而为这一义务加上空间或时间的限定是不可能的,因为"Verkehrspflichten"调整几乎所有的社会生活空间,为它加上主体的限定也是不准确的,因为这一义务绝不只是所谓"经营者的安全保护义务",它是人人都可能负有的注意义务。

只要看看Verkehrspflichten调整的生活领域就能发现,这一义务确实是一项一般性的或者说普遍性的(allgemein)义务。有关安全义务的判决可以说涵盖了公共生活中的每一个领域,著名的《帕兰特德国民法典评注》按照首字母从A到Z排列,列举了垃圾存放及处理、废水排放、药剂师、建筑师及医生的职业行为、医院的安全组织义务、牙医、助产士、心理医师、护士、兽医的职业行为、药品制造商的安全义务、赛车中的安全义务、公共浴场、建筑施工及其他危险性作业、登山、矿山、电池运输、堤坝维护、示威抗议、铁路、滑冰、能源输送、爆破、花样跳伞、燃放烟花爆竹、墓地、行人、车库、餐馆、旅店、建筑物和土地、打高尔夫球、家庭或家务中的风险、进口蜜蜂、有害的工业废物、狩猎、保龄球馆、幼儿园、开放性儿童游乐场所、破产管理人、机动车车主及驾驶员、机器和危险设施、大众性活动、垃圾倾倒、油库、产品责任、骑自行车者、旅游组织者、船只、运动及运动设施、道路、有轨电车等场合、活动,可谓当代社会生活的全面折射。[1] 事实上,又有哪一个公共生活领域不存在安全要求呢?

---

[1] Palandt, Buergerliches Gesetzbuch, Verlag C. H. Beck, 55. Aufl. 1996, S953f.

不过，鉴于国内已经有了约定俗成的译法，为避免让语词成为学术交流的障碍，本文仍采"安全保障义务""交往安全义务"的译法。读者但需明察，本文所讲的"安全保障义务"就是德国法上的"Verkehrspflichten"，就是我国台湾学者所讲的"交易安全义务"，就是我国大陆学者所谓的"社会安全义务""社会交往安全保障义务""安全保障义务"等类似称谓。

（三）学者对安全保障义务的类型化整理

随着有关安全保障义务的判决不断增加，德国学者逐步对这些判决归纳了基本类型，以便于把握。

德国学者克茨/瓦格纳提出的分类是：[①]

（1）最初起源：通行设施（Verkehrsanlagen）。

历史上，安全义务首先发展于道路通行场合，涉及的是在利用道路、过道、楼梯间、营业场所、运动设施时发生事故损害的赔偿问题，尤以各类道路上的事故赔偿具有代表性。一般原则是，依第823条第1款，若设施的维护存在缺陷或通行障碍未予清除，因此而致的身体和物品损害应当予以赔偿。

例如：道路管理部门有义务通过建造和维护，使人们不至于处在无法辨别的危险之中，就空间而言，不仅包括本来意义上的机动车道，也包括路的两厢及上面栽种的树木；[②] 为缓和交通强度而采取的措施必须予以足够的照明，以使夜行车辆能够识别；[③] 路面的鼓起必须能够让底盘较低的车辆也能通过；[④] 于路面结冰或下雪场合，无论如何，重要市镇内的道路要进行清除冰雪工作，而在居住区之外的冬季作业则是主管机关为交通便捷而尽的一项服务。[⑤] 如果此种义务之外的事务已然进行，则当然要谨慎地进行。

道路安全义务起初是一项私法义务，由法院在第823条第1款的框架

[①] Koetz/Wagner, a. a. O., S72f.
[②] BGH, NJW 2004, 1381.
[③] OLG Nuernberg, NZV 1991, 353.
[④] BGH, NJW 1991, 2824, 2825.
[⑤] BGH, VersR 1995, 721, 722.

内发展而来，但如今所有的联邦州在其道路法中都将其转化为一项公法义务，违反该项义务依第 839 条及基本法第 34 条负责。但是，安全义务的内容并无任何变化。①

（2）物的危险。

所谓物的危险，是指动产或不动产在构造、品质、空间位置等方面所带有的不合理危险。

例如：当所有人的林地与一条公共道路相接时，他有义务避免因树木折断而对路人造成伤害，他需要具备一个周到审慎的、乐于听取林木专家意见的人的认识，做到树木的分布根据风灾防范具有安全性，他还必须每间隔一定时间就对树木的病虫害情况进行监控；② 公墓的所有人③ 乃至公墓内每一墓地的权利人④，均有义务定期检查墓碑的稳固性；土地上的地窖入口或采光井口如果在营业时间使用，必须加盖并予以固定以防他人擅自挪走；⑤ 超市必须保证地上不丢着水果和蔬菜垃圾；⑥ 旅馆必须对停车场进行照明，冬季清除冰雪，以防喝醉的客人跌倒；⑦ 台球厅应当避免把台球桌放得离座位过近，使坐着的客人会被挥杆者向后摆动手臂的动作所伤；⑧ 医院里的走廊应当足够宽敞，从而一个男护士有力地撞开病房门时，不会撞到一个在走廊上行走的病人；⑨ 在游泳池，不能出现水下有墙导致客人头朝下跳水时撞成重伤；⑩ 使用机动车不仅要做到要求的谨慎，遵守交通规则，还要针对小偷或无照驾驶者采取相应防范措施，因此，车主不仅要在停车时拔出点火钥匙，还要锁好车门，闩好车窗，当他不是把车停在路边，而在停在自己的土地上时，同样如此，⑪ 甚至如

---

① Siehe Koetz/Wagner, a. a. O. , S72.
② BGH, MDR 1974, 217; vgl. Auch BGH, NJW 1965, 815.
③ BGHZ 34, 206.
④ BGH, NJW 1972, 2308.
⑤ BGH, NJW 1990, 1236, 1237.
⑥ OLG Koeln, VersR 1999, 861f.
⑦ BGH, NJW 1985, 482, 483.
⑧ RGZ 85, 185, 187.
⑨ OLG Schleswig, VersR 1997, 69, 70.
⑩ OLG Karlsruhe, VersR 2000, 1420, 1422.
⑪ Vgl. BGH, VersR 1964, 300.

果一个车主发现一个年轻人在附近漫无目的地闲逛时，就要开始加强警惕。①

（3）行为的危险。

侵权法上注意义务的第二个大类涉及自己的行为。每个人在具体环境中要相应调整自己的行为，使第三人除了具体情况中不可避免的危险之外不受到危害。

例如：人们在驾车时应使自己的速度与交通和周边情况相协调，并在接近孩子时要特别地小心，在踢足球②、滑雪③、狩猎④等场合同样如此；一场摇滚音乐会的主办者应当注意，不将观众置于过高的音响之中，以避免听力受到损害；⑤一家拆除企业应当注意，毗邻建筑不会因其施工而被抽去必要的支撑；⑥甚至针对他人采取法律措施者，例如诉请履行或申请破产，也有特定的注意要求。⑦与行为相关的注意义务，还包括物品和服务的出售；⑧产品制造者在所谓产品责任的框架内负责；药剂师不应将危险的化学品交给孩子（用以制作爆竹）；⑨旅行社不应把顾客送到存在重大危险隐患的旅馆，例如阳台的栏杆已经腐朽松动，⑩或送到对游客存在难以预料的恐怖危险的国家。⑪

（4）救济/照管义务（Fuersorgepflicht）。

如果说每个人都有义务善管自己的物品和调控自己的行为，从而保证他人利益不受危及，这一原则并不扩展到个人对公共安全和秩序负有全责的程度。瓦格纳认为，一个农民如果不知是谁在他的牧场上堆放了有毒垃圾罐，在私法上无论如何没有义务清除这些有毒物质，以免其渗

---

① OLG Jena, VersR 2004, 879.
② BGH, NJW 1986, 957f.
③ BGHZ 58, 40.
④ BGH, VersR 2000, 1419.
⑤ BGH, NJW 2001, 2019, 2020.
⑥ BGH, NJW 1960, 1116.
⑦ BGH, NJW2004, 446, 447.
⑧ BGHZ 51, 91.
⑨ RGZ 152, 325, 328f.
⑩ BGHZ 103, 298, 303f.
⑪ Vgl. OLG Koeln, NJW‑RR 2000, 61f.

入地下水。一个行人在地铁站上注意到一个瘾君子正在给自己注射毒品，并无义务抓住这个人把他带到医生那儿去。利于第三人的照管义务以一项自愿的承担为前提。① 例如，一个企图自杀的病人被送进一家精神病院。这样的机构不仅有义务为楼梯间设置扶栏及采取一般性的安全措施，此外还要避免一个厌世的病人从高处楼层跳下去。②

德国学者布罗克斯/瓦尔克的分类：③

（1）为公共交往提供了空间者，应当保持交往空间处于无危险状态，例如道路、通道、入口、建筑物内部（楼梯、电梯等）。安全义务包括维护、照明、清扫、清除冰雪、加固树木等。④ 何种措施为必要及可期待依个案而定（危险的大小、现场及时间等因素）。对商铺及消费品市场在地面选择和维护方面有严格的注意要求。⑤ 经济上能力不足不能成为未能保证安全的借口。

（2）使用危险物品者，于可期待的范围内，应当保护他人免遭危险。例如，机器和经营设施、车辆、高压输电线路、有毒物质、工业垃圾。

（3）从事企业经营或从事某一职业者，负有因此而产生的特定安全义务。例如，销售有毒植物防护剂的商人将药剂装入一个啤酒瓶出售构成违反安全义务，为误饮者所受损害负责；音乐会主办者负有安全义务，保护听众免于音乐的过高音量造成听力损害；一家保安公司在雇用一个工作中将佩带武器的保安员时，必须掌握并验证申请者的完整经历，从而能够核实申请者的可信赖程度；⑥ 相反，一家啤酒厂不需要在啤酒瓶上警告过量饮酒的危险，因为这已为人所共知。⑦

（4）违反安全义务的一个特别类型是所谓的"产品制造者责任"。基于不断增长的保护消费者的要求，法院针对产品安全发展出一系列特别

---

① Koetz/Wagner, a. a. O., S75.
② BGHZ 96, 98, 100.
③ Brox/Walker, Besonderes Schuldrecht, Verlag C. H. Beck, 31. Aufl., 2006, S525f.
④ Dazu BGH, NJW 2003, 1732; 2004, 1381.
⑤ BGH, NJW 1994, 2617.
⑥ BGH, NJW 2001, 2023f.
⑦ OLG Hamm, NJW 2001, 1654f.

规则，在性质上它们属于安全保障义务。①

（a）使用者因制造商将有缺陷的产品投入流通而遭受损害。缺陷可以是设计问题（例如同一系列的一批机动车都存在刹车装置缺陷）、材料问题（例如使用了褪色的皮革）或制造缺陷（例如同一批生产的熨斗中有个别产品绝缘不好）。或者，产品本身虽然无害，但却不能发挥其应有的作用，消费者因之遭受损害（例如无效的植物防护剂）②。在上面这些案例中受害人通常难以证明制造商的过错，因此这里适用举证倒置，制造商被推定具有过错，由制造商进行免责举证。③ 制造商必须证明，既不是他自己也不是一个依章程任命的代表人或机关有过错，不存在组织瑕疵（Organisationsmangel），④ 且该缺陷产品制造流程中的每个工作人员都是经过谨慎选任并受到监督的。⑤ 如果就产品缺陷是否形成于制造者之手存在争议，同样可以适用利于受害人的举证倒置。

（b）另一方面，产品本身虽然没有缺陷，然而在恰当的或非属反常的使用时却存在使用者不能立即辨别的危险，对于这些危险制造者必须予以说明。⑥ 当产品的危险性要使用一段才显现时，同样要说明。因此制造商和独家进口商⑦负有产品观察义务，某些情况下可能存在召回产品的义务。⑧ 如果投入流通的产品是供专门人员使用的，则制造商的说明及警示义务明显减轻。⑨

---

① Brox/Walker, a. a. O., S527, Rn38. 此外还存在依产品责任法（Produkthaftungsgesetz）的请求权，尽管有这一无过错责任，第823条第1款下的责任仍有意义，因为新法规定了责任最高限额。产品责任也包括违反第823条第2款的情况，例如保护性法律如食品法、药品法、道路交通许可条例及设备安全法的规定。

② BGHZ 80, 186.

③ BGHZ 51, 91; 116, 104; BGH, NJW 1993, 528; NJW 1999, 1028.

④ 未尽组织义务构成组织瑕疵，组织义务属于安全保障义务，由企业（主）肩负，它同样是德国法院的创造，目的在于克服德国民法典第831条的缺陷，详见后文。

⑤ BGH, NJW 1973, 1602.

⑥ 顾客需要就客观的义务违反举证（尽管存在危险性仍缺少说明），从而过错被推定，制造商为免责须证明既不知悉危险也不可能知悉危险。BGH, NJW 1972, 2217; 1987, 372; BGHZ 116, 60; BGH, NJW 1994, 932; NJW 1995, 1286.

⑦ BGH, NJW 1987, 1009.

⑧ BGH, NJW 1990, 2560.

⑨ BGH, NJW 1992, 2016.

此外，如果某人将自己负有的安全义务转移给第三人承担（例如房屋所有人将其除雪义务转移给房屋管理人），他并不免于一切责任，于此安全义务依支配性观点转化为监管义务。如果违反此义务则同样有第823条第1款的损害赔偿。危及环境的工业垃圾的厂商在选择和监督垃圾处理企业方面负有特别的全面注意义务。监管义务的一个特别类型是组织义务，它首先存在于大企业。①

德国学者梅迪库斯的分类：②

（1）最早的理由是，随着一个交往空间或领域的开启，安全保障义务随之发生。谁开启了一项（公共）交往领域，就必须尽力将与此相联的危险减到最小的程度。这一理由适用于街道、商场、店铺乃至建筑物内的布置等；（2）在对已经存在的交往空间的影响。自己加入到某个交往空间去，同样发生对他人的安全保障义务。此点在道路交通领域尤为明显，道路交通法规中即包含这一对他人的注意义务。其他种类的影响也在考虑之内，如在街道上的施工，应当考虑设置警告及路障；（3）另外一项理由是对于某些危险物品的管领，如饲养动物、建筑物、机器、工业设备、机动车、输电设施、工业垃圾等，以及对武器及有毒物品的占有等；（4）对于特定人的照管义务同样属于交往中的义务；（5）履行某项职务或进行某项营业也会发生交往安全义务，此时，他人往往因信赖行为人自身疏于注意；产品责任中的部分义务也在这一类中。

德国学者拉伦茨/卡纳里斯对安全保障义务产生基础的分类是：③

（1）一项交通（往）的开设或容许（Eroeffnung oder Duldung eines Verkehrs）；（2）从事一项事务（Uebernahme einer Aufgabe），这一基础独立于第一项的领域责任（Bereichshaftung）；（3）主体的先行行为（vorangegangenes Tun），但要注意的是，先行行为必须造成了异常之高的风险，才构成第三类安全保障义务的发生原因，否则这一类就变成了空洞的公式，什么内容都可以装进去。

---

① Brox/Walker, a. a. O., S529, Rn45.

② Dieter Medicus, Schuldrecht Ⅱ, Besonderer Teil, Verlag C. H. Beck, 13. Aufl., 2006, Rn751-756.

③ Larenz/Canaris, Lehrbuch des Schuldrechts, Band Ⅱ, Halbband 2, Besonderer Teil, Verlag C. H. Beck, 13 Aufl., 1994, S407f.

（四）对安全保障义务的简单概括

综合各家学者的分类，① 大致可以把安全保障义务区分为四个基本类型：（1）自己管领之物（动产、不动产）对人存在不合理危险时的安全义务；（2）自己实施职业行为时的安全义务；（3）组织公共活动时的安全义务，除了事先就要对成员安全问题预作准备外，整个活动直至结束都要时刻顾及活动参加者以及活动之外可能被波及者的安全，例如在示威抗议活动中，如果从整体情况来看非常有可能发生暴力行为，组织者即负有采取措施保护第三人安全的义务；② （4）其他公共场合内的行为对他人构成不合理危险者。

总结德国侵权法上的安全保障义务，可以三句话来概括，就是主体上人人有责，涵盖的社会活动领域无所不包，调整的责任领域从纯正的过错责任到雇主责任再到理论上认为应适用危险责任的活动均有涉及。学说实务一致认为，"安全保障义务之违反"构成了过错侵权中最为重要

---

① 我国台湾学者林美惠的分类是：（1）依适用领域分为交通安全义务、职业上的义务、商品之生产与贩售及废弃物处理的交易安全义务、危险的技术装置或危险物质的交易安全义务、参与公共交通之际的交易安全义务、大众集会、支配的关系、不具保护法规性质的规则中的交易安全义务共八项；（2）依注意义务内涵分为透过自己行为使受潜在威胁者有回避该危险之可能性的交易安全义务（警告义务、指示义务）、发动危险源后的交易安全义务（危险管理义务、选任义务与监督义务、组织义务、调查义务及通知义务、保管义务及保护义务）。参见氏著博士论文《侵权行为法上交易安全义务之研究》。

周友军的分类是：（1）开启公共交通；（2）保有作为危险源的具体的物；这里的物主要指动产和动物，主要指炸药、农药等危险物品和割草机、枪支等危险装置，不动产应当归于"开启公共交通"案型；（3）使物品进入流通领域。主要是指生产者在产品的设计、制造和指示说明等方面负担义务；（4）实施了先行行为，仅限于先行行为产生了特别大的危险的情形，也就是说，这种危险已大大超过了社会生活中通常面临的危险；（5）实施职业活动，不过，职业者应当只是对与其无合同关系的人负担社会安全义务；（6）存在婚姻和家庭中休戚相关的关系，如监护人对被监护人，父母子女、夫妻之间，乃至未婚同居者之间及未婚同居者对这种生活关系中的儿童均负有照顾义务。似乎是对各家分类的重新整理，但这6种类型却是基于不同的分类标准，从而类型与类型之间必然出现重叠。此外，父母子女关系作为法定关系，亦与安全保障义务的判例法性质有所出入。参见周友军前引文。

② 参见［德］克雷斯蒂安·冯·巴尔《欧洲比较侵权行为法》（下卷），焦美华译，张新宝校，法律出版社 2004 年 5 月第 2 版，第 333 页所引德国卡尔斯鲁厄上诉法院之判决。

的类型,可谓今日德国过错侵权法的重心所在。① 由于这一类型始终是以判例法的形式存在的,因而德国过错侵权法在某种程度上已经判例化了。由此产生的一个问题是,作为判例法创设的注意义务,安全保障义务何以会肩负如此重担。以法条细密、逻辑严谨著称的德国民法何以在侵权法方面出现了判例法的极大扩张?

二 德国法院创设安全保障义务的原因

德国民法典自 1900 年起施行,仅仅两年之后帝国法院就做出了第一个有关安全保障义务的判决,并从中抽象出了法典中并未表述的一般原则,这一现象似在表明,德国民法典侵权行为法部分的体系构建可能存在问题。以下笔者结合德国民法典的体系构造,发掘安全保障义务产生的根本原因所在。

(一) 突破不法性要件对不作为侵权的限制

德国民法典关于过错侵权制度的设计是以三个小一般条款取代类似法国民法典第 1382 条那样的大一般条款,这三个小一般条款分别是第 823 条第 1 款、第 2 款和第 826 条,② 兹列之如下:

> 第 823 条第 1 款:故意或过失不法侵害他人生命、身体、健康、自由、所有权或者其他权利者,对他人因此所生的损害负赔偿义务。
>
> 第 823 条第 2 款:违反以保护他人为目的的法律者,负同样的义务。如果根据法律的内容本无过错也可能违反此种法律的,仅在有过错的情况下,始负赔偿义务。
>
> 第 826 条:以违反善良风俗的方式违反故意加害于他人,对他人负有损害赔偿义务。

---

① 德国学者瓦格纳在形容违反安全保障义务类型在德国侵权法中的地位时,使用了"zentral"(核心的)一词。参见 Koetz/Wagner, a. a. O. , S53.

② 这三个一般条款都是过错责任条款,只不过关注的角度或保护的方式不同罢了。See Larenz/Canaris, a. a. O. , S351.

按照第823条第1款的规定，人们总结出了过错侵权的三阶段构造说（die Dreistufigkeit des Deliktsaufbau），① 即责任的成立须具备侵害事实（Tatbestand）、不法性与过错（Verschulden）三个要件，并且这三个要件在责任认定过程中存在着自先而后的关系。具体而言，先认定客观侵害事实（包括行为、损害及行为与损害间的因果关系）的存在，继之判断不法性成立与否，在认定不法性具备后，再判断行为人是否存在过错。假如位置在先的要件不能认定，也就无须再认定位置在后的要件。德国学者福克斯将"（侵害）事实→不法性→过错"这一责任认定模式称之为过错侵权责任的经典构造（klassischer Aufbau）。②

在上述三阶段构造中，处在第二阶段的不法性首先由"对法益的直接侵害"（unmittelbare Rechtsgutverletzung）所指明，③ 也就是说，原告一旦证明被告对其法益实施了直接侵害，不法性即告初步成立，此时被告应提出抗辩事由（Rechtfertigungsgruende，又译为违法阻却事由）以推翻不法性的初步证成。换言之，在第823条第1款之下，不法性是指"直接侵害第823条第1款所规定的绝对权利或类似法益且不存在抗辩事由"。④

通过三个小一般条款的设计，不法性就获得了它存在的意义。如果一个行为既不构成悖俗行为（第826条），也不构成违反保护性法律的行为（第823条第2款），对其主张侵权赔偿责任就必须援引第823条第1款，而此时，原告主张的事实先要经过不法性的检验，也就是行为必须构成直接以作为形式加害（不法性的行为区分功能），并且侵害对象限于第823条第1款所列五项法益或绝对权以及规定于民法他处的绝对权（不法性的利益区分功能）。两项之一不能得到满足，原告的诉请即走到尽头。写入第823条第1款的不法性与其他两条（款）相互配合，起到了限制责任范围的作用。⑤

因而，有不法性要件作控制阀的第823条第1款应当作这样的理解：

---

① Larenz/Canaris, a. a. O., S370.
② Maximilian Fuchs, Deliktsrecht, 2. Aufl. 1997, S10.
③ Koetz/Wagner, a. a. O., Rn108; Medicus, a. a. O., Rn748.
④ Larenz/Canaris, a. a. O., S363.
⑤ Koetz/Wagner, a. a. O, Rn105.

故意或过失直接以作为形式侵害他人生命、身体、健康、自由、所有权或者其他法所明文规定的绝对权利者,对他人因此所生的损害始负赔偿义务。

德国侵权法以不法性为中心构造条文体系的做法归根到底乃是对 19 世纪过错主义立法指导思想的贯彻。过错责任原则深深植根于当时盛行的自由主义世界观之中。当时的思想界认为,人作为自我负责的个体,拥有足够的理性和智力,可以不依赖于国家、社会或宗教的权威而自主地塑造自己的命运。在经济生活领域,现实给了人们强大的证据,只要放手让人们去行动,单个人的努力最终带来整体福利的增加。因此,问题只在于,如何确保给予个人以充分的发展自我的空间。[①] 人们只要不去主动地侵害他人,否则除非法有明文规定或者存在合同约定,任何人都不负有积极保护他人的作为义务。在这个意义上,侵权法要关注的应该是禁止作为,而不是惩罚不作为。正是这一思潮使德国民法典的起草者们乐于在法典中贯彻保守的侵权观。

不法性要件写入德国民法典,意味着自由作为一种价值得到最大的保护,而安全则被过分地忽视了。由于法律所规定的作为义务毕竟是少数,根本不能满足公众对社会交往中基本人身及财产安全的诉求,德国法院基于危险控制与防范的思想,以安全保障义务之名为危险保有人施加了作为义务,从而使大量的间接致损及不作为致损获得了归责基础,这对以不法性为中心构建的"直接作为侵害"赔偿模式也造成根本性的冲击。[②]

(二) 突破德国民法典第 831 条(雇主过错责任)的局限

不同于英美法乃至法国法,对于辅助人造成损害问题,德国民法典

---

① 关于德国民法典起草时的时代思潮,参见 Koetz/Wagner, a. a. O, Rn 21f。
② "一个仅从权利或法益被侵害的事实中就推出行为'不法性'的法律制度注定是要不断遭受挫折的。其中一例就是不作为的责任;另一例(也是更重要的)就是远因侵权行为。"冯·巴尔前引书,第 268 页。

选择了一种二元处理模式：对于合同关系中的辅助人（履行辅助人）造成损害适用规定在债法总则中的第 278 条，即"债务人对其法定代理人或者其为履行债务而使用的人所犯的过错，应与自己的过错负同一范围的责任……"也就是雇主直接负责；对于合同外的辅助人（事务辅助人）造成损害，则适用规定在侵权行为一节的第 831 条，即"雇用他人执行事务的人，对受雇人在执行事务时违法施加于第三人的损害，负赔偿义务。雇佣人对于在任命受雇人时，并在其应提供设备和工具器械或者应当指挥事务的执行时，对装备和指挥已尽必要注意，或者即使已尽必要注意仍难免发生损害的，不发生赔偿义务"①。这是一种过错推定责任，雇主的义务在于谨慎地选任、配置和指挥。②

所体现的思想与普通法中的替代责任（vicarious liability）是不同的。后者体现的思想是：企业主通过使用辅助人扩大了自己的活动范围，获得了更高的获利机会，相应地应当承担活动范围扩大造成的风险损害，亦即对辅助人（过错）导致他人损害负责。③ 于此，法律技术上的处理方案是，雇员从事事务视为雇主本人在从事事务。一般情况下，依雇主所在领域之注意标准而定雇员之注意，如雇主为完成某项其所不能的工作使用具有专门知识、技艺的专业人士，则依该专业或职业领域应有之注意标准。与此相反，德国民法典第 831 条体现的思想却是，雇员的过错仅仅是雇员的过错而已，雇主的过错并非以从事事务应有的注意来衡量，而是看他是否选对了合适的人，发出了正确的指示以及配置了适当的工具，他的义务只是一种监管义务（Aufsichtspflichten）。这是一种按照雇主个人所能来定其责任范围的立法思路。如果雇主是一个法人，则依德国民法典第 31 条，依章程任命的代表人的行为就是法人的行为，故代表人

---

① 德国民法典译文，参考了郑冲、贾红梅译《德国民法典》，法律出版社 2001 年 4 月第 2 版。

② 作为例外情况，德国（危险）责任法第三条对部分领域规定了比第 831 条严格的雇主责任，于矿山、采石、矿井、工厂，如损害是由负领导职责者造成，则雇主直接负责，不存在通过举证已尽监管义务而免责的可能。

③ 替代责任要求雇主对雇员在处理工作事务过程中（in the course of employment）所造成的第三人损害负责，但通常不对其所请的独立承包人（independent contractor）所造成的损害负责。See John G Fleming, the Law of Torts, Law Book Company, 1998, 9th edition, pp. 420, 433.

造成损害由法人直接负责（这实际已经体现了归责于上的思想①），其余的人则均属于事务辅助人。显然，把代表人与其他的法人负责人（区别仅仅在于是否依章程任命）强行区分，过于机械。

可以想见，严格适用第831条将造成这样一种局面：企业越大，组织层次越多，企业承担责任的可能性反而越小。雇主在事实上不可能顾及每个人，因此法院曾经认为，雇主只要对自己直接挑选出的人负责就可以了，如果"雇主或法人的证明他对（自己亲手）选任的高级雇员尽到了挑选和照料义务"，即可视为完成注意义务之举证，这就是所谓"分权免责证据"（dezentralisierter Entlastungsbeweis）。② 由于雇员在个案中往往不具有赔偿能力，而且风险在某种意义上说其实是企业自身所带有的风险，因此，认可所谓"分层负责"机制就等于承认，企业的成长可以无条件地建筑在社会的痛苦之上，因为这意味着企业可以把它的成本无限地外部化（externalisation）。

第831条带有的不言自明的不公正迫使德国法院进行补救，主要路径有三条，即扩张解释第831条文义，利用第823条第1款为雇主施加义务（组织义务）以及扩张合同责任。

首先是对第831条进行扩张解释，尽可能排除雇主的免责空间。虽然第831条只规定谨慎地选任（Auswahl）、指示（Anleitung）和配置工具（Ausruestung mit Arbeitsgeraeten），然而法院认为这一义务自然也包括监督（Ueberwachung）。于是，判例认为，把任务交给可靠的人还不够，还要保证受任人也会履行本人负有的顾及邻地的义务，在诉讼中本人要证明他如何确保这一目标的实现，③ 例如他对建筑施工进行了抽查。对免责举证的要求一直在提高，德国联邦最高法院甚至要求运输公司派出便衣，对其货车司机进行跟踪监视，④ 否则就不算尽到监督义务，其实这样做的成本恐怕比损害赔偿还要高。⑤ 法院还尽可能放宽对"执行事务"的认

---

① Koetz/Wagner, a. a. O., Rn301.
② Koetz/Wagner, a. a. O., Rn295.
③ Koetz/Wagner, a. a. O., Rn281.
④ BGH, NJW 1997, 2756, 2757.
⑤ Koetz/Wagner, a. a. O., Rn298.

定,于是,即使雇主禁止某项行为而辅助人明知故犯,① 仍可能被认定为执行事务,甚至雇主还可能对辅助人故意侵权负责。② 除此之外,因为代表人的行为可以直接归责于法人,法院就不顾德国民法典第 31 条和第 30 条的文义,把代表人的范围扩张得极广,把分支机构负责人③、主治医生④、指挥的工程师⑤都拉进了代表人之列。

如果使用人无论如何都不能说是"代表人",法院就转而指责法人疏于任命相关代表人,构成了第 823 条第 1 款意义上的"组织过错"(Organisationsverschulden);如果雇主举证其谨慎地选任和指示了(第一层次)辅助人,满足了第 831 条的免责条件,法院仍然可以说雇主在组织管理方面存在疏漏,构成"组织过错"。法院声称,雇主负有这样一种性质上属于安全保障义务的组织义务(Organisationspflicht),它是指雇主(或法人的代表人)针对企业的组织架构要"采取一般性的安排,确保企业正常运转。如果出现一项这样的组织瑕疵,则雇主因疏于尽到第 823 条之下的一般监管义务而负责"⑥。也就是说,雇主应当通过规章制度,通过人员培训,通过危险调查和防范,安排好企业经营中的每个环节,做到他不在现场各岗位仍然正常运转,不会造成危险。这就等于要雇主对企业里的每个人负责,第 831 条给予企业主的优待又被法院通过第 823 条第 1 款之下的造法(在安全保障义务中发展出组织义务)而中和了。⑦ 今天,在企业侵权领域如产品责任、环境责任等,第 831 条已经在实际中不起作用。而对于个人作为法人机关的情形,机关的组织义务则应以其可能及可以期待者为限。⑧

---

① BGH, VersR 1966, 1074; vgl. auch Koetz/Wagner, a. a. O., Rn283.

② BGHZ 24, 188, 196f. 联邦铁路的包装工人因为工作之便照管一个旅行提箱,便占为己有,铁路方面因为员工提供了侵害的机会而负责。

③ RGZ 91, 1, 3f.; BGH, NJW 1977, 2259, 2260; vgl. auch Koetz/Wagner, a. a. O., Rn302.

④ BGHZ 77, 74, 78f.

⑤ BGH, VersR 1978, 538, 540.

⑥ BGHZ 4, 2f; vgl. auch BGH, VersR 1964, 297.

⑦ Koetz/Wagner, a. a. O., Rn R295.

⑧ Koetz/Wagner, a. a. O., Rn305.

在一个案件中，①游客参加了旅行社组织的一次前往 Gran Canaria 的食宿路费全包旅行，由于当地旅馆设施的瑕疵而遭到伤害，此时旅行社不依第 831 条负责，因为旅馆作为独立企业不接受旅行社的指令因而不是旅行社的事务辅助人，然而，如果旅行社疏于对旅馆内设施的安全性进行了解，它就依据第 823 条第 1 款对旅客负责。

另外一个案件中，②原告因一项治疗而遭受身体伤害，对于该项治疗的风险主治医生没有进行足够的说明。虽然院方举证自己进行了谨慎的选任，然而联邦最高法院仍然认为这是不够的，医院董事会应当通过一般指示告知医生怎样做才算是尽到了医生对病人的说明义务。由于董事会没有做到这一点，医院就要承担责任。

在第三个案件中，③被告是一家地下施工企业，其工人在挖掘作业中弄坏了一根输气管道，随后发生了爆炸，原告的房屋因此遭到完全损坏。上诉法院（das Berufungsgericht）依第 831 条认为被告完成了免责举证，因为被告找的现场负责人员训练有素、经验丰富，特别是一贯表现优异，其中一位负责人在其 27 年的服务生涯中表现无可挑剔。然而案件到了联邦最高法院，第 831 条却被搁在一边，被告仍然被认定应当承担责任，理由是被告疏于以清楚而强烈的（eindringlich）指示周而告之现场施工负责人员以及工头，"何时以及怎样根据相关供气企业提供的可靠文件资料去了解供气（供水、供暖，诸如此类）管道的铺设及运行情况，包括住宅的接入（Hausanschluss）"。

甚至第 831 条、第 823 条可以同时作为责任的基础。一个案件中，④联邦铁路（die Bundesbahn）的一节车厢刚运输过铅，没有进行适当的清洗就又为一家糖厂担负运输甜菜料的任务。原告的奶牛因为吃了铅污染的甜菜死亡，原告对铁路方面提供赔偿之诉。联邦最高法院认为："由于被告没有举出免责证据，因此应当依第 831 条为其身为事务辅助人的工作人员负责。……不过上诉法院认为（此点与法律不相抵触），损害赔偿义

---

① BGHZ 103, 298.
② BGH, NJW 1956, 1106.
③ BGH, NJW 1971, 1313.
④ BGHZ 17, 214.

务不仅基于第823条（工作人员的过错）、第831条（监管过错），而且基于第823条（组织过错）、第89条、第31条也成立赔偿义务，因为被告的机关未使工作人员在卸下铅后检查车厢清洁程度时尽到适当的注意。被告没有说明，其通过相关的操作规定履行了其在此方面所负有的义务。"因此，铁路方面应当承担赔偿责任。①

著名的《帕兰特德国民法典评注》专门提到了医院的下列组织义务：② 对于一个新手的使用、指导和监督要有明确的安排，③ 对于不具备完整专业训练的医生亦然；④ 新手进行外科手术必须要有一个专科医生的帮助；⑤ 外科主治医师有义务自行或通过他指定的专科医生对处在专业培训阶段的医生的诊断及拟采取的治疗进行即时复查；⑥ 当主管医生没有采取措施确保进行可靠的检查和记录，构成组织过错；⑦ 应对夜班护士进行培训，告知其病人可能发生的特定危险情况，并告知其相关措施及其必要性，从而其能够迅速辨明紧急情况；⑧ 医院不具备治疗所必需的设备却接收了病人，也是组织过错；⑨ 此外，实施麻醉的标准没有通过明确的指示告知给医生，⑩ 未掌握派去做手术的医生是否因值夜班而过劳，⑪ 或者没有确定当值医生是否熟悉该领域可能出现的紧急情况及其处理，或者没有做到至少在发生并发症时专科医生可招之即来，都构成组织过错；⑫ 儿童医院的主治医生必须在组织上确保，在早产儿保育箱（Inkubatoren）

---

① 基本上可以说，组织义务就是把企业的运转安排得井井有条的义务，这其中自然包括选任、指令和监督，因此，组织义务虽然属于第823条第1款，其实与第831条下的指示监督义务不可能有什么本质不同，然而，为了克服第831条"分层负责"之弊，也只能求助于第823条第1款了。——笔者注

② Palandt, a. a. O., S955, Rn67. 所有的判例当然都指向真实案件，给人的印象是医院里危机四伏。

③ BGH, NJW 88, 2298.

④ Stgt MedR 89, 251.

⑤ BGH, NJW 92, 1560.

⑥ BGH, NJW 87, 1479.

⑦ Kblz NJW-RR 92, 417.

⑧ Celle VersR 85, 994.

⑨ BGH, NJW 89, 2321.

⑩ BGH 95, 63.

⑪ BGH, NJW 86, 776.

⑫ Hamm VersR 91, 228.

中使用的橡皮热水袋在每次使用前要进行外部检查,掌握其制造时间,对这些容器在过了较短的使用期后就不再使用;① 将一项风险引产交给一个助产士构成重大治疗失误。② 对可辨别的自我伤害倾向的病人采取保护性组织措施;③ 移交的医生有义务对病情和治疗进行说明。④

第三条途径是扩充合同责任。⑤ 沿着这条道路,帝国法院发展了缔约过失、契约中的保护义务等制度,解释出所谓的因合同谈判而生的"法定债务关系"(卡纳里斯语)。⑥ 合同责任由此发生了"基因突变"(瓦格纳语),⑦ 变成了一般性责任制度。帝国法院早就在其缔约过失的经典判例中承认,只有扩张合同关系,才能把本来与合同不相干的人拉进合同中来,从而达到规避第 831 条转而适用第 278 条的效果。⑧

(三) 补救危险责任的缺失

德国侵权法是按照"过错责任—无过错责任"的二元框架构建起来的,过错侵权责任被规定于德国民法典债编中"不法行为"一节,无过错责任则以特别法形式存在,至今如此。⑨ 如果立法者没有通过一部法律来为某个危险活动(或设施)领域确立危险责任,那么法院也不会通过类推为这个领域确立危险责任,即便这个领域的活动、物品或设施与已经确立危险责任的那些领域并无本质不同。一个多世纪以来,德国法的危险责任整体看来就是针对特定危险源的特别规定拼起来的"补丁地毯"(Flickenteppich)。⑩ 尽管这些规定的基础事实基于同一思想,即对社会中非均衡分布的高危险源负责,然而没有一处法条明确阐明这一原则。迄

---

① BGH, NJW 94, 1594.
② Oldbg VersR 92, 453, VersR 94, 50.
③ BGH, NJW 86, 775, NJW 94, 794, Gropp MedR 94, 127.
④ BGH, NJW 94, 797.
⑤ 有关这一主题的讨论应当交给另一篇文章去完成,因此笔者在此处只能略加提及。
⑥ JZ 1965, 475, 479.
⑦ Koetz/Wagner, a. a. O., Rn315.
⑧ RZ 78, 239.
⑨ 故此德国侵权法一直将危险责任(Gefaehrdungshaftung)与过错责任(Verschuldenshaftung)并列,siehe Koetz/Wagner, a. a. O., Rn6 ff.
⑩ Koetz/Wagner, a. a. O., Rn509.

今为止，判例一以贯之地拒绝对危险责任进行类推，哪怕某些设施或交通工具的危险比之立法确认的危险源有过之而无不及。

德国民法典仅在第833条规定了动物的危险责任，这在罗马法上早有规定。然而，来自农业的游说压力迫使立法者在1908年对德国民法典又作了修改，① 对动物造成损害采取了一种二元处理模式，即将危险责任限制在所谓"宠物"（Luxustiere）范围内，而对于用益型牲畜（Nutztiere）则适用过错责任，形成了现在的规定。② 只是立法技术采用了举证倒置的设计，动物持有人可以通过举证尽到必要监管或疏于监管与损害之间不存在因果关系而免责。第833条第2段的规定导致出现了这样的结果：反而是能够将成本通过价格转嫁于顾客的经营性牲畜所有人倒不必承担危险责任；更有甚者，如果一个人被跑过的马所伤，他的赔偿请求如何主张竟然要看骑马人是为了运动的目的而自己养了这匹马呢，还是从马场租到的，如果是前者则适用危险责任，如果是后者则适用过错责任（举证责任倒置），马场主人通过举证自己已尽合理的注意而免责。③

对此，德国联邦最高法院也认为赋予用益性牲畜持有人以特权有失公正，但同时又坚称自己无力改变这一现实，因为"法官不能通过造法来完成立法者虽有所意识但仍未着手的修法任务。"法院的这一立场早在1908年一个案件的处理中就显露无遗。④ 该案中一架飞艇因突遭暴风雨紧急降落，当时有几千人涌在一起观看，一个观众受到伤害。帝国法院拒绝了原告依当时的（危险）责任法（Haftpflichtgesetz）适用危险责任的请求，宣称原告遭受的合同外损害只能适用德国民法典关于侵权行为的规定，于此损害赔偿须以过错的存在为前提。至于德国民法典第833条规定的动物持有人的危险责任以及德国责任法的相关规定在性质上属于特别法，不能适用于本案。1922年，立法者通过颁布航空安全法填补了这一

---

① Koetz/Wagner, a. a. O., Rn493.
② 该条规定：动物致人死亡或者损害人的身体健康，或者损坏财物时，动物饲养人对受害人因此而产生的损害负有赔偿义务。如果损害系由于维持动物饲养人的职业、营业或者生计的家畜所造成的，而动物饲养人已尽必要注意，或者即使已尽必要注意仍不免于损害的，不发生赔偿责任。
③ BGH, NJW 1982, 763 und VersR 1986, 345.
④ RGZ 78, 171, 172.

空白。在另外一个德国联邦最高法院判决的案件中，涉及市政管道破裂造成损害，联邦最高法院同样拒绝类推适用（危险）责任法。① 以后，这一问题又被立法者所解决。②

既然法官不能修改法律，既然对那些立法者尚未顾及的特别危险的活动、设施及物品招致损害不能适用危险责任，那就只有过错责任可用了。过错指向行为义务，法院便在（也只能在）防范危险的义务上做起了文章。照德国学者卡纳里斯的看法，往往是安全保障义务提出的要求如此之高，以致接近于结果责任，过失概念面临着空洞化的危险（die Gefahr der Aushoehlung des Verschuldenserfordernisses）。③

（四）克服类推适用德国民法典第836条以下（占有人责任）于不作为侵权场合的困难

德国民法典第836条至838条调整一部分与物有关的安全义务，涉及的是因建筑物或土地定着物倒塌，或建筑物、定着物的一部分脱落，致人死亡、伤害或物受损坏的情形。此类案件中，如果原告能够证明，倒塌或脱落系因客观上的建造瑕疵或客观上的维护不善，则建筑物的占有人即负赔偿责任，但他能证明他已经采取了为避免危险一个谨慎的人所能采取的必要措施者除外。换言之，这是一种过错推定责任。当建筑脚手架倒塌，企业牌匾从悬挂处脱落，镶在墙上的镜子或黑板掉了下来，淋浴间的玻璃碎裂，④ 或者当屋瓦、烟囱、外窗台或百叶窗从建筑物上脱落，即可适用这些规定。

---

① BGHZ 55, 229, 233f.

② Koetz/Wagner, a. a. O., Rn510.

③ Larenz/Canaris, a. a. O., S426f. 瓦格纳给出的解释则是："……法院一再受到批评，说他们把侵权法的注意要求设得过高，给个体施加的义务是无人能够尽到的，而且考虑到成本相对于避免的风险比例过高，一个理智的人也不会尽此预防义务。如果这一结合德国侵权法的特定结构原则——比方说安全保障义务或对危险责任禁止类推——而被提出的，则这一质疑是恰如其分的。因为比较法上的考查显示，法院普遍冒此风险，即将注意标准抬得过高。这一趋势最重要的推动不是各国侵权法上的这点或那点特性，而是一项人的普遍特性，所谓'事后诸葛亮'（hindsight bias）。它是行为心理学上所指的人的如下特征，如果特定事件已然发生，则对该事件的发生可能性明显估计过高。……法官须清醒意识到，损害事件在事后常被观察者视为不可避免，其实若在事前根本不曾料到。" siehe Koetz/Wagner, a. a. O., Rn185.

④ Dazu BGH, NJW 1985, 2588.

不过，由于第 836 条以下对事实要件有明确限定，导致许多情况难以类推适用第 836 条，例如，当积雪从一处较陡的房顶上滑落下来，造成所谓"屋顶雪崩"，伤及路人或停在房前的车辆。①

此外，第 836 条实际上先已定义了不合理的危险，这就是建筑物、定着物的脱落危险，关于举证责任倒置的规定也因其要件严密而不失其合理性。而在更多的案件中情况不尽如此，例如一个人在商店里跌倒，原告总要证明存在着不合理的危险即地面过于光滑或者被散落物品绊倒等。此时，德国法院认为，请求权宜以第 823 条第 1 款下的安全保障义务为基础。还以所谓"屋顶雪崩"为例，于建筑物占有人或管理人疏于采取一个谨慎的人在同样情形为保护行人及驾驶员将采取的安全措施时，责任成立。至于具体应采取怎样的措施，是设置拦雪栅还是警示牌，还是根本不需要采取任何措施，则取决于房顶的坡度，较大降雪的频率，人行道的宽度及其他现场情况。②

三 安全保障义务在德国侵权法体系中的位置之惑

"所谓交往中的义务或交通安全义务，构成当代德国侵权法的核心内容，对于理解法院的实践亦不可或缺，但它同时也是疑惑之源。一部分人将其与保护性法律相提并论，从而归入第 823 条第 2 款，然而又不能确定，这些义务应在事实（Tatbestand）框架内还是在不法性（Rechtwidrigkeit）框架内加以考察。此外，不清楚的是，安全保护义务与第 276 条第 2 款之下的一般过失标准之间是什么关系。"③

（一）安全保障义务对德国侵权法体系的冲击

安全保障义务给德国侵权法体系带来了真正的难题：首先，违反该义务从属于哪一条款，是第 823 条第 1 款还是第 2 款；其次，在"侵害事实→不法性→过错"的三阶段构造中，违反安全保障义务应归入事实、

---

① Koetz/Wagner, a. a. O., Rn174.
② Vgl. BGH, NJW 1955, 300.
③ Koetz/Wagner, a. a. O., Rn123.

不法性还是过错（过失）。

一些德国学者（如冯·巴尔）认为，安全保障义务属于第 823 条第 2 款中的法定保护性义务，而包括卡纳里斯在内的多数学者及德国联邦最高法院认为违反安全保障义务从属于第 823 条第 1 款。[1] 考虑到安全保障义务涵盖了过错侵权的主要领域，如果将其纳入第 823 条第 2 款，则第 1 款实际上就被抽空了，可是，立法者本来是要让第 823 条第 1 款调整常见的侵权行为，让第 823 条第 2 款、第 826 条调整例外情况下的侵权行为，将安全保障义务纳入第 823 条第 2 款离立法者的本意相去太远，也不可能为（至少在形式上）尊重立法权的法院所接受。因此，从维护体系安定性的考虑出发，可以认为安全保障义务属于第 823 条第 1 款的内容。

但是，按照通说将违反安全保障义务纳入第 823 条第 1 款调整又带来另一个问题：违反安全义务应归入"侵害事实→不法性→过错"三阶段构造中的哪一阶段？基于三阶段构造，一般认为违反安全义务属于事实认定阶段，一旦认定违反安全义务则可以"指明"不法性的存在。[2] 如此一来，处在第三阶段上的过错（过失）的内容又是什么呢？因为依照德国民法典第 276 条第 2 款，过失乃是指"交往中必要之注意"，同样是对行为义务的要求。

对此，一派学者的解释是，违反保护义务构成违反外在的注意（äußere Sorgfalt），而过失则是未尽内在之注意（innere Sorgfalt）。德国联邦最高法院在一个判决中也用到了这一区分，只不过法院同时又认为，"违反外在之注意"也就指明了"未尽内在之注意"。[3] 卡纳里斯也认为，违反安全义务和过错是两回事，并举例说，如果土地上有一株树木已经腐朽将倾，那么此刻就已经存在着伐树或者对树木加固的义务，这就是安全保障义务，而过错则是指占有人应当考虑到树木构成了危险却没有虑及，后者还要根据案件当时的具体情况来定。[4] 另一派学者（例如瓦格纳）则认为，所谓安全保障义务只是德国民法典第 276 条第 2 款过失定

---

[1] Vgl. Larenz/Canaris, a. a. O., S405f.
[2] Brox/Walker, a. a. O., S530, Rn46; Koetz/Wagner, a. a. O., Rn128.
[3] BGHZ 80, 186, 199.
[4] Larenz/Canaris, a. a. O., S426.

义中"交往中必要之注意"的另一个称谓,违反安全保障义务乃是过失的别名。①

(二) 本书的观点

笔者同意瓦格纳的观点,无论是从安全义务的标准、确定义务内容的方法还是从安全义务的性质来看,都可以发现安全义务就是"交往中必要之注意",违反安全义务已然构成过失。②

首先,侵权法中的注意义务是客观化的,不但在普通法(Common Law)中如此,在德国法中也是如此,不存在区分外在注意与内在注意的空间。③ 根据美国法学会第二次侵权法重述,只要是成年人就必须人人向一个"合理谨慎的人"看齐,甚至未成年人也要向一个"合理谨慎的孩子"看齐。④ 著名的侵权法学者弗莱明教授特别指出,过失"不是一种心理状态,而是低于正常或要求之标准的行为"。⑤ 德国人自己则更是以法条的形式(第276条第2款)规定,过失是指未尽到"社会交往中必要的注意(关照)"(die im Verkehr erforderliche Sorgfalt,与安全保障义务中使用了同一个词"Verkehr"即"人际交往")。只有一个注意,它就是

---

① 瓦格纳认为:"这些(有关安全保障义务的)例子表明,安全义务的作用在于确立如下场合的注意义务,在这些场合中,注意义务不是一目了然的,也就是那些不作为或间接侵害行为所违反的义务。安全义务是法官手中的准绳,而非立法者给定的行为标准,因而,安全义务与第823条第2款无关,而属于法官的天然使命,即在第823条第1款的框架内逐案认定责任并为此目的确定个体所负有的注意义务的基础及范围。"Siehe Koetz/Wagner, a. a. O., Rn127, Rn128.

② 瓦格纳同样把违反安全义务归入侵害事实(Tatbestand),但他同时也承认,由于违反安全义务构成过失,因此一旦认定了违反安全义务,过错也就没什么可考察的了,因此他倾向于把责任认定的顺序修改为"法益侵害—义务违反—因果关系"。See Koetz/Wagner, a. a. O., Rn112, Rn111.

③ "内在过失最终真正涉及的是那些发生于内心深处只有被告自己能说清楚的东西。"前引冯·巴尔,第288页,边码[228],另参见第287页注[312]、[313]、[315]、[316]、[319]("过错"可能产生于三个不同的原因,即对情况的错误估计、对情况的错误判断和行为的错误实施)。

④ 参见美国侵权法重述(第二次)第283条、第283A条之规定。第283B条及283C条相继规定心神欠缺者(Mental Deficiency)及身体欠缺者(Physical Disability)也要依照"合理谨慎之人"的标准行事。应当说,要求一个心智健全的人在一时行动不便的情况下相应提高注意,并非是一种苛求。

⑤ Fleming, ibid at 114.

普通法中"一个合理谨慎的人"（a reasonable person）在个案场合下所能尽到的注意，也就是德国法中"社会生活中必要的注意"，与其说它指向内心，不如说它是特定社会交往中安全要求的拟人化，"一个合理谨慎的人"根本就不是人，是一个"也许比我们中间任何一个人都更出色，或者说是我们渴望变成的人"。① 安全保障义务就是这种注意，除此之外没有别的注意。②

其次，就安全保障义务的确定方法而言，无论是普通法还是德国联邦最高法院都采纳了几乎相同的公式。弗莱明指出，确定注意义务的内容时，要"在风险的大小、事故发生的可能性及预计后果的严重性与采取特定预防措施的难度、花费以及其他困难之间进行权衡"。③ 卡纳里斯认为，确定安全保障义务时最重要的是看"一方所面对的危险的程度及预计损害的大小和种类以及另一方为避免损害发生所必要的投入"。④ 两家表述如出一辙。不仅如此，德国联邦最高法院也应用同样的公式来考察行为人是否尽到了安全义务（即所谓"外在的注意"），却从来没有为内在注意确定任何标准。⑤ 如瓦格纳及另一位德国学者法巴里乌斯所指出，联邦最高法院虽然偶尔援引外在注意与内在注意的区分，其实只是想求得一种伦理上的正当性，违反内在注意最终还是由违反外在注意所指明，区分并没有实际意义。⑥ 这是因为，归根到底外在注意不是"从天上掉下来的"，⑦ 通常都是结合个案具体情况即时而定的，它当然就是一个合理谨慎的人在这个场合中可以认识并能够做到的，并没有外在于这个具体场合的先天的注意。

最后，卡纳里斯提出的"安全义务先于对主体的考察而存在"的观点也是不能成立的。卡纳里斯自己承认，安全义务必须个案确定，并且

---

① Fleming, ibid at 118.
② 德国20世纪最著名的民法学家之一拉伦茨认为，应当避免使用"外在注意"这样的称谓，因为根本不存在一个什么纯粹的"外在的"注意。See Karl Larenz, Lehrbuch des Schuldrechts, Band I, Allgemeiner Teil, Verlag C. H. Beck, 14 Aufl., 1987, S290 - 291.
③ Fleming, ibid at 127.
④ Larenz/Canaris, Schuldrecht, Band II, Halbband 2, Besonderer Teil, S414.
⑤ Koetz/Wagner, a. a. O., Rn119.
⑥ Fabarius. Äuβere und innere Sorgfalt, Carl Heymanns Verlag KG, 1991, S148.
⑦ Koetz/Wagner, a. a. O., Rn120.

是采用与确定过失同样的方法来确定内容，这实际上等于认可了安全义务就是过失中的"必要之注意"。再者，他提出的"只要树木腐朽就存在着伐树或者对树木加固的义务而不问主体怎样"也是有问题的，任何个案中的义务都必须结合特定主体加以确定，如果主体没有义务在事故发生的特定时点砍伐或者固定树木，那么被树木砸到对于受害人而言就只是单纯的风险而已，哪有一项先验的义务可言。①

第二节　我国侵权责任法上的安全保障义务

冯·巴尔指出："侵权行为法应更多地依赖受个案熏陶的司法而不是服务于法制系统化的教条。这一点在不作为责任中特别明显。也正是在这一领域内德国法中的注意义务因其优越性开始缓慢地但却逐渐被广泛接受。"② 作为不作为侵权行为的归责基础，德国法上的安全保障义务对于我国相应制度构建有其借鉴价值，影响了我国侵权法上注意义务（普通法对应的概念为 duty of care）的理论建构和立法。③

---

① 将安全义务之违反与过错加以区分也许仅仅是概念之争，争执的焦点恐怕在于（范围限定的）免责事由所处的位置。肯定这种区分者先确定一般情况下（其实也离不开个案具体情况）应该怎样做（例如正常情况下房屋所有人应当除雪）而定义务之内容，然后再考察主体有无特定免责事由（这些事由阻碍了主体的意志实现）而定过错之有无；否定这种区分者则将过错直接定义为"考虑到加害人在该特定场合的所有情形，他应尽到怎样的义务（却没有尽到）"，由于房屋所有人突然染病，他也就免去了除雪义务，在这个意义上他没有过错。在主体为法人场合，区分安全义务违反与过错意义很小。——笔者注

② 冯·巴尔，前引书，第270页。

③ 周友军指出，从国内学者的论述和司法解释的规定来看，我国法上的安全保障义务与德国法上的社会安全义务理论上极其相似，具体表现在：第一，学者论述及司法解释涉及的我国法上的安全义务主体，大致相当于德国法上因"开启公共交通"而负担社会安全义务的人；第二，司法解释的规范功能在于为不作为归责提供基础，这与德国法安全义务的主要功能相合；第三，司法解释保护的权益限于人身损害，这与德国通说认为的安全义务只保护绝对权和法益的观点也颇有相通之处；第四，义务的内容基本相同等。参见周友军前引文。

一 域外安全保障义务的本土化

（一）我国法上安全保障义务之沿革

在侵权责任法颁布以前，我国侵权法中并不存在类似德国法那样需要用一种新的理论加以突破的制度弊端。民法通则第106条有关侵权责任的一般规定是，公民、法人由于过错侵害国家的、集体的财产，侵害他人财产、人身的，应当承担民事责任。其中并不存在限制受保护法益范围和因果关系的不法性要件。我国法律中也不存在类似德国民法典第831条下的雇主过错推定责任，相反，我国侵权法理论实务更倾向于接受英美法有关替代责任的理论，认可由雇主对雇员的侵权承担无过错性质的"归责于上"责任。在2001年起施行的《最高人民法院关于审理人身损害赔偿案件适用法律若干问题的解释》第九条明确规定，雇员在从事雇佣活动中致人损害的，雇主应当承担赔偿责任；雇员因故意或者重大过失致人损害的，应当与雇主承担连带赔偿责任；雇主承担连带赔偿责任的，可以向雇员追偿。① 2010年起施行的侵权责任法第34条（用人单位与工作人员）、第35条（个人之间形成劳务关系）重申了这一原则。我国也不需要以安全保障义务来补救高度危险责任的缺失，因为民法通则有关高度危险的规定本来就带有一般条款的特点，而不是像德国法那样限定过死。

虽然如此，笔者认为，在法律中规定安全保障义务尤其是公共场所管理人和群众性活动组织者的安全保障义务，有其积极意义。假如说经

---

① 最高人民法院《关于审理铁路运输人身损害赔偿纠纷案件适用法律若干问题的解释》（2010）第十三条规定：铁路旅客运送期间因第三人侵权造成旅客人身损害的，由实施侵权行为的第三人承担赔偿责任。铁路运输企业有过错的，应当在能够防止或者制止损害的范围内承担相应的补充赔偿责任。铁路运输企业承担赔偿责任后，有权向第三人追偿。——笔者注

车外第三人投掷石块等击打列车造成车内旅客人身损害，赔偿权利人要求铁路运输企业先予赔偿的，人民法院应当予以支持。铁路运输企业赔付后，有权向第三人追偿。

上述规定在制度设计上与人身损害赔偿司法解释关于安全保障义务的规定基本一致。

济分析法学还停留在"谁预防成本最小谁来预防"① 的阶段上，安全义务至少前进了一步，它一般性地指出了预防的主要义务人，即危险源的制造者，因为他了解危险，也更有能力掌控危险，而且他常常也是危险的受益者。安全义务的社会基础归根到底乃是由社会专业分工的现实及保护公共安全期待的价值诉求。

体现了危险防范思想的规定首先见于我国《民法通则》第125条、第126条和第127条，② 可以看出，民法通则第125条近于德国帝国法院最早发展出的"交通安全义务"，第126条与德国民法典第836条极为相似，第127条则属于危险责任（严格责任）。对第125条、第126条进行类推同样存在着困难，因为第125条明确了限定了语境，即公共场所、道旁或者通道上挖坑、修缮安装地下设施等活动，这种活动显然和超市里地面过滑或者丢着水果皮有所分别，特别是类推第126条将遇到与类推德国民法典第836条同样的困难，这就是第836条实际先行定义了"不合理危险"，即建筑物或定着物的倒塌、剥落，而在众多涉及安全保障义务的场合，什么构成了不合理的危险需要结合具体情况而定。

2006年，最高人民法院在司法解释中首次使用"安全保障义务"概念。③ 而2010年起生效的侵权责任法第37条在精神和制度细节上与司法

---

① 这是一个价值判断而非事实描述。不过，成本对比确实可以被接受为一种伦理，假如你自己稍加当心就可以避免受伤，又为什么非要我派个人跟着你呢？隐含在这一价值判断之后的其实是"不强人所难"这一道德律。

② 这三条规定的内容分别是：在公共场所、道旁或者通道上挖坑、修缮安装地下设施等，没有设置明显标志和采取安全措施造成他人损害的，施工人应当承担民事责任。——民法通则第125条。建筑物或者其他设施以及建筑物上的搁置物、悬挂物发生倒塌、脱落、坠落造成他人损害的，它的所有人或者管理人应当承担民事责任，但能够证明自己没有过错的除外。——民法通则第126条。饲养的动物造成他人损害的，动物饲养人或者管理人应当承担民事责任；由于受害人的过错造成损害的，动物饲养人或者管理人不承担民事责任；由于第三人的过错造成损害的，第三人应当承担民事责任。——民法通则第127条。
上述规定在侵权责任法中分别体现为第91条、第85条和第十章，前两条的内容基本没有变化，有关饲养动物致人损害责任的规定则侵权责任法有所丰富。

③ 虽然安全保障义务在我国的提出首先在于解决因果关系问题，但无论如何，它在理论内核上完全是德国式的。参见冯珏《安全保障义务与不作为侵权》，载《法学研究》2009年第4期。

解释并无二致。学者考证，这一义务写进司法解释，是为了应对现实中的两个问题，一是经营场所管理人的不作为侵权认定问题，① 二是不作为与损害结果之间的因果关系认定问题，② 也可以说，这是一个问题的两个方面。应当认为，该规定对于安全保障义务内涵的把握是比较准确的，考虑到该司法解释只针对人身损害，因此没有涉及物品损害也在情理之中。该条共有两款，具体内容是：

> 从事住宿、餐饮、娱乐等经营活动或者其他社会活动的自然人、法人、其他组织，未尽合理限度范围内的安全保障义务致使他人遭受人身损害，赔偿权利人请求其承担相应赔偿责任的，人民法院应予支持。

> 因第三人侵权导致损害结果发生的，由实施侵权行为的第三人承担赔偿责任。安全保障义务人有过错的，应当在其能够防止或者制止损害的范围内承担相应的补充责任。安全保障义务人承担责任后，可以向第三人追偿。赔偿权利人起诉安全保障义务人的，应当

---

① 例如，吴成礼等五人诉官渡建行、五华保安公司人身损害赔偿纠纷案，载《中华人民共和国最高人民法院公报》2004 年第 12 期；李萍、龚念诉五月花公司人身伤害损害纠纷案，载《中华人民共和国最高人民法院公报》2002 年第 2 期。

② 司法解释的起草者在谈到"经营者的安全保障义务"时指出："近年来，由于有些经营者在安全保障上存在问题，给犯罪分子以可乘之机，出现了犯罪分子在酒店、银行等经营场所杀人越货的事件。受害人往往在向犯罪分子索赔不能的情况下，单独起诉酒店、银行等要求赔偿。但过去的侵权法理论未能提供受害人行使此种请求权的理论依据。《解释》根据我国法律的基本原则和审判实践中积累的经验，结合民法理论上的社会活动安全注意义务理论，对安全保障义务的范围和违反义务时的责任界限进行界定。根据该规定，从事社会活动应当对相关公众的安全给予合理的注意，疏于注意造成他人人身损害的，安全保障义务人应当承担赔偿责任；在第三人侵权的情形，安全保障义务人没有尽到注意义务的，应当承担补充赔偿责任。该理论旨在解决不作为行为与损害结果的因果关系问题，对解决审判实践中的众多新类型案件具有重要意义。"参见黄松有《在最高人民法院公布〈关于审理人身损害赔偿案件适用法律若干问题的解释〉新闻发布会上的讲话》（http：//www.fsou.com/html/text/chl/1104/110438_ 3. html）。

司法解释的起草者还指出："《解释》的规定，还吸收了民法典起草中的最新理论成果和经验，例如，关于经营者的安全保障义务的规定，就是在理论上的一个最新发展。我们结合审判实务，对安全保障义务的范围、责任界限，以及诉讼结构都进行了认真的探索，形成了具有可操作性的具体规范。"参见最高人民法院副院长黄松有就《关于审理人身损害赔偿案件适用法律若干问题的解释》答记者问（http：//www.fsou.com/html/text/chl/1104/110438_ 7. html）。

将第三人作为共同被告,但第三人不能确定的除外。①

两个条文分别处理两种情况,前一款实际针对受害人因安全义务人自己制造或维系的危险而遭遇伤害之场合,②后一款则针对在安全义务人管领的空间内,安全义务人在防范第三人侵权方面负有怎样的义务。

(二) 安全保障义务的发生原因

冯·巴尔指出,避免损害的义务通常以加害人和受害人或危险源之间的近因关系为前提。③首先,加害人与受害人之间的特殊关系会导致保护义务的产生,例如监护关系。类似的安全义务也产生于那些自愿对他人负责的个人或组织,包括无合同基础而负责的情况。甚至那些拘留了犯罪嫌疑人的警察也必须确保后者在这种紧张的情形下不受伤害。雇主对雇员的安全责任更是为各国法律制度所强调。对于法律规定之外合同也导致作为性质的安全保护义务,冯·巴尔持保留态度,他认为此时债务人是否自愿承担了相关义务(并非合同本身)才是关键。雇员疏于作为并不对第三人负责,因为他们只违反了劳务合同,这种合同并非附有雇主的合同相对人利益的义务。④

其次,对危险源有控制力的人有义务控制潜在的危险(倘若未规定严格责任的话)。只要受害人有合理理由可以相信对方将保护其利益,职业上的经验也会导致积极的作为义务。

除了特定的信任关系,从危险源中获取经济利益者也经常被视为负有制止危险义务的人。其中一例就是施加在酒馆主身上的特别保护义务。"至于什么情况下可以认定这种特殊义务的存在这个问题,在缺乏法律规定时只能通过综合各国法院就此问题的个案判决得出答案。法律科学所能作出的一般性结论至多只能是,在决定是否负有特殊义务时须综观危

---

① 《关于审理人身损害赔偿案件适用法律若干问题的司法解释》第六条。

② 行为固然可以从作为和不作为角度区分,也可以从其着眼的后果区分,有时行为的目的在于实现更好的状态,即有所收获,有时则为了避免某种危险,即维持现状。有些行为兼有两种目的,或者说,正确的行为将导致收益,而不恰当的行为将造成损失,例如医疗行为。

③ 冯·巴尔,前引书,第254页以下。

④ 冯·巴尔,前引书,第255页。

险源形成或持续、对危险的控制、法律对诚实信用的保护、自愿的责任承担,包括被告对危险源有经济利益的事实等。"①

传统上作为义务的产生主要有三个依据,即法律(具体)规定、合同约定及当事人的先行行为,事实上,即使法律规定也不可能是专横的,在那些施加责任的地方,最终也是(或者说应当是)按照过错责任或危险责任的一般思想进行规范设计的。然而德国帝国法院创设安全保障义务恰恰是要在这三者之外为作为义务提供第四项(判例法性质的)发生依据。安全保障义务的核心正是社会交往中特定人之物或行为对他人构成的"不合理危险"。② 鉴于正是这个人开设或维持着交往,因而他有义务防范这特定(领域)的危险,保护接近这一特定危险(领域)的人。③ 因此,对于安全保障义务的发生原因,应该围绕其结构内核加以定义,亦即主体给他造成的社会交往中的(客观的)不合理危险,至于法定监护关系而产生的安全保护义务,不是着眼于"危险持有人—危险—第三人"的结构,而是"监护人—被监护人—危险"的结构,并不十分适宜定义为安全保障义务的发生原因,判例法的发展方向也不在此。为了让已经过于庞杂的安全义务还能保有一定的轮廓,法律已经给定的照顾关系(尤其是家庭成员间的关系)最好不要再掺杂进来。

(三) 安全保障义务的性质:合同义务还是侵权法上的注意义务

在法理上,安全保障义务属于合同义务还是侵权法上的义务,仍然是学者争论不休的问题。笔者的观点是,除非一个合同的标的就是安全保护(例如保安合同)或者含有这样的条款(例如物业管理合同中的保安条款)或者至少能够从合同的主义务中看出这样的内容(例如住宿当然应当也包括合理保障客房内财产人身的安全),正是当保护义务被写入合同时,义务才可能相对于一般标准而有所变化。否则安全义务性质上

---

① 冯·巴尔,前引书,第259—260页。
② 我国法院指出,铁路运输对周围环境具有高度危险,因此铁路养护部门负有相当的安全防护和注意义务,包括采取有效防护措施和明显的警示标志。参见"韩灵芝与成都铁路局铁路运输人身损害赔偿纠纷上诉案",成都铁路运输中级人民法院(2010)成铁中民终字第5号。
③ 故而安全保障义务有时被称为保有者责任、危险作业责任,参见冯·巴尔,前引书,第258页。

应属于侵权法上的注意义务。①

鉴于前文已经结合德国侵权法论及此点，此处只是再简要提出几点理由：安全义务内容的确定一般并不适用合同的解释原则；② 违反安全义务导致损害符合侵权责任要件构成；当事人固然因合同而发生接触，但实际上安全义务并不在合同对价涵盖之内，安全义务是因时因地而变的，对价并不因之调整；违反安全义务造成损害并不赔偿履行利益，而主要是填平损害，这是侵权损害赔偿的特征，特别是合同赔偿适用可预见原则，而违反安全义务的损害赔偿通常并不适用这一原则；③ 最后，把安全保障义务误认为合同义务者，多看到德国法上"附保护第三人作用的合同"（Vertrag mit Schutzwirkung zugunsten Dritter）等理论判例，殊不知这是德国法院为克服德国民法典第 831 条的弊端而行的权宜之计，④ 这些理论传入我国台湾，再传入大陆，广为流布，几成定论。⑤

对于宾馆大厅、商场、餐馆、音乐厅、图书馆、体育场这些公共场所，区分合同当事人和非合同当事人是没有意义的，任何一处公共场所都可能同时存在着三类人，一是与经营者订立了合同的人（也可能是履

---

① 英国法将基于合同的进入者（entrants）归入合法来客（lawful visitors）类别之下，适用统一的注意（common duty of care），澳大利亚法律先前对合同进入者适用更高的注意标准，但在针对 invitee、licensee、trespasser 这一传统上的不合理分类进行改革的背景下，注意要求趋于拉平。Fleming, ibid., at 511.

② 崔建远指出，在不同的合同争议中，解释的客体也不一致，在合同纠纷系因欠缺某些条款而使当事人之间的权利义务关系不甚明确时，合同解释的客体即是漏订的合同条款。由于合同中通常没有安全保障之类的约定，如果把安全保障义务视为合同义务恐怕就要进行合同漏洞补充，对此应当依据合同法第 61 条之规定，由双方协商，协商不成时，按照合同有的条款或者交易惯补充，仍不能补充漏洞时须依第 62 条规定操作，再不成时，依其他任意性规范和补充的合同解释两种，补充的合同解释所探求的是"假设的当事人意思"。参见王利明、崔建远《合同法新论·总则》，2000 年 3 月修订版，中国政法大学出版社，第 473、487—488 页。前文已经多处提到安全保障义务的确定思路，其内容完全不是按照上面提到的合同漏洞补充方法确定的。

③ 在这方面最著名的例子恐怕就是普通法上所谓"蛋壳脑袋"规则（egg-shell skull principle）了，德国联邦最高法院亦有内容相同的表述，siehe BGH, VersR 1966, 737, 738; vgl. auch BGHZ 132, 341, 345; RGZ 155, 38, 41f.

④ 不过，它又被德国民法典债法 2002 年修订所采纳，等于认可了"小侵权法—大合同法"的现实。Siehe Koetz/Wagner, a. a. O., Rn313.

⑤ 假如有人认为可以用竞合来解决这个问题，就比德国帝国法院走得更远了，帝国法院是因为侵权救济实在搭不上才扩张合同责任的。而且，竞合太多对当事人、法院、法律都不是好事情，竞合泛滥与其说是权利保护充分，不如说是体系构建上值得调整。——笔者注

行完合同的人,例如刚结完账),二是打算与经营者订立合同的人,三是根本没有任何缔约意图的人甚至仅仅是过路的人。他们都是合法地存在于这一场所的人,应当受到同等的保护,这是经营人基于公共交往的开设而负有的社会性义务。难道在对方发生危险之时,还要先行核实他(她)是不是本店的缔约方?①

二 合理注意的标准与思考路径

前文已经提到确定安全保障义务应当考量的要素,即风险的可能性、后果的严重性与预防的难度、费用及其他困难。② 或者说需要虑及危险的制造或维系危险对他人的可得认知程度、他人接近危险的可能性、危险源的社会价值及危险的大小,等等。这些要素或这种方法虽然给人以启发,但仍然包含着太多的不确定性。虽然注意义务具体为何总要结合个案情况加以认定,然而在了解了德国法院有关安全义务的实践经验后,并非不可以提出一些指引或者(更谦卑地说是)若干建议,以进一步明确义务认定的方向。

(一)不合理伤害危险的存在

确立注意义务的第一步通常是认定"特定的物或行为是否构成了不合理的危险"。安全义务是以危险控制为核心的,因此首先要问受害人的损害是否在物理上源于加害人的控制领域内的特定危险,接下来则还要考察危险的性质。安全义务所要控制的危险通常不是不可抗力危险(这是不能预见也不能避免的),也不是事物的自然(内在)风险如运动中的受伤风险(特别是在遵守了运动规则的情况下仍然会发生的那些风险),③否则一切运动设施的经营者就成了保险人,而是这两种危险之外的由交

---

① 对于业主与分包商(sub-contractor)、尚未取得所有权的买主与运送人间的损害求偿关系,因主要涉及纯粹经济损失问题,通常不在安全保障义务的调整范围之内,此处不再详论。See Basil S Markesinis, An Expanding Tort Law - the Price of a Rigid Contract Law, LQR, 1987, 103 (Jul.), 354 - 397.

② 普通法认为,成本可转嫁时,费用的权重下降。See Fleming, ibid., at 131.

③ 相关的讨论,参见冯·巴尔,前引书,第318页以下。

往空间的负责人所开启或维系的危险，第三人对此不能辨别或不能防范，例如地下室的入口没有照明。对于危险还要结合主体而定，一段楼梯对于常人不是危险，对醉酒的人却构成了危险，一处电力设施对常人构成危险，对电力工程师通常不构成危险。最需要顾及的主体当然是未成年人和残疾人。

（二）警示与直接作用于危险源

在确定存在危险之后，第二步是考察能否在危险制造或维系者与（合法）进入危险者之间建立起一个互动机制（mechanism of interaction）。也就是说，能否通过警告或足够的提醒引起受保护人的察觉和自我谨慎，并由此实现自我保护。如果这一条件得到满足，那么安全义务的内容往往会指向合理的必要的危险说明。这方面最显著的例子是产品和药品说明。

如果仅仅说明和警告并不足以导致被保护人方面的相应反馈，这可能是因为被保护人并不具备理解危险的知识或经验，也可能是因为自我保护虽然理论上可行但实际上存在困难（例如过高的费用或时间精力的耗费），还可能仅仅因为被保护人没有义务去理解危险，那么安全义务的内容将指向排除危险源或对被保护人进行直接的看护。对于警示与排除危险源等安全措施之间的关系，冯·巴尔指出："总的来说，警告仍是最弱的安全措施，与直接作用于危险的措施相比它更简单、经济和无效。警告（或禁止）通常不被他人所重视，因此不能发挥作用，特别是对孩子。但同时也必须考虑到成年人对警告的错误反应。如对灌有危险液体的啤酒或香槟酒瓶子不能仅贴上警句就了事而在施工场地上到处乱放。"仅仅向雇员提供机器或防护品通常也是不够的，"雇主还必须确保雇员实际使用了这些保护器具。"[①] 采取安全措施的例子还有，在废物站的装卸地点不是警告他人远离危险木块而是搬走它，对坑、洞进行及时填埋，

[①] 冯·巴尔，前引书，第 262 页。在英国判例 Wilson and Clyde Coal Co. v English （[1938] AC 57）中，Lord Wright 认为雇主负有三重义务，即"安排胜任的人手、充足的材料和适当的体制与有效的监督"，后来发展为雇主的四项普通法义务，即安排胜任的人、充分的设备设施、场所安全和工作流程安全。See W. V. H. Rogers, Winfield and Jolowicz on Tort, 16ed, 2002, Sweet & Maxwell, London, 286pp.

在舞池地滑时上防滑剂，给咬人的狗戴上口罩，雇员应得到照管，企业的污染度应加以不断测量，参加活动的巨大人潮应被组织者引入为参与者安排的不同安全地点，等等。此外，义务人还应当考虑到，人在群体中会疏于谨慎是个一般的生活常识。①

最后不可不提的是，并非一有危险就必须去防堵损害的发生。常识告诉人们，绝对的安全是不存在的。一辆卡车不可能造得能够防止一切事故。一家汽车制造商将一辆在安全配置上较为简单的汽车以较低的价格投入市场，并不会立刻招致侵权法上的责任。如果永远要把安全技术的全部成果都塞进一辆汽车，市场上就会只有笨重的大轿车，但是，谁愿意买这样的车呢？"直觉和生活经验告诉人们，应有的注意的大小是现有技术可能性与安全措施所需费用的函数。"②

（三）必要而非通常之注意

但另一方面，以遵守了社会生活中形成的常规来抗辩也可能是不够的，因为这些常规可能是不合理的，可能没有顾及已经变化了的现实。公共空间的变化要求人们相应调整自己的行为，这是人人都能理解的常识。设想一个人住在较偏远的地方，每天带自己的狗出行，对狗的活动一贯放任但从未发生过危险，然而在附近出现了一片住宅区后，对狗的看护义务就增加了，主人不得以几年来放狗外出无人异议就可以一直照此办理。"相关社会生活领域中认为何为应有注意的观念并不重要，法院一直以来都敏于修正法律交往中根深蒂固的旧习。"③ 冯·巴尔也指出，特定的行为已经普遍化不当然地阻却行为的不当性；经常是一些已经习惯化的惯常行为威胁了他人的安全。此外，行为人在情势所需时必须使用超过平均水准的知识和能力这一点已广被接受。"重要的是'必要'

---

① 冯·巴尔，前引书，第 262 页。在英国判例 Wilson and Clyde Coal Co. v English（［1938］AC 57）中，Lord Wright 认为雇主负有三重义务，即"安排胜任的人手，充足的材料和适当的体制与有效的监督"，后来发展为雇主的四项普通法义务，即安排胜任的人、充分的设备设施、场所安全和工作流程安全。See W. V. H. Rogers, Winfield and Jolowicz on Tort, 16ed, 2002, Sweet & Maxwell, London, 286pp.

② Koetz/Wagner, a. a. O., Rn182.

③ Koetz/Wagner, a. a. O., Rn183.

(erforderlich) 谨慎而非'普遍'(allgemein) 之谨慎。"①

三 安全保障义务与保护性法律

我国有学者认为，基于法律、行政法规大量规定了具体情况下经营者承担的安全保障义务，因此将该义务"原则上确定为法定义务比较妥当"。② 笔者不同意这一观点。在特定的立法模式之下，法律规定的具体行为义务可以认定为安全保障义务，但不能反过来认为，安全保障义务就是法定义务，事实上，从德国侵权法的发展来看，安全保障义务（包括经营者的安全义务）主要是指判例法的形式存在的。无论怎样"尽快完善对经营者安全保障义务的规定"，③ 也不可能把义务规定得一览无遗，考虑到行业的形形色色，规模的大小有别，个案中的注意义务只能交给法官认定。违反保护性法律与过错是什么关系，保护性法律所规定的行为义务与安全保障义务是什么关系，需要加以仔细讨论。

（一）保护性法律的位阶及范围

德国侵权法判例学说对保护性法律（Schutzgesetze）有清楚一致的界定。所谓保护性法律，是指以保护特定范围之人为目的的法规范，在形式上不拘于议会颁布的基本法律，根据德国民法典施行法，位阶在法律之下的规范，特别是条例和地方规章中的规定也包括在内。④

德国民法典的起草者是把"违反保护性法律"作为一种独立过错侵权类型来加以规定的，即第823条第2款在地位上与第823条第1款、第826条并列。该款规定具有三项功能：首先，构成违反法定行为规范即导致被告要就无过错举证，从而减轻了原告的举证负担，因此当事人往往愿意先求助保护性法律。其次，该款规定扩展了侵权法的保护范围，有的保护性法律本身确认对经济损害的保护，从而使受保护法益及于纯粹

---

① 冯·巴尔，前引书，第285页，注 [307]。
② 张新宝、唐青林前引文，前引《法学研究》，第83页。
③ 同上。
④ Koetz/Wagner, a. a. O., Rn224.

经济损失。最后，经由该款规定的转介，其他法律（例如刑法、行政法规）作为特殊规范进入民法，将第823条没有承认的法益带入侵权法的保护圈，例如，在德国联邦最高法院确认一般人格权之前，刑法关于诽谤的规定即可作为保护性法律成为非物质人格利益的损害赔偿基础。① 基于这三项功能特别是后两项功能，第823条第2款不是从属性条款而是独立条款，归根到底这是德国侵权法的体系结构所决定的，并不必然放之四海而皆准。

有学者认为，考虑到我国的立法状况，"保护性法律"应当限于法律和行政法规。这种观点实际上体现了作者对我国立法状况的担心。然而这样一来，"保护性法律"对侵权责任认定的意义也就大大缩水了，因为真正影响着各行各业的恰恰是那些条例、规章、命令、规定、细则等较为低位阶的行政管理规范。现实生活中首先不是法规不科学，而是有法不依、有令不行（比如，看看发生在我国中小煤矿下的惨剧就能明了这一点）。此外，这种观点其实是对受害人不利，因为不能援引低位阶法律的后果就是原告还要自行组织证据证明过失的存在，这往往成为巨大的负担。

"被违反的法无须是严格意义上的法律，即议会制定的法律。那些所调整的行为规则能为侵权行为法接受为价值目标的'法'也可以是条例甚至是地方规章中的规定。……甚至行政行为，即官方具体行政行为，只要具有命令性或禁止性，也被当作法律对待。"笔者认为，德国法上的做法更为可取。不仅如此，"技术指标和安全标准——虽然一般都不是法律——也经常被侵权行为法用作具体化了的可操作性行为准则。当然，只要法律或条例尚未宣布这些技术指标有约束力，它们就只能在一般注意义务的层面上被融进侵权行为法"②。在实践中，恐怕它们发挥的功能和保护性法律也相差不多。

（二）违反保护性法规范与过错

"只有一个不再进一步考察被告能否因尽注意义务而避免违法行为的

---

① 不过，由于德国联邦最高法院从第823条第1款中发展出一般人格权，第823条第2款在保护非物质人格利益方面已不如以往那样重要。Koetz/Wagner, a. a. O., Rn223.

② 冯·巴尔，前引书，第279—280页。

法律制度才是真正忠实于'违反法定义务即构成不当行为'原则的法律制度。在这些法律制度中，行为人一经违反法定义务就必须承担责任的理论基础是任何一个合理谨慎的人都会遵守法律的假设。"① 对照我们社会的现实就能知道，这个假设是不成立的，且不说普通人既没有能力也没有必要去了解所有的法律，即使是法学家也难以对付多如牛毛的法律、法规、规章、命令，尤其是那些带有技术规范特征的安全守则、操作细则，例如一本针对电梯操作人员应掌握知识、技能乃至预警、应变方案的电梯操作守则。

更为重要的是，法律并不必然是强制的，强制性规范并不必然是合理的，落伍于时代的技术规范比比皆是，因此，只有具体结合保护性规范的性质才能把握"违反保护性规范"与"过错"的关系。一般来说，如果涉及的保护性规范是一项民事规范，该规范自身就会明确责任要件的构成，例如证券法对信息披露义务的规定（在德国法下保护第823条第1款不予保护的纯经济损失）；如果所涉保护性规范是一项刑事规范，则问题更为简单，因为符合刑事责任构成必然满足故意或过失要件之前提。真正的问题出在大量的行政法规范上，可能出现虽然违反该等规范但已"尽到必要注意"的情况，也可能出现遵守该规范却构成"未尽到必要注意"的情况。笔者认为，这种时候违反法定义务通常构成过失的表面证据（prima facie Beweis）。②

保护性法律所规定的行为义务是否属于安全保障义务？回答这个问题先要明确提问者针对的或自设的语境。在德国侵权法体系之下，法定义务和安全保障义务是两回事，后者从属于第823条第1款，是存在于判例中的行为义务；二者的保护范围也不尽相同，例如保护性法律存在对纯经济损失进行保护的情况，而安全保障义务通常不能。

对于不拟采取德国侵权法体系的立法例，则可以将保护性法律与安全义务联系起来，操作上较为合适的方式恐怕是将违反保护性法律规定

---

① 冯·巴尔，前引书，第277页。
② 冯·巴尔未加区分地断定违反法定义务仅仅构成"过失的间接证据"，似乎有些宽泛。参见冯·巴尔，前引书，第277页。从英国法上看，一些工业保护法规的违反会被直接认定为过失。See Fleming, ibid., at 140.

的行为义务认定为过失（民事规范或刑事规范）或过失的初步证据（行政规范），允许被告以"已尽到具体情形下的合理注意"为由推翻，将遵守该义务作为不具有过失的证据，允许原告举证推翻。今天，民事法规中含有诸多行政管理性规定，行政法律中也可以包含民事权利义务的规定，因此，区分尤显必要。冯·巴尔也指出："总体来说，虽然违反以保护他人为目的的法律就构成不当行为，但这句话却不能反其意而用之，即不能认为遵守了特定法律就完全排除了不当行为的存在。一般注意义务始终必须得到遵守，它甚至可能（不一定）比法律要求得更多。"①

（三）保护性法律对行为义务的具体化要求

有学者列举了我国"法律行政法规对安全保护义务的规定"，②包括《消费者权益保护法》第7条、第18条第1款、《铁路法》第10条、第43条、《航空法》第124条、第125条、《公路法》第43条第2款以及《合同法》第60条、第122条、第53条等。然而，以德国民法典第823条第2款的标准衡量，这些法律条款都不是"保护性法律"，假如我国有一天在法律或司法解释中出现"违反以保护特定他人为目的的法律者，负赔偿责任，但加害人不具有过错的除外"之类的条款，上述条文也仍然不是"保护性法律"，因为它们全部都是宣示性的规定（《航空法》第124条、第125条不是宣示性条款，但它们是严格责任条款，与安全义务无关），法官不得援引这些条文作为裁判依据，因为这些条文没有对具体行为义务的规定，不存在明确的事实构成。例如，合同法第60条的规定是"当事人应当按照约定全面履行自己的义务"，这并不是一条安全义务规范。③

保护性法律必须是具体的行为规范而不是原则性的宣示，再引冯·巴尔的一段话为佐证："被违反的法律规范都必须是特殊的注意义务，即因行为本身的危险性而为法律所禁止的作为或不作为。如禁止未加覆盖就离开动作中的机器部件或者要求在超越自行车时保持特定的最小车间

---

① 冯·巴尔，前引书，第280—281页。
② 张新宝、唐青林：《经营者对服务场所的安全保障义务》，前引《法学研究》，第84页。
③ 相反，张文所举的有关消防、电梯管理的规定则可以认为属于保护性法律，前引《法学研究》，第84、85页。

距。一个仅规定了一般注意义务的条款就不足以被看作是我们这里所讨论的行为规范。如过失伤害或过失杀人的犯罪构成要件所含的一般注意义务，它们对认定不当行为的存在并无帮助。特殊和一般注意义务的区别在希腊民法典第 914 条中被掩饰了，但却为德国民法典第 823 条第 2 款、意大利刑法典第 43 条、葡萄牙民法典第 483 条及荷兰民法典第 6：162 条第 2 款及英国法中法定义务之违反（breach of statutory duty）和过失侵权（negligence）之间的区分制度所体现。在法国和比利时同样如此，因为在这两国中违反法定义务本身就构成过错（faute）。"①

第三节　网络服务提供者的安全保障义务

在今天的社会生活中，不独物理性空间，网络虚拟空间实际上也存在着公共场所或群众性活动，其中不但存在着对智力财产、人格利益的侵害危险，② 甚至存在人身及有形财产伤害的诱发因素。例如，全国首例"人肉搜索"案判决涉及的就是网民基于网上博客信息而对特定人、其家庭和住所进行侵扰的事实。③ 对以上危险加以防范，首先要依赖网络服务提供者的努力。作为网络世界的管理者和组织者，网络服务提供者无疑对他人承担注意义务，这种注意义务是接受传统安全保障义务的法理，还是另起炉灶，将网络空间主体注意义务与物理空间加以区隔，是亟待解决的问题。

---

① 相反，张文所举的有关消防、电梯管理的规定则可以认为属于保护性法律，前引《法学研究》，第 84、85 页。

② 近几年来，针对网络服务提供者的诉讼在我国呈直线上升态势。参见王宏丞、曹丽萍、李东清《论视频分享网站侵权案件中的焦点问题》，载《电子知识产权》2009 年第 4 期，第 11 页。三位作者为北京市海淀区民五庭法官。

③ 2008 年，北京市朝阳区人民法院作出了全国首例"人肉搜索"案判决，认定了相关网络服务提供者的侵权责任。参见王菲诉大旗网侵犯名誉权案，北京市朝阳区人民法院（2008）朝民初字第 29276 号民事判决书；王菲诉天涯网侵犯名誉权案，北京市朝阳区人民法院（2008）朝民初字第 29277 号民事判决书；王菲诉张乐奕侵犯名誉权案，北京市朝阳区人民法院（2008）朝民初字第 10930 号民事判决书。

一 问题与方案

(一) 我国的问题：围绕 QQ 相约自杀案展开的争论

就在《侵权责任法》即将生效的 2010 年 6 月，发生了大学生利用腾讯 QQ 网络相约自杀事件。2010 年 12 月 3 日，浙江省丽水市莲都区人民法院作出一审判决，认定为相约自杀者提供网络交流工具的腾讯公司负有 10% 的责任。判决公布后，各方反应不一。

腾讯公司方面表示，该公司依法运营 QQ 即时通信产品，为用户提供沟通平台，"从根本上说，网络运营商和电信运营商并没有能力和法律授权对用户通信内容进行监控"，因此提起上诉。① 有学者也认为，除非有害信息经过了网站加工，如推荐、置顶、编辑、修改、转载等，或者已被网友向网站举报，或者网站收到相关当事人的有效通知，才能认定网站"发现"或"应当发现"有害信息，在本案中，腾讯公司方面并不存在这种情况。此外，一审判决谴责腾讯公司"不履行监控义务"，就等于要求腾讯公司去主动监控用户的通信，从而可能造成对公民通信秘密和言论自由的戕害。②

一审法院则认为，依据全国人民代表大会常务委员会《关于维护互联网安全的决定》(以下简称"决定") 第七条"从事互联网业务的单位要依法开展活动，发现互联网上出现违法行为和有害信息时，要采取措施，停止传输有害信息，并及时向有关机关报告"之规定，相约自杀发起人小张多次在不同的 QQ 群上发布自杀邀请，腾讯公司未对这一有害信息采取措施，构成违反法定义务，这一不作为与相约自杀发起人的行为相结合，导致发生损害后果，故应承担责任。

支持和反对的声音都欠缺说服力。法院适用全国人大常委会的《决定》，前提应当是腾讯公司发现了"有害信息"，可是本案中没有证据表

---

① 钟根清、盛伟：《两青年用 QQ 相约自杀 一审后腾讯上诉称无力监管》，载《钱江晚报》2011 年 3 月 3 日。

② 《法律专家：QQ 相约自杀案判决不妥》，载《南方周末》，官方网站 http://www.infzm.com/content/53315，最后访问时间 2011 年 5 月 24 日。

明腾讯公司的知情。即便依《决定》腾讯公司有义务监控信息,法庭仍应查明,腾讯公司能否在通常的监控中发现相约自杀邀请。而腾讯公司将自己与电信运营商相提并论同样值得商榷。在本案中,相约自杀者是通过 QQ 群发布自杀邀请并建立联系的。根据腾讯公司官方网站的介绍,QQ 群是该公司推出的多人聊天交流服务。一个网络用户在按照网站的路线图创建群空间以后,即成为群主,可以邀请有共同兴趣爱好的人加入这一空间。除了聊天,QQ 群提供的服务还包括论坛、相册、共享文件等。普通群每个最多可以有 100 个成员,高级群最多可以有 200 个成员,而超级群最多可容纳 500 人,在超级群里,聊天记录可以保存 1 个月。腾讯公司为网络用户自己感兴趣的 QQ 群提供搜索服务,超级群享有搜索结果和同类列表排名靠前的优待。① 从这些介绍可以看出,腾讯公司运营的产品已经远远超出了即时通信的范畴,其提供的网络沟通平台早已不限于私密性的,而是不断向更加开放、更加社会化拓展。腾讯公司没有说明,通过类似"××自杀殿堂"的开放式 QQ 群相约自杀如何构成"通信秘密"。②

《侵权责任法》第 36 条是否就上述争议给出一个清晰的答案呢?该条第三款规定"网络服务提供者知道网络用户利用其网络服务侵害他人民事权益,未采取必要措施的,与该网络用户承担连带责任",虽然传统民法理论将"知道"与"故意"相提并论,但法律起草者认为,这里的"知道"包括"明知"和"应知"两种主观状态。③ 这样一来,网络服务提供者不但应对"放任"他人侵权负责,而且也要对"应当知道的"他人侵权负责,这是一种过失标准。问题是"应当知道"的含义又是什么,在我国学界争论激烈。"应当知道"标准是否意味着网络服务提供者负有一项对网上传输内容的审查义务或者说监控义务,支持者和反对者均立

---

① http://group.qq.com/help.shtml#1,最后访问时间:2011 年 5 月 24 日。
② 邀请人张某自 2010 年 6 月初起,多次在腾讯不同的 QQ 群(包括自杀群)上向不特定的对象发出"浙江男找一起烧炭自杀"、"浙江男找一起自杀的联系我 1590642****",发布自己的姓名、地点、手机号码,载《钱江晚报》2011 年 3 月 3 日。此类事件亦非绝无仅有,另据《长江日报》2010 年 12 月 3 日报道,武汉市四名网友通过"自杀联盟"网站结识后,于 12 月 1 日晚相约自杀,最终三人受伤。
③ 王胜明主编:《中华人民共和国侵权责任法释义》(下称《侵权责任法释义》),法律出版社 2010 年版,第 195 页。

场鲜明。之所以如此,是因为如果肯定服务提供者负有此项义务,就不得再坐等权利人的侵权通知,而应主动对侵权危险加以调查,承担侵权责任的风险因之增加,而否定了侵权排查义务,服务提供者就可以不在预防第三人侵权方面进行投入,事后则能够以不知情为由摆脱大量的责任追究。[1]

赞成网络服务提供者负有审查义务的声音指出,虽然法律和行政法规没有明确规定此项义务,但不等于服务提供者不应该承担此义务,民法基本原则可以作为此项义务的产生依据。在依靠经营网络服务获得收益且具有能力监控和制止侵权行为的网络服务商与权利人之间进行权衡,将对网络传输内容进行一定的审查监控义务赋予服务提供者,更为公平。[2] 有法官特别指出,注意义务与审查义务本来就难以分离,网络服务提供者应尽到与其专业经营者地位相符的合理审查义务。如果对于网站上发生的一切听之任之,即没有尽到合理的注意义务。[3]

与这种观点相反,一些学者认为,不可能对网络服务提供者课以主动审查义务。其提出的理由主要有:我国《信息网络传播权保护条例》及最高人民法院相关司法解释没有规定服务提供者的审查义务,因此要求其承担审查义务不符合法律的精神;[4] 从美国《千禧年数字版权法》的规定来看,不要求服务提供者主动寻找"红旗"(明显的侵权信息),既然发达国家无此规定,我国作为发展中国家,不应超出本国能力给予版权过高的保护;[5] 网站的专长在于网络技术方面而非版权管理,因此只能以"通常谨慎的人"标准来要求服务提供者;要求服务提供者对海量信

---

[1] 例如,在蔡继明诉百度侵犯名誉权、肖像权、姓名权、隐私权纠纷案中,百度公司辩称,其对"百度贴吧"内发布的内容仅负有"事前提示义务和事后管理义务"。参见北京市海淀区人民法院(2010)海民初字第01281号民事判决书。

[2] 殷少平:《论互联网环境下著作权保护的基本理念》,载《法律适用》2009年第12期,第32—38页;陈锦川:《关于网络环境下著作权审判实务中几个问题的探讨》,载《知识产权》2009年第6期,第42—54页。

[3] 林广海、张学军:《P—P网络服务提供者侵权责任的认定》,载《人民司法》2009年第22期,第43—50页。

[4] 胡开忠:《"避风港规则"在视频分享网站版权侵权认定中的适用》,载《法学》2009年第12期,第70—81页。

[5] 同上。

息进行审查是不现实的，会对服务提供者造成过重的负担，影响互联网产业的发展；最后，课以信息审查义务将导致服务提供者侵害公众的言论自由和隐私。总而言之，"注意义务与审查义务是两个不同的概念，法院在案件审理中应适用的是注意义务而非审查义务的概念。"①

（二）美国模式网络服务提供者责任的假想语境

网络服务提供者责任的国际范本是美国国会于1998年通过的《千禧年数字版权法》（DMCA）。虽然这部法律仅针对网络空间内的版权侵权问题，然而当它在世界范围内得到接受时，已经转变为网络服务提供者责任的一般性原则。②

具体而言，《千禧年数字版权法》第512节区分网络世界的四类服务提供者，分别为其设立责任限制条款，这四类服务提供者分别是接入与传输（access & transmission）、系统缓存（caching）、信息存储（storage）和信息定位（location）服务提供者。就现实生活而言，网络世界的主宰主要就是这四类主体。③ 所谓"避风港"规则就是指第512节给予这四类服务提供者的有条件免责待遇。

根据《千禧年数字版权法》第512节的规定，一般来说，满足如下条件，服务提供者即不对第三人侵权负责：（1）无论信息的传输、搜索还是存储，均由网络用户发起和主导，即服务提供者是被动的，从属的，不干涉信息的流动；（2）服务提供者对信息内容不知情；（3）在接到满足法定格式的权利人通知后，服务提供者立即删除、屏蔽相关侵权信息或断开链接；（4）服务提供者实际采取了对反复侵权人（repeat infringer）取消账户或访问权限的政策（policy），并向网络用户明示该项政策；

---

① 参见华东政法大学知识产权学院黄武双教授在2009年4月最高人民法院、华东政法大学及欧盟举办的互联网著作权司法研讨会上的演讲；胡开忠，前引文。

② 例如欧盟《电子商务指令》（2000/31/EC）、日本《特定电气通信提供者损害赔偿责任之限制及发信者信息揭示法》（2001）在采纳DMCA避风港规则的同时，均不区分违法信息侵害的是他人何种权利。——笔者注

③ 近年来P2P软件服务提供者的影响日益增加，美国法院判决的Napster案和Grokster案即针对此类服务提供者。国内判决参见北京慈文影视制作有限公司诉广州数联软件技术有限公司侵犯著作权案，参见广东省广州市中级人民法院（2006）穗中法民三初字第7号民事判决书，广东省高级人民法院（2006）粤高法民三终字第355号民事判决书。

(5) 服务提供者采纳了"通过公开、公平、自愿和跨行业的标准程序而达成的广泛共识中"产生的技术防范措施,即所谓标准技术措施。①

在就侵权信息的知情(knowledge)与否上,我国学界多将注意力放在"红旗"标准(red flag test)上。所谓"红旗"标准,是指判断服务提供者"应当知道"与否时须考察:(ⅰ)服务提供者是否知道具体的被控侵权信息;(ⅱ)该信息的侵权性是否如此之明显,以至于一个普通理性人能够作出构成侵权的判断。其实,"红旗"标准只是浅层规则,起决定性作用的是"搜寻侵权信息及通知服务提供者的责任由版权人承担"这一总原则。② 在《千禧年数字版权法》的立法文件中,对此有明确表述。③ 美国法院在认定服务提供者知情与否时,也是以上述原则为出发点。④《千禧年数字版权法》的表述是"服务提供者没有主动寻找'红旗'之义务",见于第512(m)条。由此造成的结果是,除了权利人主动进行通知而服务提供者仍怠于移除侵权内容外,若要服务提供者承担责任,几乎只有证明服务提供者鼓励第三人侵权或明知侵权存在却不闻不问一途,其难度可想而知。在本书第二章关于DMCA避风港规则的讨论中,就此已有详述。

《千禧年数字版权法》将天平向网络服务提供者倾斜,主要参考了如下判决观点:网络服务提供者在网络中只是以"单纯通道"或类似角色出现,⑤ 性质上与传统的邮政局、电报局、电话公司(包括移动通信企业)及快递公司等无异,因而也应当在法律上作同样对待。《千禧年数字版权法》的立法者认为,网络服务提供者的获利依靠其提供的技术层面的通道或存储空间服务,并不从传输或存储的内容上获利,因而也不应对内容负责。这一立法考虑体现于该法第512(c)条中"在服务提供者有权利及能力控制侵害行为时,没有从该行为中直接获得经济利

---

① 参见本书第二章的相关介绍。——笔者注

② See Robert A. Gorman, Jane C. Ginsburg, Copyright: Cases and Materials, 7th ed., Foundation Press, 2006, p. 887.

③ See S. Rep. No. 105-190, at 32 (1998); H. R. Rep. No. 105-551, pt. 2, at 44 (1998).

④ See Corbis Corp. v. Amazon.com, Inc., 351 F. Supp. 2d 1090, 1101 (W. D. Wash. 2004).

⑤ Religious Technology Center v. Netcom On-line Communications Services, 907 F. Supp. 1361 (N. D. Cal. 1995).

益"的规定。在如何界定"从他人提供的内容中获益"一点，美国法院的解释也遵循了《千禧年数字版权法》尽量免除服务提供者责任的总意图。如果服务提供者对网络用户收取固定费用，就不能认为存在此种关系。①

虽然如此，《千禧年数字版权法》也并没有将网络服务提供者完全当作纯粹的通道或仓库看待，尤其是对信息存储服务和信息定位服务，仍为服务商规定了若干义务。例如，该法要求这两类服务商遵守"通知—取下"程序，并为此而设置侵权投诉的受理人，这意味着两类服务商实际上肩负起除去第三人侵权的职责，只不过这一义务需要权利人的通知来发动而已。其次，对于轻易能够判断的侵权（"红旗"），服务商须不迟延地予以移除，这同样是一种作为义务。最后，虽然该法规定网络服务商不负有主动查找、监控义务，然而其关于反复侵权人的规定又构成了上述原则的例外，一方面，对反复侵权人采取注销账户手段本身就是一种预防措施，而如果服务商不愿注销用户的账户，则需要对其行为加以适当监控以避免被逐出责任避风港。

（三）避风港规则在德国的解释论

在德国，有关网络服务提供者的责任规定见于电信媒介法（TMG），其中的责任避风港条款系依据欧盟电子商务指令②制定，而后者的蓝本就是美国《千禧年数字版权法》中的避风港规则。换言之，在德国，考察网络服务提供者的中介者责任同样以"服务提供者不对他人上传信息负有主动审查义务"（TMG 第 7 条第 2 款）为出发点。不过，随着司法实践的深入，德国法院却在运用安全保障义务理论于网络空间方面表现得日渐积极。

早在 2002 年，特里尔州法院认为，如果网站对出现在其网站上的他

---

① 但它包括"其服务的价值在于提供对侵权材料的访问"而产生的收益。See S. Rep. No. 105 - 190.

② 全称为《欧洲议会及欧盟理事会 2000 年 6 月 8 日关于共同体内部市场的信息社会服务，尤其是电子商务的若干法律方面的第 2000/31/EC 号指令》，本章中简称为"欧盟电子商务指令"或"欧盟指令"。

人侵权信息长时间不闻不问，即可推定其认同信息内容。① 其后，持激进立场的汉堡州法院认为，网络空间如为社会性交往空间，则在法律处理上应与物理空间无异，换言之，此时网络服务提供者因开启或维系交往空间而负有包括主动审查在内的安全保障义务。就危险控制而言，网站必须在人力、物力上做到足以与其运营规模相匹配。如果论坛和网帖的数量超出了网站的人力和技术能力所能检视，那么网站要么投入更多资源，要么限制运营规模。② 在另一个判决中，该法院甚至提出，除非网站有针对而非笼统地与具体信息保持距离，否则网站上发布的他人信息均应视为网站"自己的信息"，从而应被视为"网络内容提供者"。这一判决因过分忽视互联网的特点而遭到严厉批评。

汉堡州高等法院采取了相对缓和的态度，认为，在没有具体可疑事态场合，网站不对所有的论坛负有监控义务，但另一方面，对于个别较有可能发生侵权的论坛，运营者可以相对较小的成本加以监控时，则负有监控义务。法院认为，至少在以下情形存在着审查义务，即网站通过自身的行为可预见地引发了第三人的侵权行为，或者已经了解到侵权行为的发生，且应当虑及此类（不限于同一加害人）侵害行为的继续发生。③ 此外，比之个人的非营利性网站，经营性的行为更应负有监控义务，因为经营者即便没有从侵权行为中直接获益，也经由访问量而间接获得了广告收益。④ 另外一派意见则完全否认服务提供者的主动审查义务，例如科隆州法院和柏林州法院认为，网络平台提供者（Forenbetreiber）应被视为存储空间服务提供者，根据法律规定，此类服务提供者没有义务去寻找侵权行为，因而完全不负有监控义务，仅负有在接到权利人通知后的取下义务。⑤

面对下级法院的争执，德国联邦最高法院采取了中间立场，通过类推德国民法典第 1004 条和第 823 条，将网络服务提供者的责任定位于"妨害人责任"（Störerhaftung），创设了"面向未来的审查义务"（künftige

---

① LG Trier, MMR 2002, 694；类似者如 OLG Koeln, MMR 2002, 548.
② LG Hamburg, MMR 2006, 491.
③ OLG Hamburg, MMR 2006, 744.
④ A. a. O.
⑤ LG Koeln, MMR 2003, 601；LG Berlin, MMR 2004, 195.

Kontrollpflicht)。① 法院要求，网站对正在发生的侵权有排除义务，并对未来的妨害负有审查控制义务。一旦服务提供者了解到来自第三人的某项侵权事实，即在以后针对同一侵权主体或同样侵权客体或同样侵权内容负有主动审查义务。② 当拍卖网站上出现假冒商品时，联邦最高法院承认，不能要求拍卖网站的运营商监控每一次交易，但是，即便网上的交易信息来自第三方，也仍然存在有效、低廉的技术，以拍卖品的低价和"仿冒品"标签为关键信息，帮助拍卖网站检测明显可疑的销售信息。③ 在另外一个针对 eBay 提起的诉讼中，联邦最高法院认为，如果某个卖家有侵权行为，拍卖网站应当针对同一卖家的其他要约进行审查，由于卖家可能更换身份地址继续实施侵权，因此也要针对这种行为进行防范，直到技术或事实上不可行为止。④ 到了 2011 年，德国联邦最高法院在"儿童高脚凳"案判决中，更加明确地申明在网络上的反不正当竞争侵权案件中适用安全保障义务理论。⑤

在德国联邦最高法院的判决中，所谓服务商审核义务的发生依据正是作为传统安全保障义务发生原因的"危险源的开启与控制"。⑥ "安全保障义务"直接出现在法院判词中，其面目在网络空间越来越清晰。⑦ 这一立场超出了《欧盟电子商务指令》和德国国内法的要求。有学者指出，这是将"避风港"规则中的"通知—取下"规则修改为"通知—取下—扫描（其他可能危险）"规则。⑧ 这样，德国的司法实践比美国式避风港规则向前迈进了一步。

---

① BGH MMR 2004, 668, 671f; BGH MMR 2007, 507, 511; BGH NJW 2008, 758, 762.
② BGH NJW 2008, 758.
③ BGH NJW 2004, 3102 = MMR, 668 (Rolex).
④ BGH NJW 2008, 758 = MMR 2007, 634 (Jugendgefaehrdende Medien bei eBay).
⑤ BGH MMR 2011, 172.
⑥ Volker Haug, Internetrecht, 2. Aufl., Verlag W. Kohlhammer, Stuttgart, 2010, S139.
⑦ BGH NJW 2008, 758.
⑧ Niko Härting, Internetrecht, 3. Aufl., Verlag Dr. Otto Schmit, Koeln, 2008, S367, S363.

二 对网络服务提供者适用安全保障义务的正当性

如前文所述,安全保障义务理论起源于 20 世纪初的德国,在过去的一百年里逐渐发展为德国过错侵权法的核心。受台湾地区学者及德国学者的影响,我国学者自上世纪末起开始关注德国法上安全保障义务理论并逐渐加以接受。司法实务部门亦接受了这一理论,《侵权责任法》第 37 条在总结司法实践经验的基础上,吸收了上述规定并增加了"群众性活动组织者的安全保障义务",使法律调整得到进一步完善。可以认为,安全保障义务已然成为我国民法传统的组成部分。那么,对于人类生活的新天地——网络虚拟空间,这一理论有无价值呢?

(一) 网络服务提供者的角色衍化

进入 21 世纪,当年被美国法院归为"单纯通道"或技术保障的网络服务提供者在网络空间发挥的作用已远远超出了"通道及容量支持"。我们可以通过将一家网站与一家移动通信运营者加以比较来说明这一点。

一家网站通常有一个或多个涉及内容的主题,这种情况在移动通信商那里是不存在的。手机用户的移动通信的确由自己发起,路径由自己决定,而网络用户访问某个网站在一定程度上是由该网站通过主题设置"召唤"来的。为了达到访问量增加的目的,经营者不但会改进技术支持,而且会努力推动网站上内容在量和质上的提高。换言之,一家移动运营商关注的仅仅是通过更好的技术以增加用户的通话数量,而一家网站要增加用户访问量,还要在技术之外提出更好的内容创意,并通过内容的不断增加与更新来占领市场。

其次,移动通信商提供的服务基本上是特定人对特定人,通信的圈子相当狭小,持续时间有限,而一家网站提供的服务却常常是不特定人对不特定人,构成范围较大的社会交往,且信息一旦存储于网站或存储信息的个人电脑与网络连通,他人即可长久、反复调取信息,也正因为如此，百度公司给"百度贴吧"冠以的名称是"全球最大中文社区"，[①]而拥有数亿用户的中国移动通信公司从来没有这样称呼自己的服务。将YouTube、Google和Facebook这样的多媒体呈现与社会交往构建者与电话局相提并论，难谓妥适。

最后，移动通信商的收入来自用户交纳的话费，未经许可不得向用户发送广告或其他垃圾短信，而一家网站除了对用户可以开设收费服务外，还在网页上大量投放广告，广告费收入甚至构成网站的重要收入来源。一家网站的访问量越大，获得的广告费收入一般也越多，这是一个常识。对责任的认定而言，真正关键的因素是网站与第三人侵权行为之间是否存在相当程度上的共生关系，[②]即网站依靠容纳侵权信息来求得访问量的上升，从而达到提高知名度，拥有更多与广告主谈判筹码的目的。

《千禧年数字版权法》施行于1998年，其时互联网的发展还处在所谓Web1.0时代，网络服务提供者的角色仍以被动性（内容的传输由网络用户发起）、工具性（服务提供者仅提供技术和通道支持）和中立性（服务提供者不干涉内容和权利保护措施）为特征。[③] 然而，21世纪的网络服务提供者在功能上已经发生了质的变化，《千禧年数字版权法》所针对的社会场景已然成为过去。

（二）安全保障义务并不受介质的局限，亦应适用于网络空间

最近十年来，世界范围内的互联网发展进入了以交互性、社会性为突出特点的Web2.0时代。大批网站提供的服务有别于单纯的接入、缓存、存储及信息定位。以是否向不特定公众开放为标准，今天网络服务不但可以是私密的，例如电子邮箱服务、密友间的聊天服务，也可以是半公开的，例如虽不能参与但可以访问，或虽有密码、会员资格等限制，

[①] 进入http://tieba.baidu.com/index.html页面，屏幕左上方即显示"全球最大中文社区"标签，最后访问时间：2011年5月22日。

[②] 例如，如果在经营场所例如商场里演出，即使不向顾客收费，也不向表演者支付报酬，仍应认定为不构成合理使用，因为这种表演间接地起到了吸引顾客的效果。参见王迁《知识产权法教程》，中国人民大学出版社2009年第2版，第242页。

[③] See Mary LaFrance, Copyright Law (in a Nutshell), Thomson West, 2008, p.286.

但参加者众多,参加者之间联系松散,如某些旅友联盟、自发组织的动物保护群体等,还可以是完全开放的,如社交网站(Social Network Site,简称 SNS)、视频分享网站等。① 后两种交往都具有较高的社会性。

诸多网站在服务种类上虽有不同,但就其本质而言则是一致的,即不但提供技术支持,还规定活动主题,制定交往规则,以各种方式积极推动网络平台上交往的频繁进行和规模递增,乃至引导、帮助网络用户做出各种选择。网络用户则在设定好的平台上展开交流。在很多情况下,网站甚至比一座建筑物的管理人对活动介入得更深。② 这样的网络

---

① 典型的服务网站如:(1)论坛。在此类电子公告板上,讨论的主题已趋于专门化、小众化。服务提供者扮演的角色是搭建整体框架,具体的讨论主题和内容则由网络用户填充。这方面典型的例子如天涯论坛、百度贴吧以及因"人肉搜索"而闻名的猫扑网上的诸多论坛。在百度贴吧,网络用户可以不经本人同意而用其感兴趣的人的姓名建立讨论区,对这个人加以公开评论;(2)网店。此类网站允许个人或组织在其提供的平台上开店,通过拍卖或其他方式与网络用户达成交易,网站则对会员店予以技术支持和监督。这方面的典型例子如 eBay 和我国的淘宝网;(3)视频分享网站,也包括音乐、图片类分享网站。网络用户将原创、非原创视频、音频、图片等文件上传至此类网站供观看、下载。这方面的典型例子,如 YouTube 和我国的土豆网、优酷网。网站通常还对内容加以分类、推荐并提供搜索服务;(4)博客网站,包括目前正在迅猛发展中的微博。博主与网站订立协议,由网站提供个人空间,由博主发表网络日志,他人可以访问、发表评论;(5)评价评级网站。在此类网站上,网络用户可以直接或在注册后给特定商品或服务评级、打分,例如我国的评师网(http://www.pinglaoshi.com),德国的 Mein-Prof. de 网等;(6)百科知识类网站,例如维基百科和我国的互动百科,网站确立了结构框架,内容则由用户编写、修改;(7)社交类网站,网络用户通过输入个人信息,可以按自己的意愿建立或加入大大小小的社交圈子,这方面的典型例子如 Facebook 和我国的人人网;(8)搜索引擎(search engine)网站。此类网站早已不限于提供一个搜索栏,由用户自行输入搜索信息,而是将网络信息加以分门别类,用户往往只需在网站上找到正确的类别,就可顺利进入正确的链接,网站还就同一搜索目标列出不同来源的状态,便于用户从中选择最便捷的阅读或下载对象。(9)其他新型网站服务模式,如百度网推出的"百度提问",网络用户在这里可以提出问题,答案同样由网络用户给出,再如"百度文库",既存储非原创文档,也存储原创文档,网络用户上传的文档多,将从网站获得某种奖励。

② 在网站自身不发布内容,而是为网络用户提供所谓"信息存储空间"场合,网络用户发布的信息同样可以成为网站的主要经营内容。这时,网站往往一方面声明网络用户发布的内容归网站所有,另一方面又声称如内容侵权,责任由用户自负。参见大众点评网(http://www.dianping.com)诉爱帮网(http://www.aibang.com)著作权侵权案,北京市海淀区人民法院(2008)海民初字第 16204 号民事判决书,北京市第一中级人民法院(2009)一中民终字第 5031 号民事裁定书;另参见大众点评网诉搜狐网侵犯著作权案,北京市海淀区人民法院(2007)海民初字第 5904 号民事判决书。

服务提供者已在相当程度上去掉了以往中立、工具性和非参与性的特征，基于这一认识，德国学界为此类网络服务提供者发明了一个新名词"内容框架提供者"（Rahmen-Content-Provider），① 强调其对内容形成的参与。

将提供交互式网络服务者定义为"内容框架提供者"，实际上是在强调，此类服务提供者一方面不应对一切来自第三人的内容负责，另一方面也不得对上述内容一律袖手旁观，而是负有一定的主动注意义务。这种理论上的改良有其现实意义，不过，服务提供者毕竟没有制作内容，而是仅仅提供了一个个"摊位"而已，"摊位"上的货品则是由网络用户摆设的，就所谓提供服务的技术属性而言，此类服务提供者仍然可以归入接入、缓存、存储或信息定位的范畴。真正的问题出在"内容/服务提供"二分法本身。这种二分法的天生局限在于它来源于一部保护版权的法律，因此先入为主地以"内容"为核心概念，没有充分顾及互联网作为社会交往空间的丰富性。更为突出的不足是，该二分法对"网络服务"只看其技术属性，不计服务中所蕴含的经营目的及其实际效果。一项网络服务在技术上或可归入接入、缓存、存储或信息定位乃至其他类别，同时在社会意义上又可以界定为私密性或社会性交往的开启与组织。对于法律而言，更加重要的是后者。

对网络服务提供者的行为加以调整，除了实践中证明为有效的"通知—移除"程序，法律上还需要借助成熟的安全保障义务理论。"开启或加入交往空间者对其中的他人负有安全保障义务，应在合理限度内照顾他人权益"这一原则并无对介质的特殊要求，② 也适用于作为社会生活一部分的网络空间。在网络空间的社会性交往中，网络服务提供者是交往的开启者和最终管理者，理应负有安全保障义务。即便对于完全私密性交往，服务提供者也负有安全保障义务，例如，保障交往信息不因当事人以外的原因而外泄、错误或迟延发送等。

在德国，安全保障义务并不限于人身和有形财产之保护，在适用介

---

① Volker Haug, Internetrecht, S132.
② 德国学者在就实务中的安全保障义务加以类型化时，依据的标准正是"危险源的开启与控制"。Dieter Medicus, a. a. O., Rn751 – 756.

质上不限于物理空间。确立安全保障义务,着眼于"开启、参与社会交往"及"给他人权益带来危险"两项事实。① 该义务的适用范围从物、土地、通道一直延伸到行为的危险。进入 21 世纪,德国联邦最高法院在多个判决中肯定安全保障义务同样存在于网络空间。这一立场对继受了安全保障义务的我国具有启示意义。

安全保障义务之所以具有超越介质的特点,根本原因在于其所立基的法理是超越介质的。安全保障义务理论认为,注意成本应该分配给危险的制造者和保有者、因特定危险而获得利益者。这一原则不仅仅出于利益平衡等道义上的考虑,也着眼于使社会付出的总成本最小。② 通常,风险制造者和管理者更了解风险,或者有更多的了解风险的机会,因而在风险防范上更有能力、更有效率。德国学者瓦格纳指出,负有安全保障义务者不如说是对物有事实上的支配力者,因为他最能确保物的安全性。在德国民法典第 836 条以下的建筑物责任中,安全义务不是指向所有人而是占有人或建筑物维护义务人。此外,帝国法院在其第一个有关安全义务的判决中,就不仅让行使事实上物的支配权的所有人,而且让物的占有人对腐朽树木倾倒所致损害负责。相应地,道路安全义务由实际照管道路的行政机构承担。③ 因此,如果某人实际管理下的行为、物品、设施给他人造成危险,则管理者负有控制此等危险的不可转移的义务。④ 特别是在从他人行为中直接获益的情形,对他人行为的危险性更是应当

---

① 在创设安全保障义务的判例中,德国帝国法院明确指出"在适当虑及他人利益的情况下本应采取保护措施(而未采取)时,应当对自己的不导致他人损害负责。"(RGZ 52, 379)以其土地用于公共交往者,有义务"以符合交往安全之要求的方式作为,为此他还负有照顾义务。"(RGZ 52, 53, 57)乃至"从事一定……职业并向公众提供自己的服务者,在工作时负有使事物正常运转的义务;从一项职业活动或营业活动中产生出这种具有一般化特征的义务,概括地说可以称之为安全保障义务。"(RGZ 102, 372)

② 张新宝、唐青林,前引文,第 80、81 页。

③ Siehe Koetz/Wagner, a. a. O., Rn177.

④ 普通法上也认为,土地上注意义务的产生理由在于对不动产的占有与控制(occupancy and control), Fleming, ibid., p. 506.

予以一定的顾及。①

当侵权行为发生在网络服务提供者开设的交往空间时，虽然服务提供者声称查明加害行为将使其不堪重负，然而，相对于分散的、在技术和信息上均处于劣势的诸多受害人，一般而言服务提供者更有能力去查明危险的性质、发生方式和"重灾区"，更有能力消除侵权行为和侵权危险。② 相对而言，服务提供者可以一次性查明某空间内的多项侵权行为，而受害人则要分别查明，这意味着被迫从事自己可能并不擅长的工作和重复性劳动。《千禧年数字版权法》将寻找和确定侵权信息的任务不分场合地加给版权人，违反了基本的法理。

---

① 浙江省高级人民法院《关于审理网络著作权侵权纠纷案件的若干解答意见》一定程度上体现出这一思路，其第30条"如何判断网络服务提供者已尽到合理的注意义务"规定：判断网络服务提供者是否已经尽到合理的注意义务，可以综合考虑以下几个因素：（1）网络服务提供者的信息管理能力，包括其系自然人还是法人、注册资本多少、是否专业的经营者、经营时间长短等。（2）网络服务提供者对侵权信息是否存在选择、编辑、修改、分类列表及推荐等行为。存在上述行为的，应对存储、链接、搜索内容的合法性承担相对较高的注意义务。（3）侵权信息的明显程度。不同类型作品的侵权明显程度往往不同。例如，通常情况下，投资影音作品的制片公司、唱片公司或相关权利人不可能上传或允许他人上传作品供公众免费欣赏，因此，在网络上传播的尚在上映档期的或者知名度较高的作品，存在侵权的可能性较大，网络服务提供者对其合法性较易判断。但如果服务对象提供的作品是一般的文字和摄影作品，则网络服务提供者对其合法性较难判断。（4）在链接侵权的情况下，可以考虑被控侵权人是否将被链网站作为自己网站上的一个频道或栏目、与被链网站间是否存在合作经营或利润分成等关系，以及对被链网站具体内容的控制程度等。

不过，该"解答意见"又在第29条"如何认定网络服务提供者应知提供服务的信息属于侵权信息"规定，判断是否应知，应以被告是否尽到合理的注意义务为标准。一般而言，网络服务提供者不具有审查提供的信息是否侵权的能力，也不负有事先对其提供的所有信息是否侵权进行主动审查、监控的义务，但网络服务提供者应对其提供信息的合法性承担一定的注意义务。负有注意义务的网络服务提供者，在采取合理、有效的技术措施对侵权信息进行过滤和监控后，仍难以发现侵权信息的，不应认定其未尽到注意义务。这实际上反映了我国法院在处理网络服务提供者责任时的犹疑。

② 我国法院认为，相对于著作权人，网络服务提供者更有能力控制和减少侵权行为的发生，从权利和义务、能力和责任相一致出发，将对网络用户的传输内容进行严格审查的义务加以服务提供者，更为公平。参见北京慈文影视制作有限公司诉广州数联软件技术有限公司侵犯著作财产权纠纷案，广东省高级人民法院（2006）粤高法民三终字第355号民事判决书。

结　语

德国学者瓦格纳指出："……（安全保障义务）涉及的仅仅是历史上形成的、由法院在每日适用侵权法的过程中发展出的那些注意义务，它们在法典评注中以可观的分类出现。人们由此可以判断在这一或那一生活领域，法院认为什么样的安全措施为已足。在这个意义上，安全义务不过就是侵权法一般注意要求的具体化而已。"[1] 直言之，这种危险防范义务属于名副其实的"普遍安全义务"（allgemeine Verkehrspflichten，直译为"社会交往中的一般性义务"）。

从我国国内学者的论述、司法解释和法律的规定来看，我国法上的安全保障义务与德国法上的安全保障义务理论极为相近，[2] 具体表现在：第一，义务的发生依据为"特定危险源的开启与控制"，从而具有超越介质的属性；第二，确立此项义务的主要目的在于为不作为归责提供基础；其三，保护的权益主要为绝对权（人身、财产权损害）；其四，义务的内容考虑具体个案情况而定，遵循成本—效益分析。[3]

不但如此，我国《侵权责任法》的起草者明确认可，安全保障义务具有高度的一般性特征，它要求社会性场所的管理人和群众性活动的组织者不但要做到消极地不侵害他人，而且要积极地在合理限度内保护他人免遭第三人的侵害，这一义务与普通法上的"注意义务"（duty of

---

[1] Koetz/Wagner, Deliktsrecht, Luchterhand Verlag, 10. Aufl., 2006, S70 - 71.

[2] 此外，司法解释及侵权责任法中有关安全保障义务人补充责任的规定，也存在着过于笼统的问题。安全义务人出现过错后又发生第三人侵权造成原告损害，可以存在三种处理结果：一是第三人侵权不造成因果关系中断，此时安全义务人与第三人承担连带责任而不是补充责任；二是第三人侵权造成因果关系中断，此时安全义务人一般不再承担责任而由第三人单独承担责任；但是，确实可能出现第三种情形（在我国亦不少见），就是在第三人无力赔付的情况下，从公平角度（考虑到当事人的能力）出发让没有过错（或者虽有过错但与原告损害不具因果关系）的安全义务人承担部分损失，这是真正的补充责任。

[3] 无论怎样郑重宣示，到头来我国的司法解释其实仍然和德国法一样，法官无权直接引用原则性条文确立被告的民事责任。义务的有无、义务的内容必须结合具体个案确定，此时以往的判决将会起到帮助作用，德国学者卡纳里斯曾指出，安全措施的普及性是确定安全义务内容的重要参考（Larenz/Canaris, a. a. O., S416）。

care）类似。①

既然安全保障义务是一种"高度一般性的"注意义务，以至于和普通法上的一般注意义务（duty of care）相类似，就没有任何理由将其拒之于网络空间之外了。网络作为民事生活空间，网络服务提供者作为这一空间中的管理人，其法律特征并无异于物理性空间之处，对网络服务提供者施加安全保障义务因此顺理成章。这一点在安全保障义务的原产地国已经得到了验证。

退一步讲，即便将安全保障义务仅仅限于"向公众开放场所"和"组织群众性活动"中产生的安全义务，将其适用于网络空间同样不存在障碍。诸如网络论坛、贴吧、微博、视频分享空间等无疑属于"向公众开放的场所"，而网络服务商无疑是这些场所的终极管理人，诸如竞拍、竞答等网络竞赛、网络团购等无疑属于"群众性活动"，网络服务商在很多时候都是这些活动的组织者。除了介质不同，这些行为与物理空间内的行为并无差异，对服务商提供的要求也同样是合理保障他人（知识产权、人格等权益的）不受侵害。

和物理空间中的情况一样，网络空间中的服务商同样负有两类安全义务，一是防范自身的技术设置、人员、信息等给他人（不限于网络用户）造成损害，二是防范第三人利用网络服务加害于他人。就网络服务商的注意义务，国内对后一种讨论多，对前一种讨论相对较少。实际上，两类义务恰恰统一于安全保障义务理论之下。基于安全保障义务超越介质的特点和包容性，当侵权责任法第36条与第37条均以安全保障义务理论为法律政策内核，即可在价值衡量维度上实现统一。这种统一也是必然的，因为在抽象的层面上，侵权法上不可能存在两个"高度一般性的"注意义务。

---

① 王胜明主编：《侵权责任法释义》，第199页。

第 四 章

网络服务提供者中介人责任的双轨制：
妨害人责任与违反安全保障义务

　　上文指出，网络服务提供者和线下空间的场所管理人等一样负有安全保障义务。这一义务一般分为两个方面，一是防范自身的技术设置、人员、信息等给他人（不限于网络用户）造成损害，二是防范第三人利用网络服务加害于他人。在后一种情形，网络服务提供者承担的即为所谓中介人责任，我国侵权责任法第 36 条第二、三款即调整此类责任。[①]

　　互联网既然是社会生活和市场经济的普通一部分，其发展就必须朝向适法有序。市场经济的生命线是有效的价格机制，通过价格机制，资源被分配给最能有效利用它的人，即所谓"出价高者先得"。价格机制的运行前提是界定清晰的产权。在法律上，产权清晰的意思有两层，首先是指资源的归属，其次是指资源的转移须经产权人同意。二者缺一，产权制度都将失效。法律责任的作用就在于通过加大擅自占用者的成本，

---

①　侵权责任法第三十六第一款针对的是直接侵权行为，其第二、三款则调整网络用户直接侵权而服务提供者过失性地予以帮助的情形。

第三十六条　网络用户、网络服务提供者利用网络侵害他人民事权益的，应当承担侵权责任。

网络用户利用网络服务实施侵权行为的，被侵权人有权通知网络服务提供者采取删除、屏蔽、断开链接等必要措施。网络服务提供者接到通知后未及时采取必要措施的，对损害的扩大部分与该网络用户承担连带责任。

网络服务提供者知道网络用户利用其网络服务侵害他人民事权益，未采取必要措施的，与该网络用户承担连带责任。

让其得不偿失，以阻止资源的非自愿转移，从而维系市场经济的有效运转。给网络服务提供者施加安全保障义务，也有服务于市场经济价格机制的因素在里边。①

第一节 责任避风港与安全保障义务的协调

一 传统侵权法中的防范第三人侵权义务

(一) 普通法和德国法上的调整情况

在普通法中，属于因果关系范畴的"介入原因"（nova causa interveniens）②和土地占有人责任（occupier's liability）对上述问题均有涉及，可引作参考。

普通法认为，由于占有人有权许可或拒绝他人进入其地产，因而他也有义务对进入者（entrants）进行监控以保护别的人。一个主导性判例的案情是，③茶餐馆（tearoom）的女经理许可野餐者拿着茶壶穿过人群，结果茶壶不慎坠地，烫伤了原告，餐馆为此承担了责任。此外，娱乐场所必须防范顾客相互伤害，④经营性设施如停车库必须防范强盗。⑤

---

① "一个正常的商业模式不能以获取自己的利益而牺牲他人权利为代价，一个充斥侵权内容的网站也不可能因为侵权太多而成为不侵权的网站。网站……不能仅以影片数量大，没有人力筛查为理由拒绝履行这项义务。"王宏丞、曹丽萍、李东清：《论视频分享网站侵权案件中的焦点问题》，第15页。

② 普通法上的介入原因探究如下问题：被告过失行为之后，又有新的第三人行为或自然事件发生，导致原告（遭受进一步）损害，在满足何种条件时，该第三人行为或自然事件具有切断被告过失与原告（继发）损害间因果关系的效果；发生切断效果（snap the chain of causation）的，则构成介入原因。——笔者注

③ Glasgow Corp v Muir [1943] AC 448.

④ Ibid; Chordas v Bryant (1989) 91 ALR 149; Hislop v Mooney [1968] 1 NSWR 559. 娱乐场所是争斗的频发之地，这已属生活常识。

⑤ Allison v Rank City Wall (1984) 6 DLR (4th) 144. 但是，在 Tinsley v Dudley [1951] 2 KB 18 中，法院否认占有人有义务保护受邀者（invitee）的财物免于被盗。

普通法中还有一系列案例专门探讨运动赛事及文艺演出中管理者对顾客所负有的职责。在一个案件中，① 被告的剧场内有巡回剧团的演出，被告负责检票，在一幕演出中，一位观众被（演出者射出的）手枪子弹击中。法院认为，地产占有人并不负有一项普遍义务，确保所有与演出相关的人都尽到合理注意，不置观众于不合理的危险之下，他只在含有内在危险的演出中（例如使用武器的幕次）负有合理监督努力避免事故发生的义务。因此，像一个合唱团的姑娘不小心把鞋后跟甩进了前排观众席，② 或是特许经营者（concessionaire）平日摆设时粗心大意这样的"偶发"（casual）过失，③ 场所占有人是不负责任的。甚而组织者也不全对观众能够预见的特定赛事或表演中的所有内在危险负责，例如被板球击中，或与追球的选手在边界相撞，④ 或被冰球⑤或高尔夫球⑥击中，或在飞行表演中被飞机撞上，或被比赛中的赛车撞到。⑦ 在这些意外中，有一些是要组织者根据通行的标准采取防护措施的，有一些则不必，如果走钢丝演员把椅子掉进了观众席，剧场主人就要对没有设防护网的疏失负责，⑧ 而对赛车之类的活动，设置的护栏是否合理充分（reasonably adequate）总是一个事实问题。⑨

虽说在原被告之间存在着特殊的依赖关系（例如上面提到的土地占有人与来访者，此外还有雇主与雇员、旅店主与房客、承运人与乘客）

---

① Cox v Coulson [1916] 2 KB 177.
② Cf Frazer-Wallas v Waters [1939] 4 All ER 609.
③ Sheenan v Dreamland (Margate) (1923) 40 TLR 155. Cf Humphreys v Dreamland (Margate) (1931) 100 LJKB 137.
④ Hall v Brooklands Club [1933] KB 205 at 209.
⑤ Murray v Harringay Aerna [1951] 2 KB 529; Payne v Maple Leaf Gardens [1949] 1 DLR 369 (Ont CA).
⑥ Potter v Carlisle Golf Club [1939] NI 114 (CA).
⑦ Hall v Brooklands Club [1933] KB 205; Moloughney v Wellington Racing Club [1935] NZLR 800 (horse race).
⑧ Welsh v Canterbury & Paragon (1984) 10 TLR 478.
⑨ Hall v Brooklands Club [1933] KB 205 中的原告未能胜诉，而 Australian Racing Club v Metcalf (1961) 106 CLR 117, Green v Perry (1955) 94 CLR 及 Chatwood v National Speedways [1929] QSR 29 等案中的原告则取得胜诉。

时，被告应该对原告进行保护，① 但这只是个十分笼统的判断，② 因为防范的对象可能仅及于物的危险而不涉及第三人的行为，毕竟第三人（a stranger）的行为往往不在被告的控制之下。③ 在普通法上，具体场合中土地占有人保护义务的发生是有条件的，④ 一般只有在占有人为自己之目的而接纳的侵入者（trespasser）制造的或自然事件造成的滋扰（nuisance），或是维系了这种滋扰，他才对因此给他人（包括邻人、高速公路的使用者等等）造成的损害负责。⑤ 所谓维系滋扰，是指占有人知道（或能够推定其知道）滋扰的存在但却怠于及时采取合理措施除去该等（第三人造成的或自然事件酿成的）滋扰。⑥

本来，英国法并不承认占有人有义务除去自然事件造成的滋扰，可是在 Goldman v Hargrave⑦ 一案后情况改变了，"只是到了最近，法律才承认占有人的义务具有更为积极的特征而不是限于不制造或不增加危险或干扰"，"占有人责任的基础不在于土地的使用，……而在于面对危及邻人的侵害却疏于行动"。但同时，考虑到滋扰并非占有人所造成，故而法院在确定注意标准时也会考虑占有人的具体情况，从而使注意内容的确定具有某种主观归责色彩。⑧

前文在有关德国法上安全保障义务的介绍中已经涉及防范第三人侵权的内容，此处再略加提及。德国法上涉及第三人侵权较为典型的例子

---

① 因此，一家剧院、旅馆或餐馆有义务保护顾客免于其他客人或擅入者的骚扰或伤害，此外，如果被告对第三人有实际的控制，这种保护义务也存在。See Fleming, ibid at 168pp.

② 除非所有人已经把他的财物置于承运人或保管人的看管之下，承运人或保管人才负有完全的看管责任。See Lee Cooper v Jeakins [1967] 2 QB 1.

③ 只有在类似经营性停车场收费停车的情形之下，积极地防范第三人义务才当然发生。See Forbes v Aberdeen Motors [1965] SLT 333.

④ "并不存在保护他人免于偷窃、破坏及类似行为的一般性义务"（general duty），See Smith v Littlewoods [1987] AC 241; also see Fleming, ibid at 253.

⑤ An occupier is not liable for a state of affairs either created by a trespasser or resulting form an cat of nature unless either he adopts the nuisance by using the state of affairs for his own purposes or he "continues" the nuisance. See W. V. H. Rogers, Winfield and Jolowicz on Tort, 16ed, 2002, Sweet & Maxwell, London, p. 527.

⑥ Smeaton v Ilford Corp [1954] Ch. 450 at 462; Goldman v Hargrave [1967] 1 AC 645.

⑦ [1967] 1 AC 645.

⑧ 对此 Lord Wilberforce 有精彩的论述。See Rogers, Winfield and Jolowicz on Tort, ibid. at 529.

还有所谓"开黑车"（Schwarzfahrt）案型。根据德国道路交通安全法§7 Ⅲ 1段之规定，如果在车主不知情且未许可的情况下某人使用了机动车，则车主根据该法§7Ⅰ所负责任即被排除，此时由违法驾驶者单独负责。然而，如果车主过错地使得他人获得了违法驾车的机会，车主就要与不法驾驶者共同负责，例如未锁车门，保管钥匙不慎，没有给方向盘上锁等等，如果违法驾车者是车主雇用的司机或者车主本人将车交给了违法驾车者更是如此。①

对公众性活动的组织者，德国法院也提出了安全保障要求，组织者既有义务保证参加活动的成员之间不互相伤害，也要保证活动之外的他人不受不法侵害。② 在一个案件中，学生联合会动员学生参加一个"积极的抗议游行"，并在大学教学楼大厅里举行动员大会，一无法查明的学生在大厅墙上涂鸦，法院认为学生联合会应为此承担责任，因为联合会已经知道这一怨恨情绪并甚至鼓动了它，"在这种处境下它应该采取合理措施制止任何损坏物的行为。"③

至此的比较法考察可以让我们得出若干试探性的结论：原则上，公共性场所经营人只对场所自身的物的危险及其雇员的行为危险负责；④ 但是，如果因经营人的某个行为提高了（特定的）第三人侵权（尤其是过失侵权）的危险，例如，空间安排不合理，很容易造成顾客的拥挤甚至踩踏，或者内部规则无法确保经营的有序，导致顾客排队或争抢座位；或者经营场所内存在着可以辨别的第三人侵权的危险而经营人怠于防范，则随之发生的第三人侵权在思维上可以视为经营人过失的延续，不构成

---

① Brox/Walker, Besonderes Schuldrecht, Verlag C. H. Beck, 31. Aufl., 2006, S613, Rn13. 显然，这是在给所有权的行使施加限制，等于宣告一个人不可以随意抛弃他的座驾。

② "为了获得群体认同感，人们很容易情绪高涨和具有进攻性。一个人独处时绝无勇气踏进他人不动产的，可是如果每个人都将它用作到达活动地点的近道，他也会毫不犹豫地踏上去。"冯·巴尔，前引书，第330页。

③ 冯·巴尔，前引书，第333页。

④ 在英国法上，有判例认为，无论从侵权法还是从合同角度，雇主都不负责保护雇员放于衣帽间的财物的安全。See Deyong v Shenburn [1946] KB 227; Edward v W Hertfordshire Hospital [1957] 1 WLR 415. 旅店主也不对顾客停在毗邻停车点的车辆安全负责。See Tinsley v Dudley [1951] 2 KB 18. 不过，旅店的旅客有权要求旅店主保护其放置于房间内的财物安全，承租人则不然。See Appah v Parncliffe Investments [1964] (CA).

介入原因，不切断被告过失与原告损害间的因果链条，① 经营人应与第三人一起对受害人承担责任。

即使是第三人过失亦造成原告损害，这一事实某种程度上也说明该结果是安全义务人理应预见的。"结论可能是，同样一个第三人行为是否切断（被告过失与原告损害间的）因果链条，要看第三人的心理状态，② 如果第三人是过失，那么造成的损害就在被告酿成的风险之内，如果第三人是故意，就可能不由被告负责。③ 此外，孩子的故意行为可能不会切断因果联系，成人的故意则相反。"④

（二）有关第三人故意侵权的进一步讨论

对于发生在经营场所或公众性活动中的第三人故意侵权行为值得进一步讨论。Lord Sumner 指出："一般情况下……即便 A 有过错，他也不对陌生人 B 故意对 C 造成的伤害负责。虽说 A 可能为 B 的不法行为提供了时机（the occasion），但 B（的行为）已成为一个新的独立的原因（cause）。"⑤ 英国法院的基本态度是第三人故意侵权构成介入原因，从而被告的过失与原告损害不再具有因果关系，⑥ 有判决认为，若要因果关系

---

① 以往对被告科以责任曾有适用可预见标准，即被告对第三人的侵权结果能否预见，然而，"由于可预见的第三人行为并不必然中断因果关系，也不必然不中断因果关系，因而出现了新的标准……，即介入行为是否属于被告违反义务行为引起的风险的范围，从而可以合理地说介入行为是由被告的违反义务引起的。"参见冯珏，前引文。

② 在 Lamb v Camden London Borough（[1981] QB 625）一案中，被告的过失造成原告房屋毁坏及空置的事实，但法院认为被告无须对擅自占用者（squatter）造成的进一步毁坏负责，尽管官方鉴定人认定这种未经许可的占用是可预见的。而在 Ward v Cannock Chase District Council（[1986] Ch. 546）一案中，事实几乎相同，只是被告故意拖延修理，由此造成恶意破坏的危险增加。

③ Environment Agency v Empress Car Co. Ltd [1999] 2 AC 22 at 30.

④ Rogers, Winfield and Jolowicz on Tort, ibid., at 244, 245.

⑤ Weld-Blundell v Stephens [1920] AC 956 at 986, per Lord Sumner.

⑥ 虽然有人认为"是否存在义务与第三人造成的损害（相对于被告的行为）是否过于遥远只是同一问题的两面"（Perl v Camden London Borough [1984] QB 342, per Oliver L. J.），不过在被告先造成原告一定伤害，其后第三人介入造成进一步伤害场合，法院仍将其视为损害的遥远性（remoteness）问题。See Rogers, Winfield and Jolowicz on Tort, ibid at 244.

不中断,第三人侵权必须是极有可能发生,① "……有时候法院要求被告对他不能控制的第三人行为负责要建立在行为不可避免的程度之上。"②

但是,如果第三人的故意行径处在被告过失的可预见风险范围内,则被告难以免责,特别是在被告本就负有防范某一特定侵害(包括来自第三人的故意加害)的义务时,更是如此。例如,被告没有看管马匹,一个男孩向马扔石头使马受惊,③ 或足球场的大门失修被失控的人群撞倒砸到了一个旁观者,④ 或粉刷工被单独留在房子里却又自行离开两小时没有锁门,造成珠宝被盗,⑤ 或制造商售出的报警系统不起作用,⑥ 或是一家精神病院、监狱造成有人逃跑,⑦ 或是餐馆经理让领班夜里去银行存钱却没有派人员保护。⑧

一般来说,法院最不情愿确认责任的情况,是第三人故意侵权并不在被告不当行为的风险之内的那些案例。例如,被告撞伤了原告,原告住院期间自己的车又遭破坏;⑨ 铁路公司不当地许可超载,便利了小偷掏包。⑩ 这两种情况下,被告违反的行为规则的目的都不在于防贼,至少在被告并无可能(准确地)预知这种情况发生时,法院通常拒绝强加给被告防范附带后果的义务。如果第三人侵权在空间和时间上与被告的不当行为存在着不小的距离时,认定被告责任的可能就更小。⑪

---

① Home Office v Dorset Yacht Co. Ltd [1970] AC 1004, per Lord Reid. 不过应注意的是,上议院法官多数意见将此案视为义务问题而非因果关系问题。

② Lamb v Camden London Borough [1981] QB 625 at 647, per Oliver L. J.

③ Haynes v Harwood [1935] 1 KB 146.

④ Hosie v Arbroath Club [1978] SLT 122.

⑤ Stansbie v Troman [1948] 2 KB 48 at 52; also Marshall v Caledonia Rly (1899) 1 R 1060.

⑥ Reg Glass v Rivers (1968) 120 CLR 516.

⑦ Holgate v Lancashire Mental Hospital [1937] 4 All ER 19; Dorset YC v Home Office [1970] AC 1004.

⑧ Chomentowski v Red Garter Restaurant (1970) 92 WN (NSW) 1070.

⑨ Lamb v Camden LBC [1981] QB 625 at 642.

⑩ Cobb v Gt Western Rly [1894] AC 419.

⑪ Fleming, ibid at 254.

(三) 本书的观点

本书的基本观点是，很多情况下，防范和制止故意侵权都是一项公安权，是由国家垄断承担的，同时也是一项公共职责。从理论上讲，公共安全属于经济学上所讲的公共物品（public goods），应当由国家来提供，经营者通过缴纳税收即已尽到了自己对社会应尽的义务，防范和打击故意侵权的工作往往应由公共管理机关承担。[①] 这同时也是对基本人权的保护。因为对违法犯罪者的侦查和强制涉及基本人权，通常不能转移给私人。不受控制的第三人实施侵权的可能性一般不是安全义务人创设或维系（eroeffnen oder unterhalten）的危险，在这个意义上，治安义务与一般的场所安全义务不同，通常也不应强加给经营者此种义务。假如老板怀疑员工有偷窃企业财产或他人财产行为，也不能审讯和搜身，在发生了几次失窃案件后，亦不可由公司对部分员工进行秘密跟踪、调查和窃听。

诸如盗窃、抢劫乃至斗殴行为的根源更多在于社会和制度，即便非要和个人联系起来，也可以说是人人有份，从安全保障义务的原则中很难直接推出义务人应当对第三人故意侵权负责的结论。假如连警察都抓不完小偷，也没有理由要求商家或公交公司去完成这项公共使命。假如歹徒手持凶械突然闯入经营场所，除了报警和为逃跑的人们提供出口之外，笔者看不出存在着经理或职员挺身而出的理由，除非其具备充分的保安能力，例如配备防爆器材并经过专业培训。

即就防范第三人故意侵权而言，防范义务的确定仍要结合具体情况，不能用一家五星级酒店的保安水准去要求一家地下室旅馆。有观点认为，如果公交车上发生了盗窃（或者更为严重的违法行为），司机应当报警并禁止乘客下车，将车开到公安局对小偷进行追查，如果发生人身侵害行为司机应当进行制止，否则公交公司应当承担侵权赔偿责任。这种观点值得商榷。首先，于公交车上有人失窃场合，至少存在着三种利益的冲

[①] 要一个纳税人不但要养活公安机关，而且要自己动手打击犯罪是不合逻辑的。德国学者卡纳里斯就曾批评地方政府将除雪义务强行派给住户是违宪的，siehe Larenz/Canaris, a. a. O., S429.

突，即失窃者的利益、社会公共安全利益及其他乘客的利益，是否乘客必须要为前两种利益做出牺牲，答案并非一目了然。打击犯罪需要专门的人员、手段和设备，对公交车司乘人员很难提出这样的要求。

另一方面，经营主体并非除了纳税之外就对他人的人身和财产安全完全不负有责任，在经营活动和其他公众性活动的组织场合，活动本身的性质（特别是如果极易引起人们的情绪化反应）就要求虑及成员及他人的安全。尤其是在娱乐性经营场所（例如舞厅、酒吧、夜总会）及人流较大的公众性活动（例如摇滚音乐会、观众分成敌对两派的足球赛、焰火表演、前面所举的示威抗议）中，经营者和组织者无疑负有更为积极的防范人为伤害的义务。① 如果一家商场搞户外有奖销售活动，无疑负有维持秩序的义务，以防纷至沓来的人群对邻地造成损害乃至因相互争抢而造成伤害。较好的选择是事先对场地、流程、人数乃至可能的突发事件都做出合理的安排和预计，可能还要申请公安机关到场维持秩序。活动开始之前先考虑可能性的糟糕后果，无疑有助于实现此后更高的安全。至于通过宣传和鼓动点燃人们的好斗情绪，则更是严重违反了安全义务。②

其次，虽然无权进行侦查或强制，经营者并非不可以在事前的预警、事中的记录、报警和事后的救护上有所作为。③ 在实践中，经营场所必然会从提高竞争力的考虑乃至自身安全出发，努力提高安全水准，例如安装摄像监控系统，对来访者进行登记，带出写字楼的物品必须先行申请，填写单据，等等。如果实际具有预警能力甚至一定的抵抗较轻微犯罪的能力，例如一些喷剂、水枪等，就应该合理使用这种能力。

---

① 甚至在这种场合笔者也认为经营者的安全义务不是无限的，人们都知道，在夜总会、酒吧、城乡结合部的集贸市场存在着更多的危险，然而正是法律允许这些场所存在。与其要经营者承担起保安责任，不如让附近多些警察，与其让经营者预作准备，不如让警察局多作演练。——笔者注

② 例如，一家电台举办一场比赛，诱使未成年人投入危险性的驾驶活动。See Weirum v RKO 539 P 2d 36 (Cal 1975).

③ 美国侵权法第二次重述第344条规定，对大众开放的商业场所，其占有人如果怠于行使合理注意以发现第三人行为或动物行为正在进行，或者怠于行使合理注意给予完整之警告以便他人能够自我防范，则对因第三人或动物之意外、故意或过失行为造成公众伤害承担责任。

二 责任避风港规定对网络服务提供者防范侵权义务的影响

谈论网络空间内的安全保障义务,不能回避的疑问是,这一义务是否将造成网络服务提供者不堪重负,从而严重迟滞互联网产业的发展,以及是否将严重妨害我国公众的表达自由。在考量具体情形下安全保障义务的内容时,必须考虑责任避风港规定所划定的界限。

(一) 责任避风港规定的性质

首先需要说明的是网络侵权中所谓直接侵权与间接侵权之分。前文已经指出,美国法上的责任避风港规定是以直接侵权/间接侵权的二元区分为基础的。我国侵权法理论中本来不存在直接侵权与间接侵权之分,只有一人侵权与数人侵权(包括共同侵权)之分,这个二分法来自美国版权法。经由学者的译介,目前已经得到我国知识产权学界和司法实务的广泛接受。尤其是信息网络传播权保护条例移植了DMCA的四个责任避风港,该套制度正是基于"直接侵权/间接侵权"理论而设。①

从侵权法理论的角度来看,直接侵权与间接侵权的区分是有意义的,它指出了一个侵权中多个行为人扮演的不同角色,从而提示人们在认定责任时,注意行为人的相互依存关系。具体来说,间接侵权的认定需要以直接侵权的存在为前提,没有发生直接侵权后果,即使存在对侵权人的教唆、引诱或帮助,也不能成立损害赔偿责任。此外,依义务违反而认定过失侵权时,直接行为人和帮助者的注意程度也可能是不同的。例如,依照我国著作权法第53条之规定,复制品的出版者、制作者、发行者、出租者不能证明合法授权或合法来源,即承担法律责任,这是一种过错推定责任,意味着出版者等直接传播主体对其传播的作品均要进行合理的事前版权审查。为作品传播起辅助作用的人往往不承担如此之重的注意义务。

具体而言,直接侵权是指未经许可且不属于法定例外而实施受权

---

① 王迁:《网络环境中的著作权保护研究》,法律出版社2011年版,第145页;石必胜:《认定网络服务提供者侵害知识产权的基本思路》,《科技与法律》2013年第5期。

利人专有权控制的行为，间接侵权则主要分为两类，一是教唆、引诱他人实施直接侵权，或为之提供便利，即所谓帮助侵权；二是与直接侵权人存在特定关系，一般指控制关系，而与之共担责任，即所谓替代侵权。帮助侵权的成立以过错为要件，替代侵权的成立不以过错为要件。①

直接侵权、间接侵权概念未出现在我国侵权责任法中，在行为人为数人的情况下，应当依据该法第8—12条有关多数人侵权的规定处理。需要指出的是，侵权责任法第9条"教唆、帮助他人实施侵权行为"在性质上为故意侵权，与间接侵权不完全等同，后者在外延上大于第9条之规定，还包括过失形态下的帮助侵权和非以过失为要件的替代侵权。

不过，关于网络服务提供者的侵权责任，侵权责任法第36条设有专门规定，从而网络空间内有网络服务提供者参与的多数人侵权应优先适用该条规定。第36条第2、3款均调整网络服务提供者间接侵权（更准确地说是帮助侵权），而且主要是调整过失侵权的条款，第36条第3款以知道侵权责任法为认定网络服务提供者过失的要素，其在美国侵权法、版权法上的对应概念为 knowledge。当网络服务提供者为故意时，则应适用侵权责任法第9条之规定。

根据信息网络传播权保护条例的规定，于符合其列举之条件时，服务商免于赔偿责任，这一立法模式易让人理解为，符合规定之条件者免于责任，而不符合条件者则承担赔偿责任。实务中，有判决认为，提供信息存储空间服务的服务商须同时具备条例第22条规定的5个条件，方能免于赔偿责任，否则，应承担赔偿责任。②

在前文关于美国 DMCA 避风港规则的介绍中，美国立法者表示："新设的第512节无意暗示服务提供者的行为满足或不满足免责条件时，是否要作为侵权人承担责任，相反，免责规定是在服务提供者根据既有法律

---

① 王迁教授认为，一切间接侵权均以主观过错为构成要件。不过，替代责任无论在大陆法还是英美法上都属于无过错责任，从前文介绍的美国法院判决可以看出，美国版权法上的替代责任同样不以过错为要件，属于无过错责任。见王迁，前引书，第148页。

② 参见北京市海淀区人民法院（2008）海民初字第9200号判决书。

原则被认为应负责任时予以适用",① 换言之,即便网络服务不满足避风港规则的条件,仍可援引版权法上其他免责条款,例如合理使用、时效经过等规定,不必然导致责任的承担。

在我国,信息网络传播权保护条例的起草者也没有将责任避风港规定为侵权归责条款的意图,而是考虑到,信息网络作为信息传输媒介或平台,难免出现第三人与服务提供者间的著作权纠纷,若不规定哪些网络服务可享免责,服务提供者有陷于无休止侵权纠纷之虞,无暇顾及自身业务的发展阶段,十分不利于网络产业的发展,故应结合中国实际,明确可以免责的行为特征。②

因此,应当将责任避风港规定理解为侵权责任的免责条款,更准确地说,避风港规定中的各项条件属于排除侵权责任构成要件的事由。所谓责任避风港或安全港,是指符合规定的避风港条件,则服务提供者进入安全港而受庇护,若不符合规定的避风港条件,并不必然意味着承担或不承担责任,此时仍依据侵权责任法的构成要件而为判断。

(二)"一般不负有主动审查义务"

互联网产业同样服从于市场经济的一般原则,在此意义上,安全保障义务应有助于推动而非阻碍互联网的健康发展。美国 DMCA 第 512 (m) 明确规定,服务提供者不负有主动搜索侵权的义务,这一规定得到了法院的严格贯彻,从而查找侵权的任务完全落在了权利人身上。在美国参议院立法报告中,起草者期待:"……总之,通过限制服务提供者的责任,DMCA 确保网络效率将会持续提高,服务的多样化和服务质量将会持续改善。"③ 德国联邦最高法院强调,以妨害人责任之名为服务商施加审查义务,不得在事实上导向对整个互联网商业模式的质疑,不得导致对一切他人信息的普遍监控义务,要求服务商采取的防范措施应当在

---

① H. R. 105 – 551, part 2, 2. Session, p. 50.
② 张建华主编:《〈信息网络传播权保护条例〉释义》,法律出版社 2006 年版,第 77 页。
③ S. Rep. No. 105 – 190 (1998), p. 8.

技术上可行并（在经济上）可以期待。①

考虑到互联网上信息的海量和流动性、信息自由流动的巨大价值以及提高注意要求将会导致巨大防范成本，国际上普遍认可，网络服务商不负有一般性的事先审查和事中监控义务。

兹以欧盟法院的判决为例。欧盟电子商务指令前言第45段和第47段规定，指令所确立的中介商责任限制不影响各种形式禁令的作出，可以由法院或行政当局发出命令，要求制止侵权，包括除去违法信息或取消访问可能。但成员国不得施加一般性的监控义务。指令第1条声明，本指令寻求通过保障信息社会各项服务的自由流动来推动内部市场的正常运转。与之相对，欧盟协调著作权和相关权指令②前言第59段则指出，在很多情况下中介商处在消除侵权的最佳位置上。禁令的条件和形式由各国规定。欧盟保护知识产权指令③前言第23段亦规定，权利人应当享有申请针对服务商的禁令的权利。第3条规定，应当制定必要的保护知识产权的措施、程序和救济。上述措施、程序和救济应当公平，不得为不必要的复杂和昂贵，或导致不合理的短暂或迟延，应该是有效、合比例和劝诫性的，在适用时应避免给正当贸易制造障碍，并确保不被滥用。④

欧盟法院在判决中对上述规定之间的关系给出了解释。

在Scarlet案中，⑤原告要求互联网接入服务商使用过滤软件，阻止用户分享侵权作品。欧盟法院认为，投入原告所称的过滤系统就是要做到，首先ISP在所有顾客的通讯中识别出P2P文件，其次在P2P文件中识别出权利人声称拥有版权的作品，随后要确定这些文件中哪些属于不法分享，最后对ISP认为属于不法分享的行为予以屏蔽。这就意味着对ISP网络中的电子通讯进行积极监控，且涵盖所有信息，

---

① BGHZ 158, 236 (251); 172, 119 (134); BT - Drs. 14/6098, 23.
② 2001/29/EC.
③ 2004/48/EC.
④ 在欧莱雅案中，欧盟法院已经指出，各国不得要求中介服务商如网络服务提供者积极地对所有用户的信息进行监控，以防止未来的侵权。这样的普遍监控义务也与保护知识产权指令第3条关于措施必须公平、合比例、不得过分昂贵的规定不符。See C - 324/09 L'Oréal and Others [2011] ECR I - 0000.
⑤ Case C70/1024 (November 2011).

从而构成违反电子商务指令第15条（1）关于禁止普遍监控的规定。

欧盟法院指出，知识产权的规定出现在欧盟基本权利宪章第17条（2），但是，该条并不含有此种权利不可侵犯，应当给予绝对保护的文义。财产权包括知识产权作为基本权利，在保护上须与其他基本权利的保护加以权衡。就本案而言，必须在知识产权保护和欧盟人权宪章第16条下的营业自由之间实现平衡。

本案中原告要求的禁令是，被告实施的监控没有时间限制，不仅要保护现有作品，还要涵盖尚未产生的作品。这样一个禁令将会严重伤害存储服务商的经营自由，因为它将要求存储商安装复杂、昂贵以及永久性的计算机系统，并自担费用，这与保护知识产权指令第3条（1）所列的条件相抵触，该条规定，对知识产权的保护措施不得为不必要的复杂或昂贵。因此，关于安装此类过滤系统的要求没有在知识产权保护和ISP的营业自由之间实现平衡。

此类过滤系统还可能侵犯网络用户的基本权利，及欧洲人权宪章第8条、第11条保障的个人数据保护、获得或传播信息的自由。过滤系统会对所有内容进行系统的分析，会对用户的IP地址进行收集和甄别，而这些地址是受保护的个人数据，因为通过它们可以准确识别用户。此外，这样的禁令可能潜在地侵害信息自由，因为该系统可能无法准确区分不法与合法信息，从而运行系统会阻碍合法通信。而且，一项传播是否合法，要看法定例外怎么规定，而各成员国的规定并不相同。有些作品在有些成员国落入公有领域，或由作者自己免费放到网上。因此，必须认为要求存储服务商安装此类过滤系统，没有在保护知识产权与营业自由、个人数据保护以及接受和传播信息自由之间实现平衡。

根据上述，欧盟法院的结论是，电子商务指令、协调著作权与邻接权指令以及保护知识产权指令应被解释为不允许颁发一项针对存储服务商的要求其安装此类过滤系统的禁令。

在Netlog案中，[1] 原告诉称，被告的社交网络用户在网络上分享原告享有权利的作品，要求被告安装作品过滤系统。该案涉及的法律问题被

---

[1] Case C360/10（16 February 2012）.

提交欧盟法院。

欧盟法院认为，安装该过滤系统将会导致：首先，存储商要甄别出所有可能的版权作品，接着，要识别出哪些作品是违法存储和公开传播的，最后，才能阻止服务商认为属于侵权作品且向公众公开的行为。这样的预防性监控要求积极观察用户存储的信息，会包含所有存储信息。因此，要求安装过滤系统就是要求采取普遍监控措施。

和 Scarlet 案一样，本案中原告要求的禁令是被告实施没有时间限制的监控，不仅要保护现有作品，还要涵盖尚未产生的作品，从而没有在保护知识产权和保护经营自由之间达到平衡。此类过滤系统还可能侵犯网络用户的基本权利，及欧洲人权宪章第 8 条、第 11 条保障的个人数据保护、获得或传播信息的自由。因为，要求安装此类过滤系统的禁令会导致对用户创建的脸谱信息加以甄别、系统分析和加工，此类脸谱信息属于受保护的个人信息，因为此类信息原则上可以识别用户。

和 Scarlet 案原告的请求一样，这样的禁令还可能潜在地侵害信息自由。最后，欧盟法院认定，根据电子商务指令、协调著作权与邻接权指令以及保护知识产权指令，不允许颁发一项针对存储服务商的安装此类过滤系统的禁令。

我国信息网络传播权保护条例[①]没有像 DMCA 那样，明文规定网络服务提供者不负有一般性的积极监控、巡查义务，侵权责任法同样如此，但这一欠缺被法律和司法文件补足，例如北京市高级人民法院的指导意见[②]以

---

① 2013 年，国务院决定对《信息网络传播权保护条例》（2006）作如下修改：将第十八条、第十九条中的"并可处以 10 万元以下的罚款"修改为："非法经营额 5 万元以上的，可处非法经营额 1 倍以上 5 倍以下的罚款；没有非法经营额或者非法经营额 5 万元以下的，根据情节轻重，可处 25 万元以下的罚款"。换言之，其中的核心条款，即网络服务提供者的责任避风港规定未作变动。——笔者注

② 北京市高级人民法院《关于网络著作权纠纷案件若干问题的指导意见（一）（试行）》（2010）第 17 条规定："提供信息存储空间、搜索、链接、P2P（点对点）等服务的网络服务提供者对他人利用其服务传播作品、表演、录音录像制品是否侵权一般不负有事先进行主动审查、监控的义务。"

及在后的最高人民法院司法解释①均有类似表述，② 法院判决也对该原则一再予以明确。③

要求服务提供者对"海量"信息逐一审核，存在着信息从海量变为微量的危险，从而与互联网推动信息自由的发展方向背道而驰。与物理空间中的安全保障义务一样，网络空间的安全保障义务所要求的不过是一种合理的注意，并非要求服务提供者对一切他人信息加以核查，更不是对一切发生在其管理空间内的第三人侵权负责。

（三）"红旗"标准的适用

不应忽视的是，DMCA 下的避风港规则对网络服务商责任理论的贡献并不限于分类而定责任避风港，还包含过错认定标准方面的内容，这就是所谓"红旗"标准。前文指出，"红旗"标准虽然名为过失判断标准，实际上将规则条件提高到了远高于一般过失的水平，该标准大致相当于一种重大过失标准。美国法院通过解释红旗标准，在实践中也确实提高了网络服务商的过失认定门槛。这就使服务商承担帮助侵权责任的可能性大大降低，从而有利于互联网的商业模式和技术创新。在德国法上，依据主流观点，因过失或因重大过失而不知道第三人侵权，仍为不知，也采纳了"红旗"标准。④

从信息网络传播权保护条例第 22 条、第 23 条规定的信息存储服务、信息定位服务避风港来看，采用的措辞是"不知道也没有合理的理由应当知道"或者"明知或者应知"侵权的存在，并没有 DMCA 中"明显昭

---

① 最高人民法院侵犯信息网络传播权司法解释（2012）第 8 条第 2 款、第 3 款规定："网络服务提供者未对网络用户侵害信息网络传播权的行为主动进行审查，人民法院不应据此认定其具有过错。依照相关法律及其规定应当进行审查的，应当审查。"

② 最高人民法院的另一个司法解释《关于审理利用信息网络侵害人身权益民事纠纷案件适用法律若干问题的规定》则没有明确规定这一原则。——笔者注

③ 例如，在爱拍网诉酷溜网侵权一案中，针对被告网站是否与上传用户构成共同侵权，法院指出，我国相关法律并未要求提供信息存储空间的网络服务提供者对他人利用其技术服务传播的视频是否侵权承担事先主动审查、监控的义务。（2014）朝民（知）初字第 30357 号，（2015）京知民终字第 601 号。

④ BGH, NJW 2003, 3764 zu § 5 Abs. 2 TDG 1997; s. auch OLG Brandenburg MMR 2004, 332.

示侵权的事实或情况"的表述。侵权责任法不区分网络服务的类型而一概适用"知道"标准。因此，有学者认为，条例在2006年确立的责任避风港并没有限制、减轻网络服务提供者根据既有法律应当承担的侵权责任。① 那么，DMCA所确立的"红旗标准"是否为我国司法实务所拒绝呢？

从我国的相关司法解释和司法指导文件来看，"红旗标准"是为法院所认可的。例如，北京市高级人民法院《关于网络著作权纠纷案件若干问题的指导意见（一）（试行）》（2010）第16条规定，"有合理理由知道"指因存在着明显侵权行为的事实或者情况，网络服务提供者从中应当意识到侵权行为的存在。再如，最高人民法院侵害信息网络传播权司法解释第九条要求，在认定服务商是否构成应知，要考虑"侵害信息网络传播权的具体事实是否明显"以及其他因素，第十二条规定，"其他可以明显感知相关作品、表演、录音录像制品为未经许可提供，仍未采取合理措施的"，可以判定应知的存在。

有学者就此给出的解释是，网络服务提供者不是信息发布者，其只是为信息传播提供技术支持，无论是从监控技术的发展还是服务商的法律判断能力来看，都不具有监控、审查信息是否侵权的能力，此外，给服务商施加过高的审查义务，会对服务商及用户造成"难以承受的运营成本和价格负担"，不利于信息的广泛传播和互联网技术、产业的发展。② 对此论断可资赞同。

作为对"红旗标准"的补充，前文所引的德国法院判决准确地指出，如下情形要求服务提供者对特定空间加以注意：即网站通过自身的行为可预见地引发了第三人的侵权行为，或者已经了解到侵权行为的发生，且应当虑及此类（不限于同一加害人）侵害行为的继续发生。③ 此外，通

---

① 陈锦川：《关于网络服务中"避风港"性质的探讨》，第28页。

② 有学者指出，网络服务提供者的"应知"或者"有合理理由应当知道"，应当指向特定的作品、表演、录音录像制品，且侵权事实非常明显的情况，"因此，将其过错定位在具有明显的侵权事实存在的前提下是妥当的，只有网络服务提供者具有重大过失时，才认定其具有过错。"陈锦川：《网络服务提供者过错认定的研究》，载《知识产权》2011年第2期，第58、59页。

③ BGHZ 158, 236 (251); 172, 119 (134).

过自动过滤技术对信息加以初步核查，在今天也已经不是"沉重的负担"。对于特定空间内发生严重、大量侵权的服务提供者，要求其在过滤的基础上启动有针对性的人工核查，亦非过分之举。

（四）"不得要求服务提供者侵犯隐私和言论自由"

施加安全保障义务不得与网络空间内的公民通信秘密和言论自由相冲突。安全保障义务要求网络服务提供者对其网络平台上的可疑信息和活动进行适当的了解，并相应加以防范，这绝不意味着，服务提供者可以以履行义务为借口干涉网络言论，窥探网络用户的私密空间，从而侵犯公民的言论自由和通信秘密、通信自由。例如，美国 DMCA 规定，不得要求服务商对材料进行违法的访问、移除或屏蔽，从而导致违反电子通讯隐私法。[①]

规定于我国宪法第 35 条、第 40 条的言论自由和通信自由、通信秘密是我国公民的宪法性权利，受到最严格的保障，安全保障义务自应服务于这两项宪法权利的实现，因而也不要求服务提供者去查探私人通信。对通信进行检查，只能是出于国家安全或追查刑事犯罪的需要，并由公安机关或检察机关依法定程序实施。这也意味着，通常权利人不能要求服务提供者以侵犯用户通信秘密或其他隐私的方式，去保护权利人。

实际上，安全保障义务恰恰是网络空间内通信自由与通信秘密的屏障。网络服务提供者不但应当确保自己的工作人员不窥探，而且应该使用符合标准的技术，确保用户的通信内容不被第三人窃取，甚至在网络用户受到第三人侵入时发出警示，这些都是安全保障义务的内容。

另一方面，主张宪法上的通信秘密权，前提是通过网络进行的信息交流构成宪法意义上的"通信"，而网络上的大量信息与交往并不具备这一前提，例如上传的视频、公开的网络日志、论坛上的跟帖、向不特定人发出的邀请乃至通过网络购买产品和服务，等等。这些内容、活动从一开始就处在网络服务提供者的管理之下，信息发布人对之也不存在隐私预期。当网络用户应当知道自己所处的网络环境就如同站在大街之上时，不得要求宪法第 40 条之保护。

[①] 参见前文的相关介绍。——笔者注

事实上，对他人权益造成严重伤害的侵权行为往往不是发生在那些私密性的网络空间，而是发生在不特定人可以参与的开放性交往空间。它们在性质上和餐馆、宾馆、商场无异，属于侵权法意义上的公共场所。任何交往场所的管理人都理应知道，维持场所内的交往秩序属于自身的基本职责。也正因为如此，服务提供者才设置大大小小的网络管理员作为基层管理者，并规定网络用户不得侵犯他人权益。

对言论自由的保护也不是绝对的。① 网络服务提供者有权以保护他人民事权利为由对发生在网络上的侵权言论或行为加以抵制。传统媒体一直以来都在这样做，并没有遭到什么指责。我国宪法第51条规定，公民行使自由和权利，不得损害国家的、社会的、集体的利益和其他公民的合法的自由和权利。《世界人权宣言》《公民权利和政治权利国际公约》《欧洲人权公约》等法律文件均规定，为国家安全、领土完整、社会秩序、打击犯罪、公共卫生及维护他人权利乃至公共道德之目的，得对言论加以限制。② 对某些言论加以事前审查可能是必要的，例如涉及未成年人的信息及商业广告等，对已公开发表的言论加以了解就更谈不上侵害言论自由。

真正的问题是，要求网络服务提供者过滤和审查信息，也可能将一些实质上合法的信息过滤掉。这也是许多人反对使用过滤技术和实施主动审查的理由之一。的确，服务提供者使用过滤技术时，应特别谨慎，不得漫无边际地设定屏蔽关键词。另一方面，需要思考这样一个问题，是否值得为了一切合法信息的不受屏蔽而放行一切违法信息？尤其是在经济交往领域，维护知识产权及正当竞争的利益可赋以更多的权重。③ 如果淘宝网上的一家网店贴出的销售信息是"仿冒LV包"，实际上出售的并非仿冒品，打出这一信息只是为了吸引顾客，问题就演变为：在淘宝网根据关键词过滤屏蔽了该销售信息的情况下，谁更应当承担

---

① 例如，欧盟人权法院一再强调，媒体一方面可以推进民主，揭露腐败，同样也会煽动暴力，侵害个人隐私和安全。See E. Barendt, Freedom of Speech, 2nd ed., Oxford University Press, 2005; Also see Von Hannover v. Germany, (App. 59320/00), 24 June 2004.

② Lacobs, White & Ovey, The European Conventioin of Human Rights, Oxford University Press, 5th ed., 2010, pp. 309.

③ 德国学者在总结判例时，亦提出此观点。Siehe Haug, Internetrecht, S163.

貌似侵权信息被屏蔽的风险？笔者认为，此时风险应由合法信息的发布人承担。为了社会安全及他人权益的维护，发布人理应采用更为合适的标签。换言之，如果一条信息根据其标题或其他外在特征容易使一个普通人产生强烈的侵权怀疑，那么该信息被服务提供者过滤掉就是可接受的，根据这一标准开发的过滤技术就是法律上可接受的技术。①

第二节　网络服务提供者安全保障义务的基本特征

网络服务提供者在提供服务时应当尽到怎样的安全注意，属于个案问题。需要结合具体情况个别地确定。法院在这一方面承担更多的责任。② 但是，就网络服务提供者防范第三人侵权的安全保障义务，在"服务提供者一般不负有主动审核、监控义务"前提下，未尝不可以归纳若干要点。

一　可期待的合理注意

安全保障义务要求的是一项"合理的注意"，其出发点是督促交往空间的开启者和管理者顾及他人权益，积极采纳可承受的更安全行为方式，从而提高整个社会的安全系数。"合理的注意"不是绝对杜绝一切风险的注意，但也不一定是社会上通行的注意，一般来说，它是指"一个合理谨慎的、兼顾他人利益的同行在同样情况下将会尽到的注意"。③ 用德国

---

① 美国《通讯庄重法》规定，包括信息存储空间在内的网络服务提供者，不因自愿采取善意措施限制用户获取色情、过度暴力、冒犯性的或其他不当内容而承担责任，体现了同样的思想。See 47 USC 230（c）（2）．

② 包括最高人民法院法官在内的司法界人士认为，根据服务提供者的服务性质、营销方式、营利模式等方面的区别，其负有的审查义务的内容也不相同。殷少平，前引文；陈锦川：《关于网络环境下著作权审判实务中几个问题的探讨》。

③ Erwin Deutsch, Fahrlässigkeit und erforderliche Sorgfalt, Verlag Heymanns, 2. Aufl., 1995, S40, 41.

民法典的表述来说就是"社会交往中必要的注意"。① 按照"合理的注意"标准，如果某项安全保障措施在技术上已经成熟，且不会给义务人造成很大负担，同时又会起到很好的损害防范效果，就可以要求其采取这一措施。

(一) 照顾社会发展实际的"合理注意"

"合理的注意"这一表述已经说明，对注意内容的要求是与时俱进的。在互联网产业发展之初，基于技术、成本和经验所限，通常不能要求服务商在防范第三人侵权上予以极大投入，而在产业发展到较为成熟的阶段，对注意的程度要求则相应提高。

德国司法实践认为，服务商的安全保障义务须为"技术上可能和可期待之措施"，网络服务的具体类型在确定审查义务时应当予以考虑，因为从中可以得出不同程度的可期待性。② 在操作上，可期待性根据服务商的具体行为以及由此产生的对他人信息的影响可能性加以决定。可期待性决定于受威胁的法益，相关个案中需要考虑所有涉及的利益和法价值，包括相关法益的位阶、侵害的程度、服务商行为的社会有用性、具体的行为、事实上和经济上的花费、服务商的商业利益以及预计的效果等，综合加以衡量，因此，不可能归纳出普遍适用的义务内容。通常，受保护法益的位阶越高，可期待性就越高。相应地，法院根据具体情况来确定不同的审查义务范围，例如看侵犯的是商标权还是违反了青少年保护法。在侵害商标权的案件中，审查义务可能仅仅指向一个具体的信息提供者，而在侵害未成年人权益场合，其他信息提供者的同样信息以及同一提供者在同一媒介形式下提供的同类信息也在审查范围之内。③

(二) "一个合理谨慎的服务提供者"标准

其次，不应将网络服务提供者的注意标准定位于普通个人的注意。

---

① 正是基于督促社会成员积极采纳更安全行为方式之考虑，德国民法典编订委员会将第二次草案中"通常的注意"（die übliche Sorgfalt）提高为"必要的注意"（die im Verkehr erforderliche Sorgfalt）。Siehe Prot. I 187；302f.，insbes. 303 Anm. 1（Redaktionskommission）.

② BGH MMR 2001, 671；BGHZ 172, 119 (132).

③ BGHZ 106, 229.

网络服务提供者的注意标准应当高于普通个人，应尽到"一个理性的、谨慎的、具有网络专业知识的网络服务提供商"的注意。① 网络服务提供者应当具备专业技术能力、基本法律知识和与其经营规模相称的侵权防范措施。提出这一注意标准的事实理由有两个：其一是服务提供者管理空间或服务行为中蕴含的侵权风险较大，越是向数量众多的网络用户开放，越是向不特定人开放，这种风险就越大；其二是服务提供者作为组织体具有更强的风险防范力。所谓合理注意，就是指与"行为的危险性相当的注意"，② 网络服务提供者既然比普通个人制造了更大更多的危险，其在注意程度上自然也应当高于一般常人。

如果服务提供者从其服务中直接获得私利，则应负相对更重的注意义务。③ 这其中的理由是，任何人不得将经营成本强加给他人而自己净享收益。既有所收益，则应同时致力于危险防范。有些网站通过采取"以货易货"方式获取信息资源，即用户若要从网站获得信息，需要先向网站提供新的信息资源，这同样是获得经济利益的一种表现。④

需要指出的是，一家网站的注意义务与其亏损与否原则上无关。亏损与否是企业经营模式及市场竞争力问题，而安全保障义务是他人权益保护提出的强制性要求。法律不允许"幼稚产业"发展成"剽窃产业"，不能因为亏损就把自己的平台变成侵权集聚的"破窗"。容忍服务提供者以亏损为由不在危险的查明、防范上进行投入，只会让整个行业进一步陷入侵权泥潭，没有动力进行创新以形成健康的产业经营模式。⑤

---

① 北京慈文影视制作有限公司诉广州数联软件技术有限公司侵犯著作财产权纠纷案，广东省高级人民法院（2006）粤高法民三终字第355号民事判决书。
② Dan B. Dobbs, The Law of Torts, 2000, St Paul, Minn., West Group, p. 302.
③ BGH MMR 2004, 668, 671f.
④ 那些采取"嵌入式框架技术"，即将第三方网页的内容嵌入自己的网页框架，借以发布广告等信息者，由于网络用户的搜索和下载在外观上始终没有离开搜索服务提供者的网络环境，很难说搜索服务提供者在其中没有享受到"直接"商业利益。参见上海优度宽带科技有限公司诉深圳市迅雷网络技术有限公司著作权案，上海市浦东新区人民法院（2007）浦民三（知）初字第69号民事判决书。
⑤ 从美国、荷兰、瑞典、德国等发达国家近期的司法实践来看，过错判断除了考虑网络服务提供者是否知道链接或上传的作品侵权外，也开始考虑网络服务提供者在设计商业模式时，是否存在引诱或帮助侵权的故意。参见王迁《发达国家网络版权司法保护的现状与趋势》，载《法律适用》2009年第12期，第59页以下。

在我国法院的判决中，有认为提供热门影片搜索和下载快捷通道的服务提供者的注意义务应当高于一般搜索引擎，专业提供影视作品下载服务的网络公司应当了解影视作品网络传播的行业惯例。① 在个案中，这些认定均无疑问。不过，就注意标准而言，不应将专业网站与非专业网站加以区分，如果非专业网站做的是和专业网站同类的服务，就应当适用相同的注意标准，这就如同对于有经验的机动车驾驶员和无经验的驾驶员所提的注意标准完全相同一样。

二　注意程度与具体场合的侵权危险性相称

是否对信息加以主动核查，应视网络空间或信息的侵权危险程度而定。前文述及，反对给网络服务提供者施加观察义务的一项理由是，网上的信息是海量的，要求服务提供者一一检查，将使其不堪重负，导致互联网产业的发展陷入停滞甚至倒退。持上述观点者实际上提出了一个有趣的逻辑：传输或存储的信息必须要大，否则服务提供者无法生存，由于传输或存储的信息为海量，因此不可能加以内容核查，结论是，传输或存储信息量越大，因而容纳的侵权危险越大者，越没有核查义务。

应当适用的法律规则恰好相反，服务提供者的服务越是有侵害他人权益的具体危险性，就越应在查明危险的性质、作用方式和位置上，在有针对性地防范危险上加大投入。这其中的理由是，情势越危险，就越值得防范。② 虽然服务提供者会因此发生更多的成本，可是从社会角度

---

① 上海优度宽带科技有限公司诉深圳市迅雷网络技术有限公司著作权案，上海市浦东新区人民法院（2007）浦民三（知）初字第69号民事判决书。该案在二审虽以调解结案，但一审法院提出的"提供深层链接服务的服务提供者对链接下载影视作品合法性的注意义务应当高于一般搜索引擎"原则却反映了法院的基本态度。

② 在网乐互联公司诉土豆网侵犯著作权案中，法院即指出，如果"造成侵害后果的概率较大，即便令其负担较大的预防成本也并不为过。"上海市第一中级人民法院（2006）沪一中民五（知）终字第19号民事判决书。

看，防范措施的价值更大，因为它们可以避免更大损失。① 因此，某一网站的访问量越大，某个论坛上传的文档越多，文件下载越频繁，网站就越应加强监测。② 依此原理，对热点论坛的关注应当更多，对发生过侵权不法行为的论坛、贴吧的关注应当更多，对一些话题（例如隐私性话题、与善良风俗相抵触之话题）更容易引发侵权的空间的关注应当更多，即使它们不在网站的显著页面上。③ 相反，如果特定的论坛从主题、用户到网络管理员均在品质上不易发生侵权，甚至无须采纳软件或人工过滤。④

尤其是在某些侵权行为发生频繁、危险严重的网络空间，受害人基

---

① 在张文庆诉百度案中，法院指出，就验证商家身份而言，除"证件表面一致线上认证法"之外，百度公司还采用"打零钱认证法"，不过是由申请用户择一行使，而非同时适用。如果百度公司同时采用"打零钱"认证，则本案中的欺诈后果可以避免。百度公司已经预见到"证件表面一致线上认证法"的漏洞，已经掌握简便易行的其他印证方法，却仍然选择采用宽松认证标准致使本案发生，使法院确信其未尽合理注意义务。
北京市海淀区人民法院（2014）海民初字第22140号；北京市第一中级人民法院二审判决见知产库：http://mp.weixin.qq.com/s?__biz=MzAwNDE3MjA5NA==&mid=209671603&idx=1&sn=72ad9c53491e15d15a9cb023957b9fe9&scene=0#rd.

② 在中青文公司诉百度一案中，虽然百度公司没有披露文库中文档的平均阅读数量等情况，但法院认为，涉案侵权文档在百度文库中已属于热门文档，百度公司理应掌握有关信息并予以合理关注。然而，自2012年1月17日第一份侵权文档上传以来，至2013年8月13日中青文公司办理侵权内容公证为止，在长达一年多的时间内，百度公司并未采取任何行动，放任涉案侵权文档的传播，不能认为其积极履行了法律赋予的义务。基于以上考虑，法院认定百度公司对于涉案侵权文档在百度文库中的使用和传播情况没有尽到合理的平台管理义务，没有建立起足够有效的著作权保护机制，对于涉案侵权行为具有应知的过错，其行为构成帮助侵权。北京市第一中级人民法院（2013）一中民初字第11912号民事判决，北京市高级人民法院（2014）高民终字第2045号民事判决书（2014年8月5日）。

③ 即德国法上所谓"内容上有危险性"（Inhaltliche Gefahrgeneigtheit）。Siehe Haug, Internetrecht, S144.

④ 在韩寒诉百度案中，在百度文库搜索栏中输入韩寒畅销书作品名称"像少年啦飞驰"，可以搜索到该书，此外，网页右侧栏还显示有"相关推荐文档：像少年啦飞驰"，也有该书可供免费下载。律师受韩寒委托，向百度发出载明侵权材料地址的侵权通知后，百度即删除了相关文档，并将《像少年啦飞驰》（以下简称《像》书）书放入其用以比对的正版资源库。此后，在百度文库搜索栏输入"韩寒最新作品"，仍可在"韩寒最新作品——第六部"搜索结果之下找到处于"专业文献/行业资料"栏目的《像》书。在法院看来，百度公司2011年3月26日至4月中旬对百度文库实施的人工审核，应当采取各种办法专门查找韩寒作品的存在与否，这样一定能够发现2011年3月10日上传的位于"专业文献/行业资料"栏目中的《像》书。这种要求服务商专门就韩寒的作品进行全库人工查找的观点颇值商榷。北京市海淀区人民法院（2012）海民初字第5558号。

于信息、观念以及维权成本等原因，很多会选择不去主张权利，主张了权利的受害人又有一些因为管理人证明即使进行了适当核查也不能查明而败诉。如果法律不考虑服务提供者是否在总体上进行了妥当的防范，而是将注意力放在服务提供者依其能力对某一具体侵权行为能否查明之上，就会让精于计算的服务提供者选择对一切侵权行为均不加以查明，因为这样做的收益可能大于数量及金额均不高的赔偿。① 总之，法律需要在服务提供者和受害人之间制造这样一种力量均衡，使服务提供者不能将受害人视作一盘散沙，使之意识到，如果不采取措施照顾全体受害人，那么付出的代价并不下于因此所获的利益。②

提出这一原则的意义还在于，市场因此获得了一个明确的信号，法律鼓励民事主体学习掌握有关保护他人的知识，在保护他人权益方面进行适当的投入，包括建立危险监测系统，在这方面积极作为者将不必担心日后受到法律的严厉追究，反之将很难逃脱法律的制裁。一言以蔽之，不能在市场上造成"负向淘汰"局面：有社会责任感，在追求自身利益的同时兼顾他人利益者因经营成本高于不负责任者而首先被市场淘汰，余下来的服务提供者则竞相侵权。

即使权利人没有通知，如果服务提供者有其他方法能够了解到侵权的存在而仍然提供服务的，也应承担侵权责任。而在接到权利人通知后，不仅有义务及时删除侵权内容或断开、屏蔽其链接，同时对防止侵权行为继续或再次发生负有更高的注意义务，包括采取必要的手段或技术措施。即使通知中没有指明特定网址，但如果已经给出能够较为精确定位侵权内容的信息，而服务提供者又可以选用成本合理的技术手段进行识别、过滤的，不采用该技术即可认定为帮助侵权。③

---

① 有观点认为，网络服务提供者一般没有事先审查义务，但大型视频分享网站提供细分服务的搜索网站则负有此种义务。见陈锦川《网络服务提供者过错认定的研究》。

② YouTube 对于过滤技术就采取了双重态度，对于愿意与之合作的权利人，YouTube 承诺采用 Audible Magic 公司开发的过滤技术保护其享有版权的视频文件，而对拒绝 YouTube 使用其视频文件的权利人，该网站则不采取任何技术手段防止视频的擅自上传。See Viacom International Inc. v. YouTube, Inc. 2008 WL 2821272（S. D. N. Y.）.

③ 殷少平：《论互联网环境下著作权保护的基本理念》，第 32—38 页；陈锦川：《关于网络环境下著作权审判实务中几个问题的探讨》，第 42—54 页。

三 安全保障义务蕴含组织制度要求

网络安全保障义务包括完善服务提供者的内部组织制度，在管理源头建立侵权预警机制、核查机制和处置机制。网络服务提供者是一个组织体，内设技术、内容管理、风险管理、营销等部门。根据避风港规定，服务提供者有义务在其内部设立。服务提供者还应当视具体情况设立专门负责侵权预防与排除的人员或部门，包括专门受理侵权通知的人员或部门，有义务对网络用户明示，反复实施侵权将导致访问资格的剥夺，并确保这一政策得到贯彻实施。

现实生活中，具体负责内容管理的要么是网站的正式雇员，要么是与网站订有合同，收取或不收取一定报酬的网络管理员（"版主"）。对于雇员实施侵权行为或雇员疏于预防网络用户侵权，应由网络服务提供者负责；对于和网站之间不存在正式劳动关系的志愿"版主"，虽然服务提供者可能无法即时了解这些人的管理情况，但至少应向其提供关于网络侵权的一般知识及预防手段，并确保对"版主"或其管理空间的投诉及时到达并得到处理。

在制度保障上，服务提供者可以通过挑选合格的网络管理员（"版主"）、更换不称职的网络管理员，从源头上消减侵权的发生，受害人则不拥有这一能力。[①] 换言之，将注意成本分配给服务提供者节省了社会风

[①] 2016年4月13日上午，北京市网络表演（直播）行业自律公约新闻发布会在市文化执法总队举行，以北京市网络文化协会网络音乐与表演专业委员会的名义，百度、新浪、搜狐、爱奇艺、乐视、优酷、酷我、映客、花椒等20余家从事网络表演（直播）的主要企业负责人共同发布《北京网络直播行业自律公约》。

该自律公约的主要内容包括：一、对所有主播进行实名认证（实名信息提交至少包括：本人姓名；本人身份证号码；本人手机号码；银行卡账户信息；主播本人手持身份证照片），面对面人工认证，认证过程不得少于1分钟，不为18岁以下的未成年人提供主播注册通道。二、在所有直播房间内添加水印，水印应当包括网站Logo（或名称）和时间。水印位置应标注在视频画面左上角或右上角；尺寸：宽×高不小于50px×25px；水印与视频画面有明显区分，清晰可见。三、对所有直播内容进行存储。四、加强对主播的培训及引导，在主播注册、签约时，应向主播明示国家法律、法规明令禁止的内容并得到主播认可。在日常管理过程中，平台应加强对主播的语言、形体、表演等方面的培训，引导其提供健康、积极、形式多样的直播内容。五、建立主播黑名单制度，对于播出涉政、涉枪、涉毒、涉暴、涉黄内容的主播，情节严重的，各公司除需将此类主播封号外，同时要将该用户信息及违规视频证据保全，并上传至北京市网络文化协

险防范成本。以我国视频分享网站内设的"审片组"为例,依据国家广播电影电视总局和原信息产业部颁布的《互联网视听节目服务管理规定》,服务提供者须有健全的节目安全传播管理制度,其提供的(包括用户上传的)视听节目不得含有违反宪法、法律和损害社会公德的内容。为满足这一要求,视频分享网站均设有"审片组",负责对用户上传的视频文件进行审核,只有在通过"审片组"审核后,才会出现在网站上。有判决认为,既然上传视频均经过审核,则网站应当能够发现视频系侵权作品,故应对此负法律责任。①有学者则认为,"审片组"的作用仅在于阻止用户将含有暴力、色情和反动等内容的视频发布在网站上,最终得以发布的视频并未经过修改。②然而真正的问题是,"审片组"既然有能力对第一上传视频加以审核,淘汰含有特定违法内容的视频,也应该有能力对特定类型上传视频(如影视剧)的版权状态进行审查。③为了满足行政规章而设立"审片组"并不意味着在完成去除政治上或良俗上的不当内容之外,不能以相对较小的成本完成视频版权的核查工作。相反,服务提供者没有因为设立"审片组"而"不堪重负",使"核查侵权信息将妨碍互联网产业发展"更像是一个推脱责任的借口。

(接上页注)会数据库进行甄别,经确定属于黑名单范畴的,协会将黑名单下发各直播平台,各直播平台一律不得为列入黑名单的主播提供直播空间。六、落实企业主体责任,即日起切实采取有效措施开展自查自纠,完善平台内部管理制度和内容审核机制。同时,各平台要配备足够数量的审核人员,对平台上的直播内容进行 7 * 24 小时实时监管。落实信息安全岗位责任和突发事件应急预案,人工及技术排查并举。

2016 年 6 月 1 日,北京网络文化协会在北京市文化执法总队召开新闻发布会,通报了《北京网络直播行业自律公约》(以下简称《自律公约》)实施一个月以来的落实情况。记者获悉,40 名违规主播因为直播内容涉黄被永久封禁,涉及六间房、酷我、花椒、在直播、映客、69 秀、陌陌、咸蛋家、黑金直播 9 家网络直播平台。

http://baike.baidu.com/link? url = hVQ8OBVSaZoRnMjfsruH3jDSlb6s - XNYEh_ _ EaQYwTUP-VmamCnGtWgXGb1NblGyKIFWI4o-U1Qv65OjxMcMIvXVU4ZsDsSYmwgCCrsX9MVotICdQ8YEZLbtvfHFzprHYri7a3vsqs5S0QILfO9sBFG87jw5pJdZ4QQOBbGZVXD6TsmGII7vBcrLNJP7kVDMhUjZ65t748IAjOtr21B2rKa.

① 新传在线(北京)信息技术有限公司诉上海全土豆网络科技有限公司侵犯著作权案,上海市第一中级人民法院(2007)沪一中民五(初)字第 129 号民事判决书,上海市高级人民法院(2008)沪高民三(知)终字第 62 号民事判决书。

② 王迁:《视频分享网站著作权侵权问题再研究》,第 88 页以下。

③ 由于"审片组"是依强行法设立的,因此,应当认定为服务提供者的内部机构,由审片组上传的视频文件应认定为网站发布的信息,此时网站的身份是内容提供者,与传统媒体一样对上传内容负有事先审查义务。

有观点认为，服务提供者的特长在于技术而非法律，要求其判断侵权有些强人所难。① 必须承认，现代生活的复杂性的快捷性使某些侵权行为的识别有其难度。然而，法律生活是社会生活的一部分，虽然由于生活的复杂性使法律也日趋细密和专门化，任何社会成员仍应了解与其职业和日常生活密切相关的基本法律规则，此乃当代公民和团体不可推卸的义务。对于以作品、言论及网上交易为经营内容的服务提供者，理应学习了解与此有关的法律知识并达到熟悉的程度。要求达到一定规模的服务提供者配备专门的法务人员，要求这些服务提供者在相关部门内容普及有关知识产权、人格权保护的法律规定，非属过分。

第三节 妨害人责任视角下的"通知—取下"程序

我国信息网络传播权保护条例从美国 DMCA 移植了四个责任避风港规定，按照规定，网络服务提供者只要符合条例规定的条件，即不就第三人直接侵权承担损害赔偿责任。这种立法模式不同于我国民事法律通常的立法模式，却得到了理论实务的广泛接受，无论是在网络侵犯知识产权还是在网络侵犯人格权领域，"避风港"一词都在文献中频繁出现，权利人也渐渐习惯于依"通知—取下"程序（又称"通知—移除"程序、"通知—删除"程序）进行维权。

"通知—取下"程序是避风港规则的组成部分，它实际上包含两方面基本内容：一是责任避风港的规定，即网络服务提供者因接到侵权通知而移除材料的行为不招致自己对被移除方承担责任，二是网络服务提供者在接到通知后不得再主张未注意到具体侵权材料，换言之，一项适格的侵权通知可被视为一面"红旗"。

---

① 胡开忠，前引文。

一 "通知—取下"程序的适用

(一) 在侵犯知识产权案件中的适用

国务院于2006年颁布的《信息网络传播权保护条例》完整借鉴了《千禧年数字版权法》,包括设立四类"避风港"及"通知—取下"规则。虽然该条例没有明确规定"网络服务提供者不负有寻找侵权信息的义务",也没有规定"红旗"标准,但是,2013年1月1日起施行的最高人民法院侵害信息网络传播权司法解释以及北京市高级人民法院《关于网络著作权纠纷案件若干问题的指导意见(一)(试行)》等法律文件均一般性地补足了这两项内容。上述法律文件在表述上否定了一般性审查义务的存在,实际上采取的却是一种二分法,① 即网络服务提供者(ISP)对于位于网站主要页面的热门信息负有审查义务,② 对除此之外的信息一般不负有审查义务,而是等待接到被侵权人的适格通知再行删除即可。③

这也是目前在学界占据上风且占支配司法实务的观点,即除非服务提供者已经介入到内容的形成,从而成为或可视为内容提供者,或者对已经注意到有明显侵权嫌疑的情形,例如位于网站首页或主要页面的免费热门视频、人工制作榜单列示的内容等,才负有审查义务,否则即适用"通知—取下"规则。④

---

① 参见北京市海淀区人民法院(2005)海民初字第14665号民事判决书。采用这种二分法,在于法院认为,网站应当具有这样的知识,热门影视剧的权利人不会允许免费传播和浏览,因此出现在主要页面上的影视剧名称就成了"红旗"。

② 参见环球唱片有限公司诉北京阿里巴巴信息技术有限公司侵犯录音制作者权案,北京市高级人民法院(2007)高民终字第1188号民事判决书;北京广电伟业影视文化中心诉酷溜网(北京)信息技术有限公司侵犯著作权案,北京市海淀区人民法院(2008)海民初字第14025号民事判决书。

③ 参见环球唱片有限公司诉北京阿里巴巴信息技术有限公司侵犯录音制作者权案,北京市高级人民法院(2007)高民终字第1188号民事判决书;北京广电伟业影视文化中心诉酷溜网(北京)信息技术有限公司侵犯著作权案,北京市海淀区人民法院(2008)海民初字第14025号民事判决书。

④ 北京市高级人民法院《关于网络著作权纠纷案件若干问题的指导意见(一)(试行)》第19条;陈锦川:《关于网络环境下著作权审判实务中几个问题的探讨》,载《知识产权》2009年第6期,第42—54页;胡开忠:《避风港规则在视频分享网站版权侵权认定中的适用》,载《法学》2009年第12期,第70—81页;王迁:《视频分享网站著作权侵权问题再研究》,载《法商研究》2010年第1期,第90页以下。

(二) 在侵犯人格权案件中的适用

就利用网络侵犯人格权及其他民事权利案件的处理，起初不存在类似《信息网络传播权保护条例》《互联网著作权行政保护办法》(2005)① 这样的可操作细则。不过，实务中基本上也是比照《信息网络传播权保护条例》所确立的"避风港"规则进行操作，例如，"鉴于百度公司和艺龙公司举证证明在收取起诉状后，已及时删除了相关侵权文章，本院对此（指原告请求。——笔者注）不再予以支持。……（用户）利用百度公司、艺龙公司提供的网络空间发布侵权信息，百度公司、艺龙公司无法做到事前一一审查，只能事后审查。……百度公司、艺龙公司在收到起诉状后及时删除了侵权帖子，故百度公司、艺龙公司并不存在侵权的故意或过失。"② 再如，"张世伟将拍摄的部分（裸体）照片上传到张世伟以刘明丽名义在雅虎网站开设的个人空间、邮箱等信息交流平台。阿里巴巴公司在实时技术审核和人工审核中，随即将裸照信息删除。……阿里巴巴公司虽为雅虎网站的经营管理者，但其没有与张世伟共同侵权的故意，且及时提供技术手段将裸照查封，故刘明丽要求阿里巴巴公司承担连带责任，缺乏事实及法律依据，本院不予支持。"③

此外，在王菲诉天涯网侵犯名誉权案中，法院明确表示，"……众所周知，互联网在我国正飞速发展。据有关部门统计，网民的人数已经超过了2亿，互联网正在超越传统媒体，趋显'第一媒体'之势。天涯网的论坛上每天都会有大量网民留下海量信息。天涯公司作为天涯网的管理者，依照相关法律法规和规定，制定有上网规则，对上网文字设定了相应的监控和审查过滤措施，达到了相应要求；由于中国文字的丰富性、多样性以及网络语言的不断更新变化，网站事实上不可能将所有不雅言辞均纳入监控范围；根据目前现有的、通常的网站管理方式和技术手段，网站的管理者也不可能对所有网友的全部留言进行事前逐一审查。因此，网站管理者的监管义务应以确知网上言论违法或侵害他人合法权益为前提，在确知的情况下，如果放任违法

---

① 国家版权局、信息产业部联合发布，其第八条、第九条、第十条就侵权通知与反通知的形式作出了规定。
② 载北京市海淀区人民法院（2009）海民初字第 8522 号判决书。
③ 北京市海淀区人民法院（2008）海民初字第 24611 号民事判决书。

或侵权信息的存在和散播,则构成侵权;而及时履行了删除义务的,不构成侵权。"①

换言之,网站一般不负有查寻人格权侵权的义务,但对搜索主题先已列有编排目录的搜索、链接服务,服务提供者应对目录所列内容是否侵权加以审查,对网络用户上传的被诉侵权信息进行选择、整理、分类(或者说"编辑、置顶、推荐"等)的亦然,这些规则现已写入相关规范性文件直至司法解释。②

二 妨害人责任与过错侵权责任的分工配合

(一)"通知—取下"程序的体系定位:妨害人责任

"通知—取下"程序一经我国法律规定,便成为我国民事法律体系的组成部分。由此,不可回避的问题是,这一舶自于普通法系的制度在民法法系中如何定位?

从适用要件来看,该程序的发动不以过错为要件,其效果在除去侵害,不含损害赔偿,显与民法上绝对权请求权(妨害人责任)的构成及效果相近。在德国,妨害人责任的基础不在侵权法,而在民法典第 862 条、第 1004 条下的物权法意义上的防御请求权。③ 妨害人责任的发生条件为:以某种方式自愿且满足因果相当性地参与导致或维系侵权;有权利及事实上有能力且可以期待对直接侵权(die unmittelbare Rechtsverletzung)加以阻止;违反了可期待的审查义务(zumutbare Pruefungspflichten)。不以过错为条件,妨害人负不作为义务及除去侵害义务,如其有过错,则另行承担侵权法上的损害赔偿义务。法教义学上,借助妨害人责任扩张债务人范围,可以达到权利人保护的目的。因而,在德国,这一制度也确实被法院适用于网络环境。承担妨害人责任的

---

① 北京市朝阳区人民法院(2008)朝民初字第 29277 号民事判决书;王菲诉大旗网侵犯名誉权案,北京市朝阳区人民法院(2008)朝民初字第 29276 号民事判决书。

② 参见最高人民法院网络侵害人格权解释。在此之前,江西省高级人民法院于 2011 年 4 月 21 日发布的《关于网络侵权纠纷案件适用法律若干问题的指导意见(试行)》第 23 条"网络服务提供者合理审查义务"规定:网络服务提供者依其管理职责将该侵权内容编辑、置顶、推荐等方式加以控制和利用的,视为明知或者应当知道侵权情形存在。该《指导意见》还以第 22 条专门规定了"恶意转载、跟帖者责任"。

③ BGH GRUR 2002, 618, 619 m. w. Nw.

前提是对违法内容的知情，侵权通知可以实现这一效果，至于服务商通过怎样的渠道注意到侵权，则无关紧要。①

妨害人责任可以为"通知—取下"程序提供很好的理论支持。首先，侵权通知针对的一般为知识产权或人格权，性质上属于绝对权，符合妨害人责任的救济对象要求；其次，妨害人责任以妨害人对场所、状态的管领或控制力为前提，而网络服务商是网络平台的管理人和终极控制人；最后，"通知—取下"程序中的移作材料、断开链接等方法均可视为妨害人责任中除去妨害义务在网络空间的具体体现。

因此，从民法体系视角出发，可以认为，所谓"通知—取下"程序实际上是绝对权请求权在网络空间的一种创造性适用。传统的排除妨害请求权之下，妨害人为被请求人，在网络环境下，对匿名的直接妨害人往往无从请求，只能请求网络服务商于其管控范围内除去妨害。具体而言，在网络侵权场合，请求权的行使有两个突出的特点，一是被请求人并非直接实施了侵权的人，而是为侵害提供了条件同时具备除去侵害的实际能力的网络服务商，二是需要由权利人告知网络服务商具体的涉案侵权行为之所在。

（二）安全保障义务作为并行救济手段

安全保障义务是一般意义上的法律义务，其原则是，任何人在其管领范围内制造或维系危险者，有义务采取一切合适、必要和可期待的措施，避免给他人造成伤害。② 违反安全保障义务，性质上为行为人责任，侵权法上，间接加害人（mittelbarer Schaediger）违反应负的安全保障义务，则作为无意思联络行为人（Nebentaeter）而负责。德国民法典有调整多人侵权的条款，第830条第1款调整共同侵权，多人故意侵权，则作为共同行为人负责。③ 第830条第2款调整参与人（Teilnehmer）责任，教唆人（Anstifter）和帮助人（Gehilfe）如前款之共同行为人而负责。参与人所以对主行为人的侵权负责，理由在于损害之发生在其意志范围内。④ 最后，如果多人无意思联络而独立

---

① BT – Drs. 14/6098，23.
② Palandt/Sprau，BGB，70. Aufl 2011，§823 Rn46.
③ Palandt/Sprau，a. a. O，§830 Rn3.
④ HK-BGB/Staudinger，6. Aufl. 2009，§830 Rn6.

行为,共同导致一个损害,则构成无意思联络行为人集合(Nebentaeter-schaft),同样准用连带责任。在德国知识产权法中,雇主即作为无意思联络行为人对雇员和受托人的侵权负责。①

在反不正当竞争法上,德国联邦最高法院长期适用妨害人理论,然而,就网络中的侵权,该法院在"eBay危害未成年人材料"案的审理中出现了态度的转变。② 在该案中,最高法院将网络服务商的责任立足于违反竞争法上的安全保障义务,具体体现为审核义务,义务的内容则依过去通过妨害人责任名义发展出的各项原则。③ 法院认定,由于存在对安全保障义务的违反,eBay作为无联络行为人负损害赔偿责任。此案之后,下级法院在知识产权领域的网络侵权案件中普遍倒向安全保障义务视角。④

到了2011年,德国联邦最高法院在"儿童高脚凳"案判决中,基本放弃了在反不正当竞争法领域适用妨害人责任。⑤ 在著作权法和商标法领域,早在网络前时代法院即适用妨害人责任,联邦最高法院通过审理网络侵权案件,对其予以进一步明确。然而,这里同样出现了告别妨害人责任的趋势。例如,柏林州法院以违反eBay案意义上的安全保障义务为由认定了Admin-C服务商的商标侵权。⑥ 杜塞尔多夫州法院在妨害人责任之外,以违反审核义务为由认定了互联网接入商的行为人责任。⑦ 当然,法院也注意不让安全义务走得太远。⑧ 事实上,早在"网络拍卖Ⅰ"⑨和"网络拍卖Ⅱ"⑩案中,最高法院就针对网络侵权原则上认可了帮助人责任的法构造。总之,法院更加倾向于用行为人和参与人责任而不是妨害人责任解决网络服务商责任问题。

---

① 参见德国反不正当竞争法第8条第2款,商标法第14条第7款,第15条第6款,著作权法第99条。
② BGH MMR 2007, 634.
③ BGH MMR 2007, 634, 637.
④ LG Muenchen I WRP 2009, 491; LG Frankfurt/M. MMR 2010, 336.
⑤ BGH MMR 2011, 172.
⑥ LG Berlin MMr 2009, 348.
⑦ LG Duesseldorf MMr 2009, 780.
⑧ OLG Hamburg MMr 2011, 49.
⑨ BGH MMR 2004, 668.
⑩ BGH MMR 2007, 507.

如今在德国，无论是竞争法还是著作权法、商标法、专利法，服务商承担赔偿责任的基础都是违反法律义务，区别在于，竞争法、专利法上为安全保障义务，著作权法、商标法上则为审核义务。如认定妨害人责任，则服务商的义务限于不作为（Unterlassung），而违反安全保障义务则招致损害赔偿。学者认为，安全保障义务作为一般原则应适用于一切知识产权网络侵权领域。虽然德国电信媒介法（TMG）第8至第10条规定了责任避风港，但是，安全保障义务的抽象性使之在事实构成层面有足够的弹性，从而可以与电信媒介法实现协调，避免出现个案中的不恰当处理结果。[①]

实际上，德国联邦最高法院向安全保障义务的转向有其必然性。经典的妨害人责任固然不以过错为要件，但其责任承担方式也仅限于返还原物、除去妨害和消除危险，一旦法院意图对网络服务商课以损害赔偿责任，就很难留在妨害人责任的轨道上。不但如此，法院以妨害人责任之名加以服务商的审核义务（Pruefungspflichten）本身就带有安全保障义务的特点，因为，移除指向眼下的违法行为，而屏蔽包含指向未来的防御请求权，消除危险义务（预防请求权）必然要求义务人先行查找和定位危险，而在查明危险之后，又需要予以防范，不予防范造成损害则导致赔偿。因此，即便消除危险在妨害人责任中有容身之地，其与安全保障义务发生重叠同样并不奇怪。

综上，就网络服务提供者的中介人责任而言，制度上实际存在着双轨制，即以"通知—取下"程序为代表的妨害人责任和以违反安全保障义务为代表的侵权赔偿责任。

三 "通知—取下"责任避风港的功能及其限度

（一）"通知—取下"责任避风港的意义

"通知—取下"规定不但为权利人提供了一种重要的维权途径，对于网络服务商也有重要意义。

兹以网络侵犯人格权为例。网络是一个言论空间，其中存在着海量

[①] Johannes Graebig, Aktuelle Entwicklungen bei Haftung fuer mittelbare Rechtsverletzungen, MMR 2011, 8.

信息，且信息处于时时更新之中，借助网络言论伤害他人人格，多数情况下伤害是较为零散的、短时的，如果不是涉及政府官员或娱乐明星，通常不会引起多少围观。通常而言，单个人的生存依赖于其所处的小环境，名誉、隐私的价值实为在熟人那里维系自己的形象，从而保持个人的尊严。在生活上与本人没有交集的陌生人如何评论自己，其实于一般人无甚意义。即便甲的一个朋友在百度某贴吧中发帖谩骂自己或揭自己的丑，只要消息没有传到甲的私人社交圈子，对甲的生活也就不发生任何影响。对于看到这个帖子的天南海北的网络用户而言，就如同读到报纸上一则社会新闻，过后也就忘记了。换句话说，在公开的电子公告板上发表有损他人人格的言论（例如将偷拍的暗恋对象的照片上传），由于言论数量太大，造成该人及其人际圈子知情的概率极低，网络服务提供者有理由认为一般不会波及本人的正常生活，因此无须对所有公开的论坛上的言论负观察义务。

除了面向所有公众的电子公告板，还有一些地区性、社区性甚至更为紧密性的电子公告板服务，在此类论坛上中伤、侮辱他人，容易被本人发现，可能对本人造成较大的伤害，不过，如果网站能够做到充分提示被侵权人享有"通知—删除"规则下的权利，并在接到侵权通知时迅速移除侵权言论，事态亦不会趋于恶化。

因此，作为"避风港"规则组成部分的"通知—取下"规定在网络背景下较好地实现了网站、网络用户及受害人之间的利益平衡。它防止为公众提供言论空间的网站不至于因过重的言论审查义务而减少甚至取消服务，同时又创设了被侵权人及时消除侵害的行动机制。如果要求一家网站对出现在其开放平台上的他人提供之信息加以事先审查或实时追踪，姑且不论是否触及他人隐私，单就成本而言就是不可承受的。而"通知—取下"规定要求当事人先自行判断被侵权与否，权衡之后再发侵权通知，大大减少了网站处理侵权争议的成本，无论在网络侵犯知识产权还是人格权情形，都是如此。

（二）不适用"通知—取下"责任避风港的情况

另一方面，上述理由也为"通知—取下"责任避风港的适用划定了限度。如果网络服务提供者自己介入到内容的形成之中，如果其能够容易地发现侵权事实,或者对于侵权的发生有引诱、鼓动或保护的措施,就不得再以"未接到被侵权人通知"而放任侵权的继续。①

例如,对于放在贴吧、论坛等首页、主要页面(一般指入口页面)或其他由网络服务提供者管理的页面(包括标题页面和内容页面),服务提供者应当对内容或标题有明显侵权嫌疑的帖子加以核查。这其中的道理在于,发表在具体贴吧或论坛中的言论虽然是公开的,却隐没在其他海量言论中,不容易为本人及本人的生活圈子了解到,而以"精华帖""特别关注""本日看点""排行榜"(无论是人工制作还是自动形成)等名义将标题甚至部分内容放在首页或其他入口页面,大大增加了帖子的传播范围,从而相关人的了解可能性也显著增加了。根据"注意的多寡依伤害危险程度而定"原则,在网络服务提供者人为地扩大了某项言论传播范围的场合,理应投入更多的注意。

社会心理学上的"破窗理论"指出,② 无序现象对人的反常行为乃至违法犯罪具有诱导性。③ 社区中存在的混乱迹象本身就是一种不良的信号,暗示着那里无人治理,任何人都可以为所欲为。④ 一般来说,一两个无序现象不会立即引发违法的激增乃至犯罪,但是,如果无序状态持续较长时

---

① Fair Housing Council of San Fernando Valley v. Roommates. com, LLC, 521 F. 3d 1157 (9th Cir. 2008) (en banc).

② "破窗理论"起源于美国著名心理学家詹巴多(Phipip Zimbardo)在1969年所做的一项实验。詹巴多将一辆没有牌照的汽车停在纽约相对杂乱贫困的布朗克斯(Bronx)街区,并把车前面的发动机罩打开。不久,这辆车就被居民们拆得七零八乱,孩子也在车上玩耍打闹。詹巴多在加利福尼亚州的中产阶级社区帕罗阿尔托(Palo Alto)摆了一辆类似的汽车,过了一个多星期,车仍是完好的。随后,詹巴多用锤子把车敲了个破洞。不久,路人就开始对无人看管的这辆车进行破坏,车上有价值的东西几小时之内就不见了。实验还显示,对两辆车进行破坏的都是衣着得体的白人。Philip G. Zimbardo, The Human Choice: Individuation, Reason, and Order versus Deindividuation, Impulse, and Chaos, in W. J. Arnold and D. Levine, eds., Nebraska Symposium on Motivation, Lincoln: University of Nebraska Press, 1969, pp. 287 - 293.

③ 1982年3月,美国哈佛大学的两位学者威尔逊和凯林发表题为《"破窗"——治安与街区安全》的论文,针对犯罪控制问题,首次提出了"破窗理论"。See James Q. Wilson and George L. Kelling, Broken Windows: The Police and Neiborhood Satety, The Atlantic Monthly, Vol. 249, No. 3 (March 1982), pp. 29 - 38.

④ Ibid. at p. 32.

间或者反复发生,大规模违法乃犯罪现象就会随之而至。① 这也就是我国俗语所说的"墙倒众人推"。相反,如果在"破窗"尚小时就积极修补,鼓励、指导社区中的人们建立起规则和秩序,则会有效地防止大的社会乱象的发生。② 依据这一理论,当网下世界严格执法而网络世界法治松弛时,侵权行为就会向网络集中,形成一个个"破窗"。如果这些小的、分散的"破窗"长期被姑息,就会发展为大的、集中的侵权犯罪场所。及时对"破窗"进行干预,是防止社会付出更大代价的有效方法。"破窗,确实需要尽快修理。"③

再如,对于已知的反复侵权人,网络服务商负有更高的防范义务。网络空间同样存在着"1%规律",即100个在线者中,只有1个人提供内容,10个人参加互动,剩下的89个人只是在旁观。这一点甚至已经为我国法官所熟知。④ 服务提供者只需针对明显的违法上传采取拒绝访问措施,很容易取得明显效果,因为被封号改用新的IP或URL地址对于自然人用户构成不小的负担。除非用户有某个利益方的财力和技术支持,受到两次以上封号处理后,一般不会再度实施侵权,尤其是在服务提供者辅之以"将向公安部门举报IP地址,多次上传可能构成刑事犯罪"的警告时,会起到更好的阻吓效果。许多人之所以在互联网上无所顾忌,主要原因在于互联网的匿名性,一旦受到揭掉隐身的警告,其行为必然收敛。所谓防范第三人侵权必然造成网络服务提供者不堪重负的观点有其可疑之处。值得注意的是,许多网站上存储了巨量"用户上传信息",有的"匿名用户"一次或反复上传的侵权材料已经远远超出一个普通人的

---

① Michael Wagers, William Sousa and George Kelling, Broken Windows, in Richard Wortley and Lorraine Mazerolle, eds., Environmental Criminology and Crime Analysis, Cullompton: Willan Publishing, 2008, p. 258.

② George L. Kelling, Jr. William H. Sousa, Do Police Matter? An Analysis of the Impact of New York City's Police Reform, Civic Report. No. 22, 2001, p. 17. http://www.manhattan-institute.org/pdf/cr_22.pdf, June 6, 2010.

③ George L. Kelling, Catherine M. Coles, Fixing Broken Windows: Restoring Order and Reducing Crime in Our Communities, New York: Touchstone, 1997, pp. 151 – 155.

④ 王宏丞、曹丽萍、李东清:《论视频分享网站侵权案件中的焦点问题》,第11页。文中引用了数据,以豆瓣网为例,注册用户逾30万,每天的微内容更新不到3万条。

能力，这不能不让人对上传者的真实身份发生疑问。①

此外，对于预先设置的主题容易诱发侵权的空间，服务提供者应当尽到较高的注意。以"人肉搜索"为例，其目的在于找出一个原本在网络上为匿名（或只有很少一部分信息）的个人，通过网络用户的线上线下合力，最大程度展现一个通常为网络用户所憎恨的人的全部信息，包括其姓名、年龄、职业、住所、联系方式乃至家庭情况和生活经历。为完成搜索，"网友"甚至进行实地探访。搜索的最终结果往往是搜索对象受到各种形式的侵扰。也就是说，很多情形下，"人肉搜索"从一开始就带有干涉搜索对象正常生活的取向，伴有"群众暴力"的性质。不但如此，对特定事件的注意一旦转变为"人肉搜索"，事件本身所蕴含的问题反而被忽略，群众的兴趣已转为对特定人的"搜身"和"复仇"上。对暴力不加制止，理性就会失声。

这种注意义务不是要求服务商在一切情况下都积极地去审查每个帖子来发现"人肉搜索"是否存在，主动审查主要限于栏目本身即将"人肉搜索"作为主题的情形，其他情况下，服务提供者可以通过以下方法对危险加以防范：（1）如果归纳侵犯他人人格的"人肉搜索"的基本特征，对网络管理员（"版主""吧主"）进行提示，强调"人肉搜索"的违法性并要求其注意观察，一旦确定为搜索具有公开、众人参与、仇恨性、信息有私人属性等特点，即予以制止；（2）接到无论是搜索对象本人还是他人的举报，立即予以核实，对确定为侵犯他人人格的"人肉搜索"予以制止；（3）合理期限内的继续观察义务，即在初步制止搜索举动后，注意是否还在发生新的搜索行为，在进一步制止仍不能阻止时，则采取技术措施暂行关闭该电子公告板。②

需要指出的是，制止"人肉搜索"不仅仅是删除个别隐私信息的问

---

① 据报道，一位上传了7478份文档的用户获得网站颁发的"辉煌成就奖"。载《新京报》2010年11月18日，C13版；有些视频网站采取现金奖励形式鼓励网民上传，法院就此认为，此种做法以及将电影、电视剧和原创等设置为并列的频道，表明网站的经营意义已不再是简单的鼓励原创和为视频文件爱好者提供交流平台，北京广电伟业影视文化中心诉被告酷溜网（北京）信息技术有限公司提供视频分享服务侵犯著作权案，北京市海淀区人民法院（2008）海民初字第14025号民事判决书。

② 在蔡继明诉百度侵犯名誉权纠纷案中，百度网最终采取了技术暂停措施，但措施是在蔡继明起诉后采取的。参见北京市海淀区人民法院（2010）海民初字第01281号民事判决书。

题，它更多地防止一场"群众暴力"的问题，搜索个人信息只是为了让暴力准确地指向搜索对象。因此，即使参与"人肉搜索"者能够在别处找到搜索对象的家庭电话或移动电话，网络服务提供者同样应当迅速对电话号码予以删除，对反复提供号码者至少暂时予以屏蔽。[①]

另一方面，网络服务提供者接到侵权指控的通知而未予删除、屏蔽的，不能径行认定其有过错，而只能认定其至此应当知道指控之事实的存在。人格权侵权较之著作权侵权在认定上要复杂得多，争议在初审法院认定为构成侵权，到了二审法院又认定为不构成侵权者，不在少数。如果过于轻易地认定网络服务提供者的过错，可能造成其一味不问就里地删除、屏蔽了事，出现所谓"寒蝉效应"，妨碍网络上的言论表达。因此，合理的规则是，如果"一个合理谨慎的网络服务提供者"不认为存在着明显的人格权侵权，则案件中的服务商在接到通知后未予删除、屏蔽亦不构成过错。

四　反通知程序的必要性

需要强调的是，"通知—取下"程序包括通知程序和反通知程序，二者为一个有机的整体，共同服务于权利保护与行为（言论、信息、营业等）自由的平衡，缺一不可。取消反通知程序，必然造成利益的失衡。就网络服务提供者而言，如果根据侵权通知能够轻易判断侵权的存在，则即使用户发出反通知，也应采取删除、屏蔽、断开等措施，否则应保持中立，根据反通知恢复内容，同时向通知人提供被指控侵权对象的具体信息。

在北京百度网讯科技有限公司与刘科良网络侵权责任纠纷一案中，[②] 有网络用户在百度贴吧发帖，称刘科良勾结地方官员谋取不正当利益，帖子落款有发帖人姓名和联系电话，也有用户发帖针对刘科良，但没有

[①] "王菲的婚姻不忠行为、姓名、工作单位等信息被披露后，成为公众知晓其真实身份的依据，引发了众多网民的批评性言论和不满情绪的蔓延和爆发。网民们利用被披露的信息，开始在其他网站上使用'人肉搜索'的网络搜索方式，主动搜寻更多的关于王菲的个人信息，甚至出现了众多网民到王菲家上门骚扰的严重后果，使王菲正常工作和生活秩序受到严重影响。因此，在王菲婚姻不忠行为被披露的背景下，披露王菲的姓名、工作单位名称、家庭住址等信息亦侵犯了王菲的隐私权。"王菲诉大旗网侵犯名誉权案，北京市朝阳区人民法院（2008）朝民初字第29276号民事判决书。

[②] 江西省萍乡市中级人民法院（2016）赣03民终第60号。

联系电话。刘科良委托律师向百度公司等网络服务商邮寄律师函,要求采取删除、屏蔽或断开链接之措施,并不再发布未经核实且有损刘科良个人声誉的相关信息。案件进入诉讼后,百度公司删除了"毛小文360"等人在百度贴吧发布的上述言论。案件一审期间,经刘科良申请,法院调取了发帖账号之一"毛小文360"的全部注册信息,调取的注册信息反馈给刘科良后,刘科良仍然无法确定"毛小文360"的真实身份。

一审法院认为,百度用户"毛小文360"等通过百度贴吧散布诽谤、侮辱刘科良的不实言论,对刘科良的名誉造成了损害,其行为属侵权行为。百度公司作为百度贴吧服务的提供者,违反全国人大常委会于2012年12月28日发布的《关于加强网络信息保护的决定》第六条[1]的实名制审查义务,致使刘科良行使诉权时,无法知悉实际侵权人"毛小文360"等的真实身份信息,合法权益不能通过起诉实际侵权人得到实现,对此造成的侵权后果应由百度公司先行承担。百度公司上诉后,二审法院不再以违反实名制审查义务为由,而是以百度公司接到侵权通知后疏于对涉案文章采取删除、屏蔽、断开链接为由,维持了一审判决。

在这个案件中,并不清楚,发帖的内容是真是伪。从判决来看,法院也没有对陈述的真伪加以查明。原告了解一些发帖人的真实身份,却回避了对这些人起诉,而仅仅起诉了网络服务商。然而,正如百度公司所抗辩的,本案中的涉案信息是对被上诉人某些具体言行所作的描述和评价,这些评价内容中并无单纯的侮辱谩骂和人身攻击的内容,百度作为网络服务提供者,既非作者也非发布者,要求其对涉诉文章的真实性进行判断明显超出了其能力范围。真正关键的问题是,仅仅依靠当事人的一面之词就必须对网帖予以删除,网络对于推动言论自由和公共事务批评的作用即被消灭,即便言论为真,或批评为正当,任何人仍可因为某条网络言论于己不利而根除之,这显然于社会发展极为不利。

言论自由的核心是对公共事务和公众人物的了解与评论。[2] 通过网络

---

[1] 该条规定:网络服务提供者为用户办理网络接入服务,办理固定电话、移动电话入网等手续,或者为用户提供信息发布服务,应当在与用户签订协议或者确认提供服务时,要求用户提供真实身份信息。

[2] See New York Times Co. v. Sullivan, 376 U.S. 254 (1964); Gertz v. Robert Welch, Inc. 418 U.S. 323 (1974).

媒介展开公众对政治、经济、国防、外交、文化和公共卫生等领域的公共事件的充分而激烈的讨论，对建设民主社会意义重大。无论是醉驾入刑、高房价还是反腐，都不应是包含"通知—取下"程序在内的避风港规则反对和限制的话题，对卷入其中的个体的臧否也是如此。

因此，在网络侵权领域尤其是在网络侵犯人格权领域，不但应当有"通知—取下"程序，还要坚持"反通知—放回"程序。

在这方面，前面介绍的美国做法可以作为参考：对于因通知而删除的情况，服务提供者应当采取合理的步骤迅速通知被删除的用户，随后，用户有权发出一个反通知，声明移除行为是错误的，并要求将这些材料重新放回，而服务商则要将反通知告知移除通知人，最后，除非收到来自发出移除通知人的新通知，说明其已经提起诉讼，请求法院命令用户停止有关的侵权行为，否则服务提供者要在收到反通知后10—14个工作日内将用户的材料放回或解除屏蔽。① 只有如此，才能防止有人滥用"通知—取下"程序，维持网络上的言论自由。②

结　语

责任避风港规定应当理解为侵权责任的免责条款，更准确地说，避风港规定中的各项条件属于排除侵权责任构成要件的事由。所谓责任避风港或安全港，是指符合规定的条件，则服务提供者进入安全港而受庇

---

① 参见 DMCA 第 512（g）的规定。
② 在某经营公司诉某科技公司和天猫公司网络侵权责任纠纷案中，某经营公司在天猫平台经营网店，销售笔记本电脑散热器，某科技公司认为，经营公司的销售产品侵犯了其实用新型和外观设计专利权，遂于 2013 年 5、6 月两次向天猫平台投诉，平台又将投诉转发给经营公司，供其申辩。科技公司起诉后，天猫公司断开了经营公司网店内争议型号笔记本电脑散热器的销售链接。2013 年 7 月，科技公司撤回对经营公司的外观设计专利侵权诉讼，2014 年 6 月，其实用新型专利被专利复审委宣告无效后，科技公司提起行政诉讼，并于 2014 年 7 月撤回对经营公司的实用新型专利侵权诉讼。随后，经营公司起诉科技公司、天猫公司侵权。法院一审认为，科技公司投诉行为并无不当，而天猫平台不具有判定侵权的职责和权利，其行为亦无不当，驳回了经营公司的请求。该案中，投诉方是否存在过错或可商榷，但网络平台对通知—反通知程序的贯彻应在法律上予以肯定。上海嘉定法院官方微博 2016 年 6 月 8 日：http://weibo.com/u/3951693325?refer_flag=1001030101_&is_hot=1#_rnd1466758351446。

护，若不符合规定的条件，并不必然意味着承担或不承担责任，此时仍依据相关侵权责任法律规范的构成要件而为判断。

以"红旗"标准为中心，网络服务提供者违反防范第三人侵权的安全保障义务，应负损害赔偿责任。《侵权责任法》第36条规定，网络服务提供者知道网络用户利用其网络服务侵害他人民事权益，未采取必要措施的，与该网络用户承担连带责任。这里的"知道"包括明知与应知。所谓"应知"，是指如果网络服务提供者尽到了可期待的审核义务，能够预见或了解到第三人的侵权事实。在先的审查义务和在后的阻止侵权义务均属于服务提供者安全保障义务的组成部分。

上述义务受到避风港规则"网络服务提供者不负有一般性的积极监控、巡查第三人侵权的义务"的制约。与物理空间中的安全保障义务一样，网络空间的安全保障义务所要求的同样是一种合理注意，并非要求服务提供者对一切信息加以核查，更不是对一切发生在其管理空间内的第三人侵权负责。安全保障义务理论与避风港规则"网络服务提供者不负有一般性的积极监控、巡查第三人侵权的义务"之原则并不存在根本冲突，二者间能够实现协调。

例外地，服务提供者也可能负有主动作为义务：如果服务提供者依其专业能力能够轻易预见侵权的现实危险，就应当进行主动核查；如果服务提供者依其专业水准能够预见某项服务的开启将主要被用于侵权，就应当取消或重新设计该项服务；① 如果管理的特定空间内发生反复侵权且为服务提供者所知，就应当加强监控，防止同类侵权的再度发生，而不是坐等权利人通知。②

---

① 2004年，美国国会曾审议一部《引诱版权侵权法案》，其中规定"故意引诱他人违反版权法应作为侵权者承担责任"，同时规定，一项行为是否构成"故意引诱"，应由"一个具有合理判断力的人根据与行为相关的所有信息，包括行为人是否依靠他人的侵权行为才能在商业上生存与发展"作出判决。美国版权局支持这一法案，版权局局长称，该法院改善了美国现行的间接责任规则，索尼案标准"应当被高科技时代更有意义的灵活规则所取代。"http://thomas. loc. gov/cgi-bin/query/z? c108：S. 2560，最后访问时间：2011年5月16日。

② 在法国发生的谷歌案中，用户擅自上传某纪录片到法国谷歌视频网站，权利人两次通知，网站两次进行了删除，当第三次出现违法上传时，权利人不再通知，而是直接诉至法院。法院认为，在上述情形下，谷歌应采取一切措施防止该纪录片的再度上传，不得坐等权利人的下一次通知。关于该案的讨论，参见王迁《网络版权法》，第265页。

在不能认定服务提供者违反安全保障义务的场合,权利人可以求诸"通知—取下"程序保护自己。从民法体系视角出发,可以认为,所谓"通知—取下"程序实际上是绝对权请求权在网络空间的一种创造性适用。传统的排除妨害请求权之下,妨害人为被请求人,在网络环境下,对匿名的直接妨害人往往无从请求,只能请求网络服务商于其管控范围内除去妨害。德国法院认为,虽然网络服务商对他人信息原则上不负有监控义务,但却可能在满足特定前提时承担妨害人责任(Störerhaftung)。法院已经在刑法、行政法、商标法、著作权法、竞争法案件中详尽地阐发了网络服务商的妨害人责任。[①] 通过类推适用德国民法典第823条和第1004条,可以认定,自愿且满足因果相当性地参与引起或维持一项违法侵害者,即使自身没有过错,亦应作为妨害人负责。[②] 这些理论可资借鉴。

在网络的虚假繁荣面前,一项常识容易被忘却,那就是天下没有免费的午餐。网络服务提供者推出的诸项服务总要有人埋单。我国的许多服务提供者都采取了"免费获取内容+免费向用户开放+收取商家广告费"经营模式,这一经营模式的真正埋单人是其知识产权或其他权利受到盗用的权利人。偷盗不产生新的价值,这种商业模式不但对国民心态而且对国民经济都是有害的。[③] 声称追求商业利益并且以正当的方式去实现这一目标,是法律所容许社会所提倡的,真正危险的恰恰在于以服务网民为借口,通过伤害他人权益来谋取私利。从这个意义上说,P2P网站打出的"我们的服务,永远免费"是一个危险的承诺。[④]

---

① 商标法判决如 LG Kiel,MMR 2008,123;著作权法判决如 OLG Hamburg,MMR 2009,405;反不正当竞争法判决如 BGHZ 158,236 -Internetversteigerung I.

② BGH,ZUM - RD 2009,255 m. w. N.

③ 连处在知识产权审判一线的法官也承认:"不可否认,目前我国的盗版还比较严重,不尊重他人著作权、肆意实施侵犯他人著作权的现象比较普遍。有的网络服务提供者采用的商业模式有意或者无意地参与到侵权之中,甚至以提供技术服务之名行内容服务之实,以逃避责任追究。"见陈锦川:《网络服务提供者过错认定的研究》,载《知识产权》2011年第2期,第59页。

④ 参见北京慈文影视制作有限公司诉广州数联软件技术有限公司侵犯著作权案,参见广东省广州市中级人民法院(2006)穗中法民三初字第7号民事判决书,广东省高级人民法院(2006)粤高法民三终字第355号民事判决书。

另一方面，为网络服务提供者确立安全保障义务，必须考虑两项基本价值，分别是以互联网为载体的言论自由和通信秘密以及互联网作为新兴产业的发展实际。对网络服务提供者施加的注意要求绝不可过高。涉及对第三人侵权的防范义务时，需要重点考察第三人侵权的明显程度及服务提供者对诱发侵权的可预见与否，如果二者均存疑，则不能认定服务提供者一方的过错。① 像"百度音乐掌门人"② 这样的服务明显具有诱发侵权的效果，而像"百度提问"这样的服务则不然。虽然网络服务提供者在抵御网络侵权中处于枢纽地位，但将所有的防范成本都加在其身上却是不正确的。这样做确实可能导致互联网服务的萎缩，对各方均不利。权利人无疑也要有所作为，例如及时发出侵权通知，在数字化作品上加注权利信息、使用技术保护措施（如对视频作品采用数字水印和

---

① 但是，将服务提供者的注意范围局限于网站"首页、其他主要页面或其他可为服务提供者明显可见的位置"上"处于档期，或者热播、热映期间的视听作品"，限于服务提供者加以"编辑、置顶、推荐"的内容，却是不恰当的。一方面，此类规定给人以放弃对已过档期、非属热门或非属知名度较高作品，或不在网站显著位置作品，或非属于"编辑、置顶、推荐"内容加以侵权救济的信号，丝毫不考虑网站也可能有能力对上述权益进行一定程度的保护，"应当知道"至少不应限于注意网站自己的显著页面，如果发生在自家网站上的侵权已经为其他媒体广泛报道，例如发生在一些贴吧的对特定事件当事人的侮辱谩骂，网站同样不得主张不能知情。网站理应具有"理性人"举一反三的能力。因此，对北京市高级人民法院《关于网络著作权纠纷案件若干问题的指导意见（一）》（试行）第 19 条、江西省高级人民法院于 2011 年 4 月 21 日发布的《关于网络侵权纠纷案件适用法律若干问题的指导意见（试行）》第 23 条等规定等应作慎重解释。另一方面，我国法院对"选择、整理、分类"似乎又作了过宽的解释，搜索服务提供者只要在网页上作了主题细分，列了目录，就一概认定为进行了"选择、整理、分类"，不考虑这里的分类是自动进行还是人工操作，从而偏离了"应当知道"的法理。通常，只有人工操作才能认定为"应当知道"，而依目录自动归类只有其标题具有较大的侵权嫌疑或曾接到侵权举报时，才应当被纳入"应当知道"范围。不分自动进行与人工操作，适用统一的审查义务，会伤害搜索服务的开发，进而影响人们快捷地寻找非侵权信息，此类信息在今天的搜索对象中同样是巨量的。

② 例如，百度公司推出了"音乐掌门人"服务，这一服务的特点是鼓励网络用户在百度网站的空间内依其个人偏好存储"专辑"，用以与他人分享。此处的"专辑"并不是网络用户的个人音乐制品，而是网络用户喜爱的他人的音乐作品。即使是普通人也能够判断，用户上传或提供链接的"专辑"作品，基本上都是其购买或通过其他渠道获得的有版权音乐制品。在服务说明的最后，网站象征性地提醒受到侵害的权利人可以发送侵权通知。参见 http://zhangmen.baidu.com/；http://www.baidu.com/search/zhangmen_ help.html#2，最后访问时间：2011 年 5 月 22 日。

指纹技术）等，① 而管理部门、行业协会和著作权集体保护组织等可以委托开发、推荐成本合理的成熟过滤技术。

---

① 在韩寒诉百度一案中，根据百度公司的介绍，2011年百度开始建设反盗版系统，于当年5月正式上线，并不断调试完善，首先比对文档标题，如果标题相似度达到要求，再进行文档内容的比对；如果标题相似度未达到要求，系统会认为该文档不是侵权的。二期于2012年1月正式上线，可实现句子级别的比对，对300字以上的文档都会进行审查，长度差在10%，句子重复90%以上，长度1 000字节以上的文档都会被阻止上传或反查删除。百度公司同时解释其反盗版系统需要有用于比对的正版资源库，百度公司表示希望权利人能提供正版作品，但很少有权利人愿意提供，所以目前主要有两种方式获得：一是通过与文著协、中国作协、盛大文学等权利人进行合作，由权利人提供正版作品；二是将百度文库中被投诉的作品作为正版作品。目前正版资源库中已有300多万份正版作品。

法院一方面不否认百度过滤系统的价值，另一方面又认为，百度公司对其反盗版系统的正常运行所做之准备应主要由其发挥主动性实现，而不能依赖权利人主动提供。著作权人是否将自己的作品交给百度公司用于百度文库的经营活动，应完全出于自愿，对于著作权人而言是一项自主决定如何行使著作权的权利，而非著作权人必须履行的义务。换言之，网络服务商有义务主动购置作品以供其反盗版系统进行比对。

参见北京市海淀区人民法院（2012）海民初字第5558号。

参考文献

中文著作

1. 王泽鉴：《侵权行为法》（第一册），中国政法大学出版社2001年版。
2. 王泽鉴：《人格权法》，北京大学出版社2013年版。
3. 王泽鉴：《民法概要》，中国政法大学出版社2003年版。
4. 王泽鉴：《法律思维与民法实例——请求权基础理论体系》，中国政法大学出版社2001年版。
5. 梁慧星：《民法总论（第四版）》，法律出版社2011年版。
6. 梁慧星：《中国民事立法评说：民法典、物权法、侵权责任法》，法律出版社2010年版。
7. 梁慧星主编：《中国民法典草案建议稿附理由：侵权行为编》，法律出版社2013年版。
8. 梁慧星：《民法解释学》，中国政法大学出版社1995年版。
9. 孙宪忠：《中国物权法总论》，法律出版社2003年版。
10. 孙宪忠：《德国当代物权法》，法律出版社1997年版。
11. 孙宪忠：《论物权法》，法律出版社2001年版。
12. 王家福主编、梁慧星副主编：《中国民法学——民法债权》，法律出版社1991年版。
13. 王利明：《中华人民共和国侵权责任法释义》，中国法制出版社2010年版。
14. 王利明：《人格权法研究》，中国人民大学出版社2005年版。
15. 王利明、杨立新、姚辉：《人格权法》，法律出版社1997年版。
16. 王利明、杨立新：《人格权和新闻侵权》，中国方正出版社1995年版。

17. 王利明、葛维宝：《中美法学前沿对话——人格权法及侵权法专题研究》，中国法制出版社 2006 年版。
18. 张新宝：《侵权责任法原理》，中国人民大学出版社 2006 年版。
19. 张新宝：《侵权责任法》（第二版），中国人民大学出版社 2010 年版。
20. 张新宝：《互联网上的侵权问题研究》，中国人民大学出版社 2003 年版。
21. 张新宝：《名誉权的法律保护》，中国政法大学出版社 1997 年版。
22. 杨立新：《电子商务侵权法》（第 1 版），知识产权出版社 2005 年版。
23. 王胜明：《侵权行为法解读》，中国法制出版社 2010 年版。
24. 王胜明主编：《中华人民共和国侵权责任法释义》，法律出版社 2010 年版。
25. 刘士国：《侵权责任法若干问题研究》（第一版），山东人民出版社 2004 年版。
26. 张建华：《〈信息网络传播权保护条例〉释义》，法律出版社 2006 年版。
27. 齐爱民、刘颖：《网络法研究》（第 1 版），法律出版社 2002 年版。
28. 陈昶屹：《网络人格权侵权责任研究》，北京大学出版社 2014 年版。
29. 李昊：《交易安全义务论：德国侵权行为法结构变迁的一种解读》，北京大学出版社 2008 年版。
30. 王迁：《网络环境中的著作权保护研究》，法律出版社 2011 年版。
31. 王迁：《知识产权法教程》（第四版），中国人民大学出版社 2014 年版。
32. 王迁、王凌红：《知识产权间接侵权研究》，中国人民大学出版社 2008 年版。
33. 王迁：《网络版权法》，中国人民大学出版社 2008 年版。
34. 王丽萍：《信息时代隐私权保护研究》，山东人民出版社 2008 年版。
35. 胡泳：《众声喧哗·网络时代的个人表达与公共讨论》，广西师范大学出版社 2008 年版。
36. 李明德：《美国知识产权法》，法律出版社 2003 年版。
37. 李明德、闫文军、黄晖、合中林：《欧盟知识产权法》，法律出版社 2010 年版。

38. 吴汉东：《知识产权基本问题研究》，中国人民大学出版社 2009 年版。
39. 刘春田：《知识产权法教程》，高等教育出版社 2007 年版。
40. 徐迅：《新闻（媒体）侵权研究新论》，法律出版社 2009 年版。
41. 魏永征：《新闻传播法教程》（第三版），中国人民大学出版社 2010 年版。
42. 魏永征、张鸿霞：《大众传播法学》，法律出版社 2007 年版。
43. 魏永征、张咏华：《西方传媒的法制、管理和自律》，中国人民大学出版社 2003 年版。
44. 王四新：《表达自由——原理与应用》，中国传媒大学出版社 2008 年版。
45. 王四新：《网络空间的表达自由》，社会科学文献出版社 2007 年版。
46. 梁宁、范春燕：《媒介法教学参考资料》，清华大学出版社 2004 年版。
47. 吴飞：《平衡与妥协——西方传媒法研究》，中国传媒大学出版社 2006 年版。
48. 胡正荣、段鹏、张磊：《传播学总论》（第二版），清华大学出版社 2008 年版。
49. 郭庆光：《传播学教程》（第二版），中国人民大学出版社 2011 年版。
50. 彭兰：《网络传播学》，中国人民大学出版社 2009 年版。
51. 宋昭勋：《非言语传播学》（新版），上海：复旦大学出版社 2008 年版。
52. 陈剑玲：《美国知识产权法》，对外经济贸易大学出版社 2007 年版。

中文译著

1. ［德］于尔根·F.鲍尔、罗尔夫·施蒂尔纳：《德国物权法》（上），张双根译，法律出版社 2004 年版。
2. ［德］于尔根·F.鲍尔、罗尔夫·施蒂尔纳：《德国物权法》（下），张双根译，法律出版社 2006 年版。
3. ［德］克雷斯蒂安·冯·巴尔：《欧洲比较侵权行为法》（上卷），焦美华译，张新宝审校，法律出版社 2001 年版。

4. ［德］克雷斯蒂安·冯·巴尔:《欧洲比较侵权行为法》(下卷),焦美华译,张新宝审校,法律出版社 2001 年版。

5. ［美］肯尼斯·S. 亚伯拉罕、阿尔伯特·C. 泰特:《侵权法重述——纲要》,许传玺、石宏等译,许传玺审校,法律出版社 2006 年版。

6. ［美］T. 巴顿·卡特、朱丽叶·L. 迪、马丁·J. 盖尼斯、哈维·祖克曼:《大众传播法概要》,黄列译,中国社会科学出版社 1997 年版。

7. ［奥］H. 考茨欧:《侵权法的统一·违法性》,张家勇译,法律出版社 2009 年版。

8. 欧洲侵权法小组:《b. 欧洲侵权法原则·文本与评注》,于敏、谢鸿飞译,法律出版 2009 年版。

9. ［荷］J. 施皮尔:《侵权法的统一——对他人造成的损害的责任》,梅夏英、高圣平译,法律出版社 2009 年版。

10. ［英］曼纽尔·卡斯特:《网络社会的崛起》,夏铸九等译,社会科学文献出版社 2001 年版。

11. ［美］约翰·D. 泽莱兹尼:《传播法——自由、限制与现代媒介》(第四版),张金玺、赵刚译,展江校,清华大学出版社 2007 年版。

12. ［美］丹尼斯·麦奎尔:《大众传播理论》,崔保国等译,清华大学出版社 2006 年版。

13. ［美］威尔伯·施拉姆:《传播学概论》,何道宽译,中国人民大学出版社 2010 年版。

14. ［美］莱斯莉·A. 巴克斯特、唐·O. 布雷思韦特:《人际传播:多元视角之下》,殷晓蓉等译,上海译文出版社 2010 年版。

15. ［美］约瑟夫·A. 德维托:《人际传播教程》(第 12 版),余瑞祥等译,中国人民大学出版社 2011 年版。

16. ［德］卡尔·拉伦茨:《法学方法论》,陈爱娥译,商务印书馆 2003 年版。

17. ［美］唐·R. 彭伯:《大众传媒法(第 13 版)》,张金玺、赵刚译,中国人民大学出版社 2005 年版。

18. ［英］戴恩·罗兰德、伊丽莎白·麦克唐纳:《信息技术法》(第二版),宋连斌、林一飞、吕国民译,武汉大学出版社 2004 年版。

中文期刊

1. 王利明：《论网络环境下人格权的保护》，《中国地质大学学报》（社会科学版）2012 年第 4 期。
2. 王利明：《人格权的积极确权模式探讨——兼论人格权法与侵权法之关系》：《法学家》2016 年第 2 期。
3. 王利明：《论人格权的商品化》，《法律科学》2013 年第 4 期。
4. 王利明：《论网络侵权中的通知规则》，《北方法学》2014 年第 2 期。
5. 杨立新：《中国媒体侵权责任案件法律使用指引》，《河南政法财经大学学报》2012 年第 1 期。
6. 杨立新：《网络交易平台提供者为消费者损害承担赔偿责任的法理基础》，《法学》2016 年第 1 期。
7. 张新宝、唐青林：《经营者对服务场所的安全保障义务》，《法学研究》2003 年第 3 期。
8. 张新宝：《侵权责任法立法的利益衡量》，《中国法学》2009 年第 2 期。
9. 张新宝、任鸿雁：《互联网上的侵权责任〈侵权责任法〉第 36 条解读》，《中国人民大学学报》2010 年第 4 期。
10. 张新宝：《侵权行为法的一般条款》，《法学研究》2001 年第 4 期。
11. 周友军：《社会安全义务理论及其借鉴》，《民商法论丛》（第 34 卷）2006 年第 2 期。
12. 冯珏：《安全保障义务与不作为侵权》，《法学研究》2009 年第 4 期。
13. 王宏丞、曹丽萍、李东清：《论视频分享网站侵权案件中的焦点问题》，《电子知识产权》2009 年第 4 期。
14. 刘勇：《链接中侵权行为的界定及法律适用》，《电子知识产权》2005 年第 2 期。
15. 翟新辉：《网络服务提供者的被动审查义务》，《人民司法》（案例）2007 年第 7 期。
16. 杨光、杨强：《网络服务提供者的抗辩依据——著作权制度应为网络服务提供商留下生存空间》，《科技与法律》2006 年第 7 期。
17. 殷少平：《论互联网环境下著作权保护的基本理念》，《法律适用》2009 年第 12 期。

18. 薛虹：《在线服务提供商在版权法中的地位与责任（续）》，《电子知识产权》1997 年第 5 期。

19. 薛虹：《再论网络服务提供者的版权侵权责任》，《科技与法律》2000 年第 1 期。

20. 梅夏英：《网络服务提供者侵权中的提示规则》，《法学杂志》2010 年第 6 期。

21. 岑剑梅：《电子时代的隐私权保护——以美国判例法为背景》，《中外法学》2008 年第 5 期。

22. 刘西平：《网络服务提供者的版权侵权责任界定》，《电子知识产权》2010 年第 8 期。

23. 邓社民：《严厉的法律举步维艰的网络产业——对〈侵权责任法〉第 36 条的质疑》，《时代法学》2011 年第 2 期。

24. 刘颖、黄琼：《论〈侵权责任法〉中网络服务提供者的责任》，《现代法学》2010 年第 12 期。

25. 吴汉东：《侵权责任法视野下的网络侵权责任解析》，《法商研究》2010 年第 6 期。

26. 吴汉东：《论网络服务提供者的著作权侵权责任》，《中国法学》2011 年第 2 期。

27. 江波、张金平：《网络服务提供商的指导标准判断问题研究》，《法律适用》2009 年第 12 期。

28. 何微、王亚西：《再论避风港原则及其例外的适用——兼评美国 Perfect 10 Inc. 诉 CCBill LLC 案》，《知识产权》2008 年第 11 期。

29. 华劼：《网络时代的隐私权——兼论美国和欧盟网络隐私权保护规则及其对我国的启示》，《河北法学》2008 年第 6 期。

30. 林宏坚、曾祥生：《论网络名誉权案件中网络服务提供商的披露义务》，《法律适用》2008 年第 2 期。

31. ［日］原有里：《网络服务提供者的损害赔偿责任——以日本法为中心》，《科技与法律》2004 年第 2 期。

32. 蓝蓝：《关于网络隐私权制度的几点思考》，《河北法学》2006 年第 3 期。

33. 刁胜先：《个人信息网络侵权归责原则的比较研究——兼评我国侵权

法相关规定》,《河北法学》2011 年第 6 期。

34. 鲁春雅:《网络服务提供者侵权责任的类型化解读》,《政治与法律》2011 年第 4 期。

35. 熊文聪:《避风港中的通知与反通知规则——中美比较研究》,《比较法研究》2014 年第 4 期。

36. 雷山漫:《网络环境下著作权刑法保护研究》,《法学评论》2010 年第 6 期。

37. 崔立红、郝雷:《P2P 技术相关版权侵权问题研究》,《法学论坛》2006 年第 2 期。

38. 易燕、徐会志:《网络借贷法律监管比较研究》,《河北法学》2015 年第 3 期。

39. 王迁:《论网络传播行为的界定及其侵权认定》,《法学》2006 年第 5 期。

40. 王迁:《论"信息定位服务"提供者"间接侵权"行为的认定》,《知识产权》2006 年第 1 期。

41. 王迁:《再论"信息定位服务提供者"间接侵权的认定——兼比较"百度案"与"雅虎案"的判决》,《知识产权》2007 年第 4 期。

42. 王迁:《三论"信息定位服务提供者"间接侵权的认定——兼评"泛亚诉百度案"一审判决》,《知识产权》2009 年第 2 期。

43. 王迁:《视频分享网站著作权侵权问题再研究》,《法商研究》2010 年第 1 期。

44. 崔国斌:《网络服务商共同侵权制度之重塑》,《法学研究》2013 年第 4 期。

45. 崔国斌:《加框链接的著作权法规制》,《政治与法律》2014 年第 5 期。

46. 刘文杰:《网络服务提供者的安全保障义务》,《中外法学》2012 年第 2 期。

47. 刘文杰:《信息网络传播行为的认定》,《法学研究》2016 年第 3 期。

48. 刘文杰:《微博平台上的著作权》,《法学研究》2012 年第 6 期。

49. 刘文杰:《社交网络上的个人信息保护》,《现代传播》2015 年第 10 期。

50. 梁志文：《论版权法之间接侵权责任——以《网络信息传播权条例》为中心》，《法学论坛》2006 年第 5 期。

51. 陈锦川：《关于网络环境下著作权审判实务中几个问题的探讨》，《知识产权》2009 年第 6 期。

52. 陈锦川：《信息网络传播行为的法律认定》，《人民司法》2012 年第 5 期。

53. 陈锦川：《网络服务提供者过错认定的研究》，《知识产权》2011 年第 2 期。

54. 芮松艳：《网络著作权案件综述》，《电子知识产权》2010 年第 1 期。

55. 石必胜：《互联网竞争的非公益必要不干扰原则——兼评百度诉 360 插标和修改搜索提示词不正当竞争纠纷案》，《电子知识产权》2014 年第 4 期。

56. 石必胜：《认定网络服务提供者侵害知识产权的基本思路》，《科技与法律》2013 年第 5 期。

57. 靳学军、石必胜：《信息网络传播权的适用》，《法学研究》2009 年第 6 期。

58. 石必胜：《网络服务提供者的事前知识产权审查义务》，《电子知识产权》2013 年第 9 期。

59. 王竹：《试论市场份额责任在多因大规模网络侵权中的运用——以"艳照门"事件为例》，《政治与法律》2008 年第 4 期。

60. 李颖、宋鱼水：《论网络存储空间服务商合理注意义务——以韩寒诉百度文库案判决为切入点》，《知识产权》2013 年第 6 期。

61. 赵华明：《论网络隐私权的法律保护》，《北京大学学报》（哲学社会科学版）2002 年第 1 期。

62. 陈雪萍：《网络版权合理使用制度研究》，《政治与法律》2004 年第 6 期。

63. 贺平：《高校学生网络人格权问题探析》，《贵州社会科学》2011 年第 5 期。

64. 田扩：《法国"三振出局"法案及其对我国网络版权保护的启示》，《出版发行研究》2012 年第 6 期。

65. 曾斯平：《从"三振出局"及"补偿金制度"看网络共享平台上著

作权利益的平衡》，《电子知识产权》2012 年第 4 期。
66. 林广海、张学军：《P—P 网络服务提供者侵权责任的认定》，《人民司法》2009 年第 22 期。
67. 雷鸣、李丽：《从虚拟的交流空间变为真实的交流空间——谈完善微博侵权行为的监管机制》，《出版发行研究》2012 年第 3 期。
68. 徐剑：《网络知识产权侵权实证研究——基于上海法院司法判决书 (2002~2010) 的观察》，《上海交通大学学报》（哲学社会科学版）2012 年第 4 期。
69. 郭振华：《公共利益视野下的网络搜索侵权行为对策分析——以搜索引擎侵害知识产权信息为视角》，《法学杂志》2011 年第 1 期。
70. 陈堂发：《社会性媒介使用与隐私意识法律化原则探讨》，《国际新闻界》2012 年第 3 期。

外文著作

1. Patricia L. Bella, Paul Schiff Berman and David G. Post, Cyberlaw: Problems of Policy and Jurisprudence in the Information Age, West Group, 3rd. ed., 2006.
2. Keith B. Darrell, Issues In Internet Law: Society, Technology, and the Law, Amber Book, 5th. ed., 2008.
3. Geofferey Robertson and Andrew Nicol, Media Law, Penguin Books, 5th ed., 2008.
4. Don Pember, Clay Calvert, Mass Media Law, 17th ed., 2010.
5. William L. Prosser, Handbook of the Law of Torts, West Publishing Co., 4th. ed., 1971.
6. W. V. H. Rogers, Winfield and Jolowicz on Tort, 16th Edition, Sweet & Maxwell, London, 2002.
7. John G Fleming, the Law of Torts, Law Book Company, 9th edition, 1998.
8. Richard A. Epstein, Torts, 中信出版社影印版, 2003 年 12 月。
9. B. A. Koch and H. Koziol (Editors), Unification of Tort Law: Strict Liability, Kluwer Law International, 2002.

10. R. F. V. Heuston & R. A. Buckley, Salmond and Heuston on the Law of Torts, Sweet & Maxwell Ltd. , 21st edition, 1996.
11. Richard A. Posner, Economic Analysis of Law, 6th Edition, 中信出版社 2003 年 8 月影印版。
12. John Cooke, Law of Tort, 5th edition, 法律出版社 2003 年版。
13. Dan B. Dobbs, The Law of Torts, St Paul, Minn. , West Group, 2000.
14. Richard A. Epstein, Cases and Materials on Torts, 中信出版社 2003 年版。
15. Walter van Gerven, Jeremy Lever & Pierre Larouche, Common Law of Europe Casebooks: Tort Law, Oxford and Portland, Oregon, Hart Publishing, 2000.
16. Victor E. Schwartz, Comparative Negligence, Indianapolis, Indiana, The Allen Smith Company, 1974.
17. Tony Weir, A Casebook on Tort, 10th edition, London, Sweet & Maxwell, 2004.
18. John D. Zelezny, Communications Law: Liberties, Restraints, and the Modern Media, Wadsworth Publishing; 6th. edition 2010.
19. Arthur Miller, Michael Davis, Intellectual Property, Patents, Trademarks, and Copyright in a Nutshell, West Academic Publishing, 5th Edition, 2012.
20. Robert P. Merges, Peter S. Menel, lMark A. Lemley, Intellectual Property in the New Technological Age (Aspen Casebook Series), Aspen Publishers; 6th. edition, 2012.
21. Robert P. Merges, Intellectual Property and the New Technological Age: 2015 Case and Statutory Supplement, Wolters Kluwer Law & Business, 2015 edition, 2015.
22. Paul Goldstein, R. Reese, Copyright, Patent, Trademark and Related State Doctrines (University Casebook Series), Foundation Press; 7th. edition, 2012.
23. Melville B. Nimmer, Paul Marcus, David A. Myers, David Nimmer, Cases and Materials on Copyright and Other Aspects of Entertainment Litiga-

tion Including Unfair Competition, Defamation, LEXISNEXIS, Eighth edition, 2012. V.
24. Roger Schechter, John Thomas, Intellectual Property: The Law of Copyrights, Patents and Trademarks (Hornbook), West Academic Publishing; 1st. edition, 2008.
25. Robert Gorma, Jane Ginsburg, R. Reese, Copyright (University Casebook Series), Foundation Press, 8th. edition, 2011.
26. Hein Kötz und Gerhardt Wagner, Deliktsrecht, Vahlen, 11. Aufl., 2010.
27. Christian von Bar, Verkehrspflichten: Richterliche Gefahrsteuerungsgebote im deutschen Deliktsrecht, Carl Heymanns, 1980.
28. Laurenz Voss, Die Verkehrspflichten: Eine dogmatisch-historische Legitimierung, Duncker & Humblot, 2007.
29. Dennis Werner, Verkehrspflichten privater IT-Nutzer in Bezug auf die Verbreitung von Schadsoftware, Nomos, 2010.
30. Volker Haug, Internetrecht: Erläuterungen mit Urteilsauszügen, Schaubildern und Übersichten, Kohlhammer, 2. Aufl., 2010.
31. Niko Härting, Internetrecht, Otto Schmidt, 4. Aufl., 2010.
32. Dirk Heckmann, juris PraxisKommentar Internetrecht, juris, 2. Aufl., 2009.
33. Martin Löffler/Reinhart Ricker: Handbuch des Presserechts, 5. Aufl., 2006.
34. Karl E. Wenzel/Emanuel H. Burkhardt/Waldemar Gamer von Schmidt, Das Recht der Wort-und Bildberichterstattung: Handbuch des Äußerungsrechts, 5. Aufl., 2006.
35. Ernst, S./Vassilaki, I./Widbe, A. (Hrsg.), Hyperlinks, Koeln 2002.
36. Stenzel, I., Haftung fuer Hyperlinks, Baden-Baden 2006.
37. Ubber, T., Markenrecht im Internet, Heidelberg 2002.

外文期刊

1. Boyle, James, Focault in Cyberspace: Surveillance, Sovereignty, and Hardwired Censors, 66 U. Cin. L. Rev. 177 (1997).

2. Branscomb, Ann W., Anonymity, Autonomy and Accountability: Challenges to the First Amendment in Cyberspace, 104 Yale L. J. 1639 (1995).
3. Burk, Dan, The Trouble with Trespass, 4 J. Small & Emerging Bus. L. 27 (2000).
4. Cohen, Julie E., Examined Lives: Informational Privacy and the Subject asObject, 52 Stan. L. Rev. 1373, 1406 - 08 (2000).
5. Easterbrook, Frank H., Cyberspace and the Law of the Horse, 1996 U. Chi. Legal F. 20, 207 (1996).
6. Erlich, Communications Decency Act § 230 17 Berk. Tech. L. J., 401, 411 (2002).
7. Froomkin, Michael A., Wrong Turn in Cyberspace: Using ICANN to Route Around the APA and the Constitution, 50 Duke L. Rev. 17 (2000).
8. Goldsmith, Jack L., Against Cyberanarchy, 65 U. Chi. L. Rev. 1199 (1998).
9. Hunter, Dan, Cyberspace as Place and the Tragedy of the Digital Anticommons, 91 Cal. L. Rev. 17 (2003).
10. Johnson and Post, Law and Borders—The Rise of Law in Cyberspace, 48 Stan. L. Rev. 1367 (1996).
11. Kang, Jerry, Information Privacy in Cyberspace Transactions, 50 Stan. L. Rev. 1193 (1998).
12. Kerr, Orin S., The Fourth Amendment in Cyberspace, Can Encryption Create a Reasonable Expectation of Privacy?, 33 Conn. L. Rev. 503 (2001).
13. Ku, Raymond S., Open Internet Access and Freedom of Speech: A First Amendment Catch - 22, 75 Tul. L. Rev. 87 (2000).
14. Lee, Edward, Decoding the DMCA Safe Harbors, 32 Colum. J. L. & ARTS 233, 259, n. 115 (2009).
15. Lessig, Lawrence, The Law of the Horse: What Cyberlaw Might Teach, 113 Harv. L. Rev. 501 (1999).
16. Lessig, Lawrence, The Limits in Open Code: Regulatory Standards and the Future of the Net, 14 Berkeley Tech. L. J., 759 (1999).

17. Lidsky, M., Silencing John Doe: Defamation & Discourse in Cyberspace, 49 Duke L. J. 855, 875 (2000).
18. McManus, Rethinking Defamation Liability for Internet Service Providers35 Suffolk U. L. Rev., 668 (2001).
19. Murphy, Richard., Property Rights in Personal Information: An Economic Defense of Privacy, 84 Geo. L. J., 2381, 2382 (1996).
20. Patel, Immunizing Internet Service Providers From Third-Party Internet Defamation Claims: How Far Should Courts Go? 55 Vand. L. Rev., 684 (2002).
21. Rotenberg, Marc, Fair Information Practices and the Architecture of Privacy (What Larry Doesn't Get), 2001 Stan. Tech. L. J., 72-89 (2001).
22. Schwartz, Paul, Privacy and Democracy in Cyberspace, 52 Vand. L. Rev. 1609 (1999).
23. Sheridan, A., Zeran v. AOL and the Effect of Section 230 of the Communications Decency Act Upon Liability for Defamation on the Internet, 61 Alb. L. Rev. 147 (1997).
24. Solove, Daniel J., Privacy and Power: Computer Databases and Metaphors for Informational Privacy, 53 Stan. L. Rev. 1393 (2001).
25. Susan Friewald, Comparative Institutional Analysis in Cyberspace: The Case of Intermediary Liability for Defamation, 14 Harv. J. L. & Tech, 569, 637-42 (2001).
26. Beyer, P, Verkehrssicherungspflichten von Internetdiensten im Lichte der Grundrenchte, MMR 2009 14.
27. Berger, E. G., Verantwortlichkeit von TK-Unternehmen fuer wettbewerbswidring genutzte Rufnummern, MMR 2003, 642.
28. Barton, D. M., Multimedia-Strafrencht, Neuwied 1999.
29. Bleisteiner, S., Rechtliche Verantwortlichkeit im Internet, Koeln 1999.
30. Busse-Muskala, D./Busse-Muskala, V., Die Beruecksichtigung europuescher Vorgaben bei der Abgrenzung eigener und fremder Informationen nach dem TDG, JurPC Web-Dok. 30/2005.
31. Busse-Muskala, V., Strafrechtliche Verantwortlichkeit der Informationsver-

mittler im Netz-Eine Untersuchung zur Strafbarkeit der Anbieter von Hyperlinks und Suchmaschinen, 2006.

32. Decker, U., Haftung fuer Urheberrechtsvertzungen im Internet, MMR 1999, 7.

33. Dietlein, J./Heinemann, J., Ordnungsrecht und Internetkrimalitaet, K&R 2004, 418.

34. Doenng, Die zivilrechtliche Inanspruchnahme des Access-Providers auf Unterlassung bei Rechtsverletzungen auf fremden Websiten, WRP 2008, 1155.

35. Dustmann, A., Die privilegierten Provider-Haftungsbeschraenkungen im Internet aus urheberrechtlicher Sicht, Baden-Baden 2001.

36. Eberle, G. – E., Regulierung, Deregulierung oder Selbstregulierung? in: Prinz, M./Peters, B (Hrsg.), Medienrecht im Wandel, FS fuer Manfred Engelschall, Baden-Baden 1996, 153.

37. Eck, S./Ruess, P., Haftungsprivilegierung der Provider nach der E-Commerce-Richtlinie, MMR 2003, 363.

38. Ehret, S., Internet-Auktionshaeuser auf dem haftungsrechtlichen Pruefstand, CR 2003, 754.

39. Eichler, A./Helmers, S./Schneider, T., Link (s) – Recht (s), Technische Grundlagen und Haftungsfragen bei Hyperlinks, K & R-Beilage 48/1997, 23.

40. Engel-Flechsig, S./Maennel, F./Tettenborn, A., Das neue Informations und Kommunikationsdienste-Gesetz, NJW 1997, 2981.

41. Engels, S., Zivilrechtliche Haftung fuer Inhalte im World Wide Web, AfP 2000, 524.

42. Ernst, S./Vassilaki, I./Wiebe, A., Hyperlinks: Rechtsschutz, Haftung, Gestaltung, Koeln 2002.

43. Cabrera Blaezquez, F., Portale fuer nutzergenerierte Inhalte und das Urheberrecht, iris plus 2008, 1.

44. Engels, S./Koester, O., Haftung fuer werbende Links in Online-Angeboten, MMR 1999, 522.

45. Ernst, S./Wiebe, A., Immaterialgueterrechtliche Haftung fuer das Setzen von Links und vertrgliche Gestaltungsmoeglichkeiten, MMR 2001, Beil. Heft 8, 20.

46. Fahl, C., Die Nuttzung von Thumbnails in der Bildersuche, K & R 2010, 437.

47. Frey, D./Rudolph, M., Haftungsregimes fuer Host und Access-Provider im Bereich der Provider? NJW 2008, 1845.

48. Meyer, S., Google Ad Words: Wer haftet fuer vermeintliche Rechtsverlrtzungen? K & R 2006, 557.

49. ders., Google & Co. - aktuelle Rechtsentwicklungen bei Suchmaschinenn, K & R 2007, 177.

50. ders., Aktuelle Rechtsentwicklungen bei Suchmaschinen im jahre 2007, K & R 2008, 201.

51. ders, Aktuelle Rechtsentwicklungen bei Suchmaschinen im jahre 2010, K & R 2011, 217.

52. Mueglich, A., Auswirkungen Behandlung von Hyperlinks, CR 2002, 583.

53. Naegele, T., Haftung der Betreiber von Internet-Auktionsplattformen fuer (marken-) rechtsverletzende Inhalte Dritter, K & R 2004, 482.

54. Nolte, G., Paperboy oder die Kunst den Informationsfluss zu regulieren-von Datenbanken, Links und Suchmachinen, ZUM 2003, 540.

55. ders., Urheber-und wettbewerbsrechtliche Probleme von Linking und Framing, Stuttgart 2004.

56. ders., Haftung fuer Embedded Videos von YouTube und anderen Videoplattformenim Internet, ZUM 2008, 557.

57. ders., Die Entwicklung des Suchmaschinen und Hyper-link-Rechts im Jahr 2008, WRP 2009, 351.

58. ders, Bildsuchmaschinen im Internet-Sind Thumbnails unerlaesslich, sozial nuetzlich, aber rechtswidring? ZUM 2009. 345.

59. Rath, M., Suchmaschinen sind auch nicht mehr das, was sie einmal waren, WRP 2005, 826.

60. Redeker, H. , Internetprovider zwischen Stoererhaftung und Vertragpflichten, ITRB 2008, 227.

61. Roessel, M. /Roessel, M. , Filterpflichten des Providers-Drittschutz durch Technik, CR 2005, 809.

62. Ruecker, D. , Notice and down-Verfahren fuer die deutsche Providerhaftung? CR 2005, 347.

63. Schaefer, M. , Kennzeichenrechtliche Haftung von Suchmaschinen fuer AdWords-Rechtsprechungsueberblick und kritische Analyse, MMR 2005, 807.

64. Scheuer, A. /Kuhr, M. , Informationsvermittler in der Pflicht? 2009.

65. Schmitz, E/Laum, S. , Die Haftung kommerzieller Mernungsportale im Internet, MMR 2005, 208.

66. Schmitz, P. /Dierking, L. , Inhalte und Stoererverantwortlichkeit bei Telekommunikations und Telemediendiensten, CR 2005, 420.

67. Schneider, G. , Sperren und Filtern im Internet, MMR 2004, 18.

68. Schulz, W. /Held, T. /Laudien, A. , Suchmaschinen als Gatekeeper in der oeffentlichen Kommunikation, Berlin 2005.

69. Sieber, U. /Nolde, M. , Sperrverfuegungen im Internen, Berlin 2008.

70. Spieker, O. , Verantwortlichkeit von Internesuchdiensten fuer Persoenichkeitsrechtsverletzungen in ihren Suchergebnissen, MMR 2005, 727.

71. Spindler, G. , Haftung der Internen-Auktionshaeuser, MMR 2001, 737.

72. Stadler, T. , Proaktive Ueberwachungspflichten der Betreiber von Diskussionsforen im Internet, K & R 2006, 253.

73. Verweyen, U. , /Schulz, T. F. , Die Rechtsprechung zu den Onlinearchiven, AfP 2008, 133.

74. Volkmann, G. , Zur Haftung von Internet-Auktionshaeusern bei Markenverletzungen, CR 2004, 767.

75. Wiebe, A. , Keine Haftung fuer markenrechtsverletzende Fremdauktion im Internet, CR 2002, 53.

后 记

自走上教学岗位，对出版专著一事，笔者一直心存犹豫。当下，学术著作虽然少人问津，但其出版仍呈现一片繁荣景象，读者已经目不暇接。国内有关网络服务提供者责任方面的研究也不乏力作，再添新作尤需谨慎。现在笔者不揣绵薄，奉此书于师友面前，以待评说者有二：一是对于美国法上网络避风港规则有较全面的梳理，对于不打算或无暇深入动辄百页的判决书而又想了解该规则之奥义者，本书可作参考，当然，本书并非单纯的译介，笔者的剖析一直深入到制度细节层面，读者自可分辨；二是就网络服务提供者中介人责任的体系构建进行了理论探索，这一探讨有其必要，却在同类研究中较为鲜见。

导师梁慧星先生对于笔者从事本项研究予以热情肯定和勉励，于百忙之中，仍如当年指导笔者博士论文的写作，专门抽出时间对笔者加以点拨。孙宪忠先生始终关心笔者的民法学习和研究，督促笔者加强对德国法的学习，老师躬耕在前，学生亦趋于后。两位老师春风化雨，弟子寸草之情难以言表。

感谢笔者在德国康斯坦茨大学和柏林洪堡大学的两位合作导师 Astrid Stadler 教授、Reinhard Singer 教授。除了提供在德国访学的机会，两位教授为我提供良好的研究环境，并抽时间和我讨论问题。对两位学者的无私援手，笔者深为感激。

有幸得到魏远征、徐迅、展江等传媒法前辈的指教，是笔者在进入传媒大学教书后收获的惊喜。几位前辈的谦逊、平和、扶掖后进之心和济世情怀均令笔者心折。冯珏研究员、薛军教授曾对本书部分章节的内容提出了十分有见地的意见，令本书增色有加。于此一并致谢。

感谢法律系的同事们。当年，正是借助李丹林教授赠阅的《大众传媒法》（彭伯著），笔者才一步步走进传媒法的殿堂。王四新教授赠阅的《网络空间的表达自由》为笔者同时拓展了表达自由理论和网络法研究的视野。韩新华老师、何勇老师、匡敦校老师、戚春华老师、杨孝怀老师、张鸿霞老师、郑宁老师、周凯老师、周丽娜老师和已经调入本校其他单位的魏晓阳老师、齐向梅老师、彭珂老师都为笔者提供了诸多帮助和指点。同事们的支持和勉励既使笔者感到家庭般的温暖，也给了笔者继续前行的动力。

感谢文学学部的老师和朋友们。高慧燃教授、郭连良老师、王朝丽老师、赵丽老师、赵斌老师等在教学和其他工作上为我创造了不可或缺的便利。朱静漪同学、周亮同学、刘荣俊同学承担大量文字录入、校对工作，为我节省了很多精力。

中国传媒大学是一个充满活力和创意的地方，这里永不缺少舞台。就在这里，笔者能够闹中取静地完成本书的撰写，要感谢原政治与法律学院和现文法学部的各位领导，他们十分关心从事一线教学的老师，为包括笔者在内的教学人员给予了力所能及的帮助。

感谢我的家人，他们是我精神上的强大后援。

最后要特别感谢中国社会科学出版社的张林女士，本书能够顺利出版，仰赖于她的关心和肯定。